상상과 **질문**이 피어나는

소설
읽기
수업

왜? 어떻게?

손잡고
국어수업 04

생각과 **질문**이 피어나는

소설 읽기 수업

김지운

안수정

윤애경

이정미

최인영

Ⓗ

'손잡고 국어수업' 시리즈를 펴내며

아름다운 수업

교사라면 누구나 아름다운 수업을 꿈꿉니다. 그래서인지 수업 사례를 다룬 책이나 연수가 쏟아지고 있습니다. '수업 디자인'이라는 말도 유행합니다.

디자인이 뭐냐는 물음에 누군가는 이렇게 답했습니다. "인문학적 상상의 공학적 실현". 그러면서 "디자인은 손재주가 아니에요. 사람들의 삶을 어떤 방향으로 바꾸고 싶다는 인문학적 상상이 먼저입니다."라고 덧붙였습니다.

교육공학을 전공한 교수님도 그와 비슷한 얘기를 했습니다. "수업 방법은 다음 문제예요. 어떤 수업을 하고 싶은지, 왜 그런 수업을 하고 싶은지 그걸 먼저 생각해야 합니다. 그에 따라 수업 방법이 결정되기 때문입니다."

국어 교사 단톡방에서 오가는 대화

"○○와 □□의 차이가 뭔가요?"

"△△는 어떻게 가르치면 되나요?"

국어 교사들이 모인 단톡방에 가장 많이 올라오는 질문입니다. 당장 내일 해야 할 수업을 앞에 놓고 막막한 마음에 올린 질문이겠죠. 오죽 답답하면 이런 질문을 하셨을까요? 그런데 조금만 여유를 가지고 '왜?'라는 질문을 먼저 던져보면 어떨까요? 그러면 '어떻게?'에 대한 답은 자연스럽게 따라오지 않을까요?

왜?

새는 두 날개만으로 날지 않습니다. 물고기는 지느러미로만 헤엄치는 게 아닙니다. 머리를 돌려 올바른 방향을 잡는 일이 먼저입니다. 그래서 이 책에서는 '왜?'라는 질문으로 시작합니다. 이 물음은 '삶' 또는 '성장'과 맞닿아 있습니다. 가르치고 배우는 사람이 더불어 성장하는 수업을 하려면 '왜?'라는 질문을 붙들어야 합니다.

나는 왜 이걸 가르치는가?
이걸 배워서 우리 아이들이 어떤 방향으로 성장하기를 바라나?

공자님께서도 "學而不思則罔(학이불사즉망)"이라고 하셨습니다. '망(罔)'은 그물입니다. 그물에는 구멍이 숭숭 뚫려 있습니다. 속 알맹이가 없죠. 열심히 가르치고 배우지만 수업이 끝나면 허망할 때가 많습니다. '왜?'라는 질문이 빠졌기 때문입니다. 성긴 그물 사이로 삶의 알맹이가 죄다 빠져나가고 빈껍데기만 남았기 때문입니다.

'왜?'에 대한 답을 찾으려면 찬찬히 관찰해야 합니다. 교육과정에서는 어떤 목표를 제시하고 있는지, 교과서에서는 어떻게 구현하고 있는지, 학생들은 어떤 수준과 상황인지, 학생들이 살아갈 우리 사회는 어떻게 변하고 있는지……. 처음에는 어려울 수 있지만 자꾸 연습하면 꼬리에 꼬리를 물고 해답이 따라 나옵니다. 고구마 줄기처럼.

어떻게?

교사가 아무리 선한 의도와 간절한 열망을 가졌다 해도 수업이 그저 되지는 않습니다. 열심히 날개를 퍼덕이고 지느러미를 움직여야 합니다. 인문학적 상상을 실현할 공학적 실천이 필요합니다.

공자님께서는 이어서 말씀하십니다. "思而不學則殆(사이불학즉태)". '태(殆)'는 위태롭다는 뜻입니다. 흐물흐물해서 제대로 설 수 없는 상태죠. 아무리 멋진 생각이 있어도 그걸 어떻게 실현할지 모른다면 소용이 없습니다. 올곧게 실천하려면 힘써 가르치고 배워야 합니다. 방법이나 요령이 필요합니다.

이 책에서는 이미 현장에서 실천해 본 사례를 몇 가지 소개합니다. 당연한 말이지만 이 사례를 곧이곧대로 베끼면 안 됩니다. 이 사례들은 '다만 하나의 몸짓'에 지나지 않습니다. 선생님들의 빛깔과 향기를 덧입혀 주세요. 선생님의 '왜?'라는 질문에 맞춰서 어떻게 적용할지 선택하셔야 합니다.

손을 내밀어 주세요

이 책은 더 아름다운 수업을 꿈꾸는 선생님들을 위한 책입니다. 선생님께서 국어 수업의 길을 찾으실 때 그 손을 잡아드리고자 이 책을 기획하게 되었습니다. 우리 책을 실마리 삼아 선생님만의 '왜?' '어떻게?'라는 질문을 얹어 더 아름다운 수업을 구상하시기를 기대합니다.

　더 나아가 저자로 모시고 싶습니다. 선생님께서 실천하신 값진 수업 사례를 책으로 만들어주세요. 아직 완전하지 않아도 좋습니다. 그걸 책으로 엮는 과정에서 더 단단하게 틀을 다질 수 있기 때문입니다. 선생님께서 용기를 내신다면 또 다른 누군가에게 따스한 손길이 되리라 믿습니다. 선생님의 연락을 기다립니다.

　손잡고 걸으면 외롭지 않습니다.

　우리가 가르치고 배우는 일도 그랬으면 좋겠습니다.

　함께 손잡고 '왜, 어떻게 가르칠까?' 길을 찾고자 합니다.

머리말
상상하고 묻고 연결하라

우리는 하루에도 수없이 많은 영상과 이미지를 소비한다. '넷플릭스에서 오늘 뭐 볼까?' 하다가도 금세 유튜브 쇼츠를 넘기며 새로운 자극을 찾아 헤매기 일쑤다. 영상은 즉각적으로 이야기를 전달하고, 화려한 연출과 자막이 몰입을 돕는다. 그러나 소설은 영상이 닿을 수 없는 깊이와 자유를 선사한다.

무엇보다도 소설은 상상과 해석의 주도권을 독자에게 오롯이 넘겨준다. 소설 속 장면과 인물은 언어로 묘사되므로 이를 어떻게 떠올릴지는 독자의 몫이다. OTT 드라마 〈오징어 게임〉이나 영화 〈기생충〉은 배우와 연출자의 해석이 담긴 결과물이지만, 소설은 독자가 이해한 캐릭터에 맞춰 장면의 분위기, 온도와 습도까지도 스스로 결정하면 된다.

소설가는 펜과 종이(혹은 워드 프로그램)만으로도 새로운 세계를 창조한다. 그리고 독자는 한 문장 속에서 무한한 의미와 감정을 발견하며, 새로운 세계를 만들어낸다. 같은 책을 읽어도 사람마다 다르게 해석하고 느끼는 것은 소설이 주는 상상의 자유 덕분이다. 소설은 독자가 무한히 확장할 수 있는 우주와 같다.

그러므로 '왜' 읽어야 하는지를 설득하는 일은 비교적 수월하다. 문제는 넷플릭스와 유튜브 쇼츠 같은 강력한 유혹 속에서 '어떻게' 교실에서 소설을 읽히고, 나누고, 깊이 경험하게 할 것인가이다. 여전히 소설을 발췌본으로 읽고, 앞부분 줄거리와 연결해 요약한 뒤 시험으로 이어지는 현실을 생각하면 막막하기도 하다.

하지만 혼자 이불을 뒤집어쓰고 상상의 나래를 펼치며 읽는 소설이 아닌, 교실에서 소설을 함께 읽으며 활발하게 소통할 때 새로운 차원의 경험이 펼쳐진다. 각자의 상상과 해석이 만나면서 예상치 못한 통찰이 피어난다. 이 과정에서 학생들은 자신도 몰랐던 감정과 사고의 깊이를 발견하게 된다.

이 책에서 소개하는 보드게임, 질문 활동, 낭독극은 서로의 생각을 나누고, 해석을 확장하며, 함께하는 경험의 즐거움을 발견하게 한다. 보드게임을 활용하면 내용을 꼼꼼히 짚으며 공유할 수 있고, 질문을 던지고 답을 찾아가는 과정에서는 자신과 세계를 되돌아보게 된다. 또한 낭독극을 통해 교실을 무대로 삼아 문장이 살아 숨 쉬는 순간을 경험하며 몰입할 수 있다. 이렇게 함께 읽는 소설은 상호 교감을 통한 공동체적 경험을 제공한다.

한 작가의 작품을 깊이 탐색하며 다양한 관점에서 해석하고 역사적 맥락과 연결하는 과정은 과거와 현재를 잇는 소통의 경험이 된다. 이를 통해 학생들은 자신과 세상에 대한 이해를 넓히고 소설을 더욱 풍성하게 경험하게 된다.

이 책이 소설 수업을 고민하는 교사들에게 작은 길잡이가 되기를 바란다. 한 편의 소설이 교실에서 얼마나 다채로운 이야기로 피어날 수 있는지, 그리고 서로의 생각을 나누는 과정이 어떻게 성장을 이끌어내는지 발견하는 계기가 되기를 기대한다.

차례

1부

소설 읽기 수업,

왜?

1. 왜 소설을 읽는가?

우리는 소설을 읽으며 만난다.

위 문장에는 목적어 하나가 생략되었다. 어떤 목적어가 어울릴까? 정답은 '모든 것'이다. 우리는 소설을 읽으며 세상에 존재하는, 또는 존재하지 않는 모든 것을 만날 수 있다. 그걸 그림으로 간단히 정리하면 이렇게 된다.

우리가 소설에서 만나게 되는 것들

작가 ③	작품 ① • 주제 • 구성: 인물, 배경, 사건 • 문체	독자 ④

세계 ② 역사, 사회, 문화적 배경

만남 ① – 다른 사람이 될 결심

아이들은 끝없이 누군가를 흉내 낸다. 소꿉놀이에서 엄마나 아빠가 되기도 하고, 동화 속의 멋진 주인공이 되어도 보고, 공룡이나 로봇 또는 기차가 될 때도 있다. 나 아닌 다른 존재에 대한 호기심은 인간의 본능이며, 그런 역할놀이를 통해서 아이들은 사회의 구성원으로 성장한다. 인간은 이야기를 통해 나 아닌 다른 사람의 삶을 경험하고, 그러면서 개인 차원의 '사람'에서 사회적 존재인 '인간'으로 자리매김하는 것이다.

이러한 전환이 잘 이뤄지려면 내면화 과정이 강렬해야 한다. 애벌레가 나비로 변신하는 중간에 번데기 단계를 거치는데, 이때 번데기 고치 안에서는 어떤 일이 벌어질까? 살이 터지는 고통을 겪으며 변신을 준비하고 있을 것이다. 생각해 보면 소설을 읽는 일도 쉽지만은 않다. 등장인물의 마음에 공감하며 울고 웃는 일은 만만찮은 감정 노동이기 때문이다. 그런데도 우리는 기꺼이 그 수고를 마다하지 않는다. 왜일까? 인간은 그렇게 프로그래밍 되었기 때문이다. 그런 과정을 거쳐 문화의 진보를 이뤄왔기 때문이다.

소설 안에는 많은 인물이 등장한다. 김애란의 《두근두근 내 인생》을 읽으며 독자는 열일곱 살의 부모와 열일곱 살의 자식을 동시에 경험한다. 부모가 되기엔 너무 어린 나이, 하지만 이미 부모가 되어버린 정체성 속에서 대수와 미라는 흔들린다. 또래 친구들이 학업과 미래를 고민할 때 이들은 생계를 걱정하고 부모로서 책임을 감당하며 살아간다. 우리는 이들이 겪는 현실의 무게를 느끼며 '과연 부모란 무엇인가? 가족이란 어떤 의미인가?'를 고민하게 된다.

한편, 아름이는 또래보다 훨씬 빨리 늙어가는 몸을 지니고 있다. 열일곱 살이지만 마치 일흔의 노인처럼 쇠약해지는 아름이를 보며 독자들은 삶의 속도와 무게에 대해 다시금 생각한다. 살아간다는 것은 단순히 시간이 흐르는 문제가 아니라 그 안에서 우리가 어떻게 존재하고 어떤 흔적을 남기느냐의 문제임을 깨닫는다. 아름이는 자신의 운명을 담담히 받아들이면서도 결코 삶을 가볍게 여기지 않는다. 그는 자신의 이야기를 스스로 써 내려가려 하고, 세상과 소통하며 자신의 존재를 증명하려 한다.

우리는 아름이가 겪는 감정의 소용돌이를 따라가며 그가 느꼈을 좌절과 희망을 함께 헤아린다. 소설을 읽으며 등장인물의 삶을 일시적으로 빌려 그들의 감정과 사고방식을 내면화한다. 그렇게 경험한 감정은 단순한 동정이 아니라 타인의 삶을 깊이 이해하고 받아들이는 과정이 된다. 이처럼 우리는 내가 아닌 누군가의 관점에서 세상을 바라볼 수 있게 되고, 더 넓고 깊은 공감의 능력을 키워간다.

소설을 읽는 독자는 자신이 아름이가 아닌 걸 안다. 하지만 아름이의 이야기를 마음에 품고 돌본다. 그렇게 우리는 책장을 덮은 뒤에도 타인의 감정과 경험을 간직한 채 한층 더 성숙한 시선으로 세상을 바라보는 내면화에 이른다.

위대한 이야기꾼들은 뻐꾸기의 수법과 같은 심리적 수법을 구사한다. 우리 마음속에 어떤 관념을 알처럼 낳아두고서 우리로 하여금 그 관념들을 제 것처럼 느끼게 하는 것 ……
– 조너선 갓셜, 《이야기를 횡단하는 호모 픽투스의 모험》, 위즈덤하우스

아름이의 이야기가 나의 둥지에 들어온 순간, 이를 품고 돌보는 것이다. 이처럼 우리는 소설을 통해 다른 사람이 되어보는 놀라운 경험을 한다. 그 과정에서 우리는 자신의 삶을 되돌아보기도 하고, 앞으로 어떤 길을 걸어야 할지에 대한 영감을 얻기도 한다. 그래서 2022 국어과 교육과정(중학교)에서도 이렇게 제시하고 있다.

> **[9국05-09]** 문학을 통해 타자를 이해하고 공동체의 문제에 참여하는 태도를 지닌다.

여기서 '타자를 이해'하는 앞 단계가 바로 '내면화'이다. 우리는 소설을 읽으며 다른 사람이 되어보고, 그 과정에서 자신을 조금 더 잘 이해하고, 더 나아가 공동체 문제에도 관심을 가지게 된다. 성취기준 해설의 일부를 옮겨 싣는다.

이 성취기준은 내가 아닌 다른 사람들, 그리고 다른 존재들을 이해하고, 그들에 공감하는 능력을 (중략) 위해 설정하였다. 타자를 이해하는 능력은 평화로운 공존과 협력적 연대를 위한 핵심적 요인이다. 작품 속 인물들의 생각과 마음을 이해하고 다양한 삶을 간접적으로 체험하도록 함으로써 타자에 대한 이해와 공감의 폭을 넓힐 수 있도록 한다.

이런 맥락에서 우리 소설 교육의 현실은 뼈아프다. 소설을 읽고 선다형 문제의 정답을 찾는 교육은 소설을 '타자화'한다. 선다형 문제의 다른 이름은 '객관식'이다. 그런 문제에서 답을 잘 찾으려면 소설을 내면으로 받아들이면 안 된다. 나로부터 거리를 두고 '객관적인 답'을 찾아야 하기 때문이다. 선다형 문제는 학생을 소설로부터 멀어지게 한다.

활동을 내세운 소설 읽기 수업에서도 그런 부작용이 있을 수 있다. 소설 읽기가 어설프게 독후감 쓰기로 이어질 때, 세부 능력 및 특기 사항 기재의 도구로 전락할 때, 소설은 '남의 이야기'가 된다. 학생들은 양심의 가책도 없이 남이 한 이야기를 베껴서 제출하곤 하는데, 그건 어쩌면 교사가 자초한 측면도 있다. 독후감 쓰기 활동이 나쁘다는 말이 아니다. 소설을 내면화하는 활동을 먼저 거치지 않고 섣불리 독후감부터 쓰도록 해서는 안 된다는 뜻이다. 세부 능력 및 특기 사항에 기재하는 다른 활동도 마찬가지다.

이 책에서는 '질문으로 넓어지고 토론으로 깊어지는, 호모 궁금쓰의 한 학급 한 권 읽기' 수업 사례를 소개하고 있다. 이 수업은 크게 세 단계를 거친다.

1단계: 생각의 지문(指紋), 질문
2단계: 생각의 교차로, 토론
3단계: 최종 질문으로, 논술하기

1단계와 2단계는 질문과 토론으로 소설의 인물을 내면화하는 과정이다. 그 단계를 거쳐서 학생들은 '나의 최종 질문'을 찾고 논술문을 작성하게 된다. 그렇게 해야 뜬구름 잡는 얘기를 하지 않는다. 소설 내용을 반대로 곡해해서 엉뚱한 해결책을 쏟아놓는 잘못도 막을 수 있다.

이 수업에서는 3단계보다 1단계와 2단계에 집중해서 소개한다. 그게 핵심이기 때문이다. 그 과정을 충실히 밟는다면 그걸 바탕으로 논술문을 쓸 수도 있고, 서평을 작성해도 되고, 낭독극으로 확장하는 것도 가능하다.

소설의 인물을 내 안으로 깊이 받아들이려는 마음, 내가 다른 인물이 되어보겠다는 결심, 그게 소설 읽기의 첫걸음이다.

만남 ② – 낯선 세계로 떠나는 여행

소설 읽기를 낯선 지역 또는 다른 시대로 떠나는 여행에 비유하기도 한다.

> 가끔은 소설 쓰기를 낯선 여행지의 가이드가 되는 일에 비유한다. 나에게는 이 세계를 먼저 탐험하고 이곳이 지닌 매력을 독자들에게 보여줄 의무가 있다.
>
> – 김초엽, 《책과 우연들》, 열림원.

여행이 그러하듯, 우리는 소설을 읽으며 경험의 폭을 넓힐 수 있다. 책장만 펼치면 안방에 편안히 앉아서도 낯선 나라의 문물을 손으로 만질 듯 접할 수 있고, 과거를 살았던 인물의 삶을 바로 곁에서 생생하게 지켜볼 수도 있다.

하지만 여행과 소설 읽기는 결정적인 차이가 있다. 여행이 '인지' 영역에 국한된다면, 소설 읽기는 경험을 넘어 '상상'으로 확장된다. 천

당이나 지옥, 미래, 꿈, 영혼, 환각 등 물리적으로 존재하지 않거나 현실적으로 갈 수 없는 세계로도 얼마든지 여행할 수 있다. 소설에서 만나게 되는 세계는 한마디로 무궁무진하다.

이에 대해서 교육과정에서는 다음과 같이 다루고 있다.

[9국05-05] 작품에 반영된 사회·문화적 상황을 이해하며 작품을 감상한다.

이 진술은 '작품에 반영된 사회·문화적 상황을 이해'하고 그걸 바탕으로 '작품을 감상'하라는 건데, 사실 방점은 뒤가 아니라 앞이다. 작품을 제대로 감상하려면 작품에 담긴 사회·문화적 상황을 이해하는 게 먼저다. 그 과정에서 다양한 사회·문화적 상황에 대한 배경지식이 쌓이게 되는데, 이건 문학 감상뿐만 아니라 삶에도 큰 영향을 미친다. '낯선 세계와의 만남'이 소설 읽기의 핵심인 셈이다.

그런데 '낯섦'에 대해서는 좀 생각해 보아야 한다. '낯섦'의 기준이 무엇일까? 먼 나라, 오랜 과거만 낯설까? 그렇지 않다. 어찌 보면 '나 아닌 존재'는 모두 낯설다. 심지어 내 마음을 내가 모를 때도 있다. 그렇게 본다면 세상 모든 존재는 낯설다. 그러므로 세상 모든 소설은 '낯선 세계'로의 여행인 셈이다.

하지만 이러한 '낯섦'이 우리 교육에서 점점 설 자리를 잃는 게 아닌지 걱정스럽다. 우선 학생들이 '낯섦'을 버거워한다. 그렇지 않아도 학생들의 문해력 저하가 문제 되는 상황에서, 작품 해석을 위해 사회·문화적 상황에 대한 이해가 전제되어야 하는 '낯선 작품'은 더욱 부담스러울 수밖에 없다. 그러니 시대적 맥락을 굳이 설명할 필요가 없는

'쉬운 소설'을 다루는 것이 더 효율적이지 않겠냐는 생각도 든다.

이런 흐름에 반기를 드는 수업이 있다. 이 책에서 소개하는 '사소한 질문에서 시작하는, 역사적 맥락으로 소설 깊게 읽기' 수업 사례다. 이 수업은 '좀 더 깊이 들어가 보면 안 될까?' 혹은 '우리가 지금 알고 있는 게 전부일까?'라는 의문에서 시작되었다. '지금까지 수업 시간에 다룬 소설들에 대한 해석이 놓치고 있던 게 무엇인가?'라는 반성에서 시작해서, 그동안 무심코 지나쳤던 사소한 의문점들이 어떤 중요한 의미를 지니는지 탐색하여, 현재와는 다른 시대에 대한 이해를 넓히는 수업인 셈이다. 이를 위해 수업을 네 단계로 구성했다.

1단계: 얕게 읽기 – 작품 이해를 위한 기본적인 질문

2단계: 약간 두껍게 읽기 – 작가,문학사적 맥락 이해를 위한 질문

3단계: 아주 두껍게 읽기 – 사소한 듯하지만 중요한 질문

4단계: 넓게 읽기 – 역사적 맥락에 대한 확장된 이해

이 단계를 박지원의 〈광문자전〉, 현진건의 〈고향〉, 김유정의 〈금따는 콩밭〉에 적용한다. 〈광문자전〉을 읽고 '그녀는 왜 춤을 추었을까?'라는 질문을 던지는 방식이다. 얼핏 지나칠 수도 있는 사소한 질문이지만, 이 사소함이 꼬리에 꼬리를 물고 들어가 당시의 사회·문화·역사적 맥락을 두텁게 이해할 수 있도록 수업을 구성했다.

이런 방식의 수업이 말랑말랑하지는 않다. 재미와는 더 거리가 멀다. 하지만 '쉬운 소설만 읽고 싶은 유혹'에서 벗어나 더 낯선 세계와 만날 때 인식의 지평이 넓어진다는 점은 의심할 여지가 없다. 고전을 읽

는 이유가 거기에 있다.

한강 작가가 노벨문학상을 받은 뒤에 학생들에게 그의 작품을 몇 편 소개한 일이 있다. 그 가운데 하나가 《작별하지 않는다》이다.

소설을 끝내고 심한 우울감에 빠져 일상으로 회복하지 못하던 경하는 친구 인선이 다쳤다는 소식을 듣고 병원으로 간다. 경하는 인선의 부탁으로 앵무새에게 물과 모이를 주기 위해 인선의 집으로 향하는데, 그곳에서 인선 어머니가 제주에서 겪었던 끔찍한 비극과 마주한다.

이 작품은 '제주 4·3 사건'을 배경으로 하고 있다. 그런데 인선 어머니가 겪은 이야기가 너무 아파서 소설을 몇 번이나 덮고서야 겨우 끝까지 읽을 수 있었다. 작가는 왜 제목을 '작별하지 않는다'라고 지었을까? 그 기억을 잊지 않겠다는, 그 기억을 떠나보내지 않겠다는 다짐이 아니었을까? 인선이 봉합한 손가락의 신경이 죽지 않게 3분에 한 번씩 손가락을 바늘로 찔러야 하는 것처럼, 그날의 기억을 떠올리는 건 무척 고통스럽다. 그러나 그렇게 하지 않으면 신경은 죽어버리고, 기억은 사라지게 된다.

기록에 따라 다르지만, 역사에서는 4·3 사건에서 3만 명의 희생자를 얘기한다. 그에 반해 소설에서는 한 사람의 아픔에 집중한다. 그것도 집요하게. 차마 끝까지 읽지 못하고 중간에 책장을 덮어야 할 정도로 아프게. 그러면서 독자는 생각하게 된다. '아! 제주에서 희생된 3만 명이 모두 그렇게 아팠겠구나. 그리고 그 가족들은 모두 인선처럼, 경하처럼, 더불어 고통받았겠구나!'

그런 인식의 지평은 더 넓어진다. '한국전쟁에서는 남북한을 합해서 200만 명 가까운 민간인이 희생되었다는데, 그들도 인선 어머니처럼 다들 아픔을 겪었겠구나.' '일제강점기의 한반도, 지금도 내전으로 고통받는 시리아, 미얀마, 예멘, 소말리아, 에티오피아에는 얼마나 많은 인선 어머니가 있을까?'

이렇게 인식이 넓어지다 보면 우크라이나와 가자지구에서 벌어지는 전쟁 기사를 허투루 넘길 수가 없게 된다. 나와는 상관없는 남의 나라 이야기라고 흘려들을 수 없다. 그게 소설을 읽는 이유다.

만남 ③ - 작가의 지향

프랑스 국어 교과서를 본 일이 있다. 인상적인 게 많았지만, 그 가운데 하나가 '빅토르 위고'라는 대단원이었다. 대단원 전체를 빅토르 위고의 작품으로 채웠는데, 우리 교육에서는 상상하기 힘든 파격이었다. 소단원을 넷으로 구성하고 그 안에 여러 작품을 담고 있어서 빅토르 위고의 작품 세계를 조망하기에 부족함이 없어 보였다.

> 1. **서정시인**: 이 세기는 두 살이었네!, 전투 후에, 그녀는 신발을 벗고, 내일 새벽
> 2. **동방주의**: 유령들
> 3. **서사시인**: 워털루 전투
> 4. **참여시인**: 거지, 아이, 노래

우리나라 소설 교육에서 가장 큰 아쉬움은 작가에 대한 깊이가 얕다는 점이다. 소설가가 소설 한 편을 쓰는 데 시간이 얼마나 걸릴까? 그건 교사가 한 시간 수업을 준비하는 데 걸리는 시간과 비슷하다. 교사는 평생에 걸쳐 한 시간 수업을 준비한다. 교사가 평생토록 보고 듣고 읽고 생각한 모든 경험이 수업에 녹아들기 때문이다. 소설가도 그렇다. 아무리 짧은 소설이라도 소설가는 그걸 쓰기 위해 일생을 바친다. 그렇기에 어떤 소설이든 소설가의 세계관이 반영될 수밖에 없다.

> 소설을 쓰는 일은 몇 년이 걸리기도 하고, 십 년을 넘기기도 하고, 때로 평생을 다 바치기도 하는 것이다. 그것이 바로 (중략) 소설가의 일이다.
>
> — 김연수, 《소설가의 일》, 문학동네.

독자가 작가의 세계관을 이해하려면 둘이 진득하게 만나야 하는데, 우리 현실에서 그런 수업을 기대하기는 어렵다. 시인의 시 세계를 탐구하는 수업 사례는 간혹 만날 수 있지만, 소설가를 대상으로 그런 수업을 구성하는 사례를 찾기는 쉽지 않다. 그런데 생각해 보면, 프랑스 국어 교과서의 '빅토르 위고' 단원도 소설이 아니라 시를 대상으로 하고 있다. 소설을 다루기에는 분량이 걸림돌이 되지 않을까?

그런 점에서 이 책에서 소개하는 '박지원에서 황순원으로, 한 학기한 작가 읽기' 수업은 흔치 않은 사례다. 박지원 또는 황순원의 여러 작품들을 스무 시간에 걸쳐서 깊이 있게 파고든 수업이다. 교육과정에 근거가 없지는 않다. '작가'라는 연관성을 바탕으로 여러 작품을 엮어서 감상하기 때문이다.

[9국05-07] 연관성 있는 다른 작품들과의 관계를 파악하며 작품을 감상한다.

그 가운데 '황순원 소설 읽기반'은 고등학교 2학년을 대상으로 한 여름방학 방과후 강좌였다. 열흘 동안 하루에 두 시간씩, 모두 스무 시간 동안 황순원 작가의 소설 32편을 읽었다. 한 차시 수업의 얼개는 이렇다.

수업 전	모두	소설(한 시간에 네 작품) 읽기 ⇒ 토론 주제 생각
	발제자	발제문 작성 ⇒ 발표(한 시간에 네 명)
수업 중	사회자	토론 주제를 정해서 토론 진행
	기록자	토론 내용 기록 ⇒ 정리해서 카페에 올리기
수업 후	모두	짧은 소감문을 써서 카페에 올리기

10차시 수업이 끝나고는 각자 설정한 주제로 소논문을 작성한다. 학생들에게 처음 소논문 얘기를 꺼내면 화들짝 놀란다. 하지만 염려와 달리 소논문을 쓰는 일은 그리 어렵지 않다. 한 작가의 작품을 32편 읽는 동안 작가와 작품에 대한 이해가 깊어졌기 때문이다.

이 수업은 두 가지 제한점이 있다. 첫째, 방과후 강좌나 동아리 활동으로 몇 차례 시도했을 뿐 정규수업에서 도전하지 못했다는 점이다. 하지만 정규수업에서 '한 학기 한 권 읽기'를 변형한 활동으로 충분히 가능하리라 생각한다. 둘째, 소논문 활동이다. 이 수업을 했던 당시에는 소논문 작성이 권장되는 활동이었지만, 지금은 그렇지 않다. 수업 결과물은 그때 상황에 맞게 융통성을 발휘해야 한다.

만남 ④ - 궁극적 목적지는 나 자신

인간은 어떤 일의 결과를 알고 싶을 때 '실험'을 한다. 새로 만든 약의 효능이 어떤가? 이 두 가지 물질을 섞으면 어떤 일이 일어나는가? 이 기계는 어떻게 작동하는가? 이렇게 실험으로 문제를 발견하고 그걸 개선하며 문명을 발전시켰다.

그런데 실험할 수 없는 게 하나 있다. 자기 자신이다. 이번 생은 이렇게 한번 살아보고, 그게 마음에 안 들면 다음 생에는 다르게 살아보고…… 그렇게 실험하고 되돌릴 수 없다. 그래서 우리는 문학, 특히 소설을 읽는다. 문학을 읽으며 간접 '경험'을 한다고 말하는데, 그건 사실 간접 '실험'인 셈이다. 소설의 이야기를 통해서 내가 이렇게 살면 결과가 어떻게 되는지, 이게 바른 삶인지 성찰하게 된다.

김애란의 〈노찬성과 에반〉은 중학생들도 좋아하는 작품이다. 아버지가 트럭 전복 사고로 돌아가시고, 노찬성은 할머니와 둘이 산다. 우연히 유기견을 데려와 '에반'이라 이름을 붙이고 키우게 된다. 소설이 어렵지는 않은데, 학생들과 문답을 주고받으며 소설에 더 깊이 들어가 보았다.

교사: 이 소설은 누구 얘기인가요? 노찬성, 그리고?
학생: 에반?

교사: 그럴까요? 소설 제목은 '노찬성과 에반'이지만, 이건 노찬성과 에반 얘기가 아닐 수도 있어요. 그럼, 노찬성과 누구일까요?

학생: 할머니?

교사: 그럴 수 있겠네요. 노찬성과 할머니 얘기라고 생각해 볼까요. 노찬성은 할머니를 좋아해요? 싫어해요?

학생: 싫어해요.

교사: 왜요?

학생: ?

교사: 할머니가 누구의 죽음과 연관이 있다고 생각하나요?

학생: 아빠.

교사: 맞아요. 할머니가 아빠의 죽음에 '책임'이 있다고 생각하고, 그래서 자기는 할머니를 '용서'할 수 없다고 생각하죠. 책임이 뭔지도 모르고 용서가 뭔지도 모르지만, 어렴풋이 그렇게 생각해요. 그러다 노찬성이 누굴 만났어요?

학생: 에반.

교사: 할머니가 반대하자 노찬성은 에반을 어떻게 하겠다고?

학생: 책임지겠다고…….

교사: 그건 할머니에 대한 반항이었겠죠. 할머니는 우리 아빠를 책임지지 못했지만, 나는 에반을 책임질 거라고……. 그런데 결국 에반의 편안한 죽음을 지켜주지 못하죠? 뭣 때문에?

학생: 터닝메카드!

소설을 처음 읽을 때 이야기 흐름에 몰입해서 따라오던 학생들은 이 대목에서 버럭 화를 냈다. "터닝메카드가 뭐라고!" 어떤 학생은 노찬성을 향해 "쓰레기!"라고 비난했다. 그런데 소설을 다시 찬찬히 읽고 소설 내용을 깊이 이해한 다음에는 달랐다. 물론 노찬성의 행동은 용납할 수 없지만, 노찬성이 그럴 수밖에 없었던 사연을 조금은 이해했다. 노찬성은 어린아이다. 가난하고 외롭고 소외된 가엾은 아이다. 친구들이 당연하다는 듯이 누리고 있는 걸 얼마나 간절히 가지고 싶었을까?

그러면서 노찬성은 할머니를 어렴풋이 이해하게 되지 않았을까? 자신이 '어쩔 수 없는 상황'에 떠밀려 에반을 책임지지 못했던 것처럼, 할머니에게도 나름의 '상황'이 있었으리라 헤아려 보지 않았을까? 그런 아픔을 겪으며 노찬성은 성장한다. '성장'은 우리 교육과정에서도 가치 있게 여기는 요소다.

[9국05-03] 인간의 성장을 다룬 작품을 읽으며 문학의 가치를 내면화한다.

여기서 중요한 건 노찬성이 아니라 독자의 깨달음과 성장이다. 노찬성의 심리를 따라가던 독자들이 결국에는 할머니를 이해하게 된다. 소설에는 할머니 얘기가 거의 나오지 않는다. 원로 목사에게 버림받았다는 정도가 고작이다. 독자는 소설에 나오는 노찬성의 사연을 읽으며 소설에서 밝히지 않은 할머니의 사연까지도 이해하게 되는 것이다. 겉으로 보이는 행동만으로 누군가를 쉽사리 판단하고 비난해서는 안 된다는 것을, 책임이나 용서라는 말을 그렇게 쉽게 입에 올릴 수 없다는 것을 깨닫게 되지 않을까?

그러면서 독자는 궁극적으로 자신을 돌아보게 된다. 이 소설을 정말 절실하게 읽은 독자라면 곁에 있는 사람들을 다시 보게 될 것이다. 아빠의 행동이 이해할 수 없더라도, 엄마의 말에 서운함을 느꼈더라도, 엄마나 아빠가 그럴 수밖에 없었던 '사연'을 보려고 마음 쓰지 않을까? 그렇게 성장한다.

> 한 편의 소설을 읽으면 하나의 얇은 세계가 우리 내면에 겹쳐진다. (중략) 일상이라는 무미건조한 세계 위에 독서와 같은 정신적 경험들이 차곡차곡 겹을 이루며 쌓이면서 개개인마다 고유한 내면을 만들어가게 되는 것이다.
>
> – 김영하,《읽다》, 문학동네.

그런데 우리 교육은 조급증에 빠진 것 같다. 짧은 시간에 긴 지문을 읽고 재빨리 답을 찾아야 하는 '빨리빨리' 평가에 많은 교사와 학생이 무릎을 꿇었기 때문이다. 소설을 소설답게 읽고, 그걸 통해 독자가 자기 삶을 성찰하려면 여유가 필요하다. 조금 더 천천히 읽고, 독자가 소설 읽기의 주인공으로 서야 한다.

그런 수업으로 이 책에서 소개하고 있는 '모두가 주인공이 되는, 단편소설로 낭독극 만들기' 사례를 눈여겨볼 만하다. 낭독극은 소설과 낭독 이 두 가지 매력을 재미있게 경험하는 활동이다. '목소리'로 소설에 숨을 불어넣는 행위이며, 내가 경험해 보지 못한 타인의 삶을 대신 살아보는 '적극적 읽기'인 셈이다.

학생들은 관심 있는 인물을 한 명씩 맡아서 그 인물이 어떤 상황에 놓여 있는지 알아보고, 소설에 나오는 말과 행동을 찾아보면서 뇌 구조를 그리고, 인물을 소개하는 글을 쓴다. 또 모둠에서 서로 도움말을 주고받으며 소설과 인물을 더 깊이 이해하고 각자 맡은 인물을 구체적으로 상상해 본다. 이런 활동을 거쳐 소설의 인물은 독자 내면으로 들어온다.

소설을 어떤 방식으로 각색할 것인지, 인물의 어떤 면을 부각할 것인지, 정답은 없다. 독자의 각색과 연기는 재창작에 버금간다. 소설 읽기를 넘어 독자가 스스로 인물을 창조하게 된다. 이런 과정을 거쳐 독자가 소설 읽기의 주인공이 될 수 있다.

등장인물을 잊을 수 없는 이유는 결국 그 인물 자체가 아니라 독자 스스로 활짝 열어젖힌 상상의 통로 때문이 아닐까.

- 페터 비에리,《교양 수업》, 은행나무.

2. 왜 이렇게 읽는가?

이 책에서는 소설 읽기 수업 사례를 소개하고 있다. 여섯 가지 수업 사례를 관통하는 줄거리가 있다. '소설을 소설답게'이다. 어떻게 하면 소설을 소설답게 읽고 즐길 수 있을까? 어떻게 하면 학생들이 스스로 소설에 빠져들도록 이끌 수 있을까?

사람들은 '삼미'를 느끼면 빠져든다고 한다. 재미, 흥미, 의미다. '의미'는 알겠는데, '재미'와 '흥미'는 어떤 점에서 다른가? 소설 읽기에 적용해서 억지로 구분해 보았다. 재미는 겉에서 느껴지고, 흥미는 깊은 내면에서 생기고, 의미는 자기 삶과 엮을 때 만들어진다. 예를 들어, 교사가 수업을 시작하며 우스개를 던진다고 생각해 보자. 아이들이 그 얘기를 듣고 깔깔깔 웃었다면 아이들이 그 얘기에서 '재미'를 느꼈다는 뜻이다. 그런데 거기서 그치지 않고 교사가 그걸 실마리로 수업을 풀어나가면 아이들은 수업 내용에 '흥미'를 가지게 된다. 더 나아가 그 얘기가 아이들의 삶과 연결된다면 학생들은 거기서 '의미'를 발견하게 된다. '삼미'를 소설 읽기에 적용하면 이렇게 된다.

- **재미**: 개별 작품에서 느끼는 감각적 쾌감
- **흥미**: 소설 갈래에 대한 인지적 깨달음
- **의미**: 독자의 삶과 이 세상에 대한 성찰

소설을 가르치려는 교사는 이 셋을 마음에 품고 소설을 '재미있게,

흥미롭게, 의미 있게' 가르쳐야 한다.

재미있게

학생들은 '재미'를 '웃음'이라고 오해한다. 소설 읽기의 재미는 단순한 웃음을 넘어선다.

아리스토텔레스는 설득 전략으로 에토스(인격), 로고스(이성), 파토스(감성)를 제시했다. 이것을 '삼미'에 적용하면 재미는 파토스, 흥미는 로고스, 의미는 에토스에 연결된다. 다시 말해서, 소설을 읽으며 우리 마음에 일어나는 꿈틀거림이 재미다. 때로는 깔깔거리며 웃을 수도 있지만 어떤 때는 눈물 흘리며 빠져들 수도 있다. 웃음이든, 눈물이든, 긴장감이든, 공포든, 소설에서 손을 떼지 못하게 만드는 힘이 바로 재미다.

다른 어떤 갈래와 견주어도 소설은 재미가 있다. 서사 문학은 갈등을 본질로 하기 때문이다. 그래서 우리 교육과정에서도 갈등을 중요하게 다루고 있다. 독자는 등장인물이 갈등하고 그걸 풀어가는 과정에 푹 빠져서 소설 읽는 재미를 느끼게 된다.

[9국05-02] 갈등의 진행과 해결 과정을 파악하며 작품을 감상한다.

소설을 읽기 어려워하는 학생들을 유심히 보면 발단 부분을 넘기지 못하고 책장을 덮는 경우가 많다. 독서력이 약한 학생들은 소설을 끌고 갈 인물에 대한 설명이나 배경 묘사 등을 지루하다고 느끼기 때문이다. 그러나 사건이 전개되고 갈등이 본격적으로 드러나는 지점에 도달하면 스스로 책에 빠져들어 읽곤 한다. 그래서인지 갈등을 중심으로 재구성하여 다시 설명해 주면 홀린 듯이 이야기를 듣곤 하는데, 이것은 이야기를 좋아하는 인간의 본성과도 맞닿아 있다.

《프런트 데스크》는 1990년대 미국으로 건너가 이민자로서 살게 된 중국인 미아와 그의 가족 이야기를 담고 있다. 그 시절에 아시아인 이민자가 미국에서 할 수 있는 일은 식당 보조나 모텔 관리 같은 일뿐이었다. 미아의 부모님 역시 열악한 일자리를 전전하다가 겨우 칼리비스타 모텔의 관리인으로 일하게 되는데, 모텔 관리 일로 바쁜 부모님을 도와 열 살 미아가 프런트 데스크를 맡게 된다. 학교에서 겪는 인종차별, 따라가기 어려운 영어 글쓰기 수업, 모텔에서 만나게 되는 무서운 손님, 학교 친구들에게 숨기고 싶은 가난한 형편 등 이 책에는 주인공 미아가 겪는 여러 문제가 끝없이 몰아치는데, 그렇기에 독자들이 빠져들게 된다. 처음에는 미아의 경험이 자신과는 너무 동떨어진 문제라고 생각하고 한 발짝 떨어져 읽던 학생들도 사건이 전개되고 미아가 문제들을 해결해 나가는 과정에 빠져들게 되면서 꼭 자신이 경험하고 있는 것 같다는 느낌을 받게 된다.

여기서 중요한 점이 있다. 밖에서 주입할 수 있는 지식과 달리, 감정은 안에서 저절로 우러나야 한다. 독자 스스로 소설에서 재미를 느껴야 한다는 뜻이다.

'읽다'라는 동사에는 명령법이 먹혀들지 않는다. 이를테면 '사랑하다'라든가 '꿈꾸다' 같은 동사들처럼, '읽다'는 명령문에 거부 반응을 일으키는 것이다.

– 다니엘 페나크, 《소설처럼》, 문학과지성사.

말을 물가에 끌고 갈 수는 있어도 강제로 물을 먹일 수는 없듯이, 소설책을 눈앞에 들이밀 수는 있어도 그걸 억지로 읽게 할 수는 없다. 말에게 물을 먹이는 가장 좋은 방법은 말이 갈증을 느끼도록 하는 것이다. 갈증을 느낀 말은 시키지 않아도 스스로 물을 찾아 마신다. 소설 읽기에서 재미를 느끼는 독자도 이와 같다. 그런 독자라면 오히려 소설 좀 그만 읽으라고 말려도 소용이 없지 않을까?

그런 점에서 우리의 소설 교육은 아쉬움이 많다. 수업 시간에 책 한 권을 온전히 읽기 어렵고, 교과서에 실린 소설은 길다는 이유로 '앞부분 줄거리' 혹은 '이후 줄거리'로 제시되기 일쑤다. 학생들은 자신의 힘으로 스스로 읽고 재미를 느끼는 것이 아니라 교사가 손질하여 예쁜 접시에 담은 '가장 맛있어 보이는 가운데 토막'을 받아 들고 이것이 '재미'라고 배운다.

또한 자기 머리로 생각하고 여러 관점에서 들여다보고 곱씹어 볼 기회가 없다. 최대한 많은 작품을 제한된 시간 내에 배워야 하기 때문이다. 책을 읽은 내 생각과 감상을 나누기보다는 이미 누군가가 해놓은 해석을 받아 적기에 바쁘다.

이 책에서는 '재밌어서 낄낄대다 평생 독자가 되는, 한 권 읽고 보드게임 만들기' 수업 사례를 소개하고 있다. 이 책을 읽는 독자 가운데는 "소설 하나 읽고 보드게임까지 만들면 가성비가 떨어지지 않나?"라고 반문할 수도 있다. 물론 소설 한 권만 놓고 보면 그럴 수도 있다. 그렇지만 보드게임을 만들어본 학생들은 이렇게 고백했다.

- 보드게임을 더 잘 만들기 위해 책에 나온 여러 가지 요소를 다시 꼼꼼히 찾아보게 되었습니다. 그리고 이전에는 발견하지 못한 걸 발견할 수 있었습니다.
- 친구들이 만든 보드게임을 하면서 내가 읽지 않은 책에 대해 재미있게 알아볼 수 있어 좋았습니다. 이 과정에서 많은 책을 읽어보고 싶다고 생각했습니다.

소설에서 재미를 느끼지 못했던 학생이 보드게임을 만들며 소설 읽는 재미에 푹 빠졌다면, 그래서 평생 독자로 성장한다면, 그것만큼 값어치 있고 가성비 좋은 것이 또 있을까? 꼭 보드게임이 아니라도 좋다. 소설에 날개 질문을 다는 일도, 낭독극으로 바꾸는 경험도, 토론하고 논술하는 활동에서도 가장 중요한 건 '소설 읽는 재미'다. 그걸 놓치지 말아야 한다.

흥미롭게

사람은 참 묘하다. 쉽고 편한 일을 좋아할 것 같은데, 의외로 그런 일에는 금세 지루함을 느낀다. 수업에서도 학생들에게 적당히 어려운 과제를 제시해야 몰입한다. 소설 수업도 그렇다. 감각적인 재미만 좇는다면 학생들은 쉽사리 흥미를 잃는다.

재미가 파토스(감성)와 연결된다면 흥미는 로고스(이성)와 맞닿아 있다. 소설 수업은 개별 작품의 재미를 넘어서 소설 갈래에 대한 이해로 깊어져야 한다.

> **[9국05-04]** 보는 이나 말하는 이의 특성과 효과를 파악하며 작품을 감상한다.

2022 국어과 교육과정 해설에서는 위의 성취기준에 대해서 "시의 화자 또는 소설의 시점 및 서술자에 주목하여 작품을 깊이 있게 감상하는 능력을 기르기 위해 설정하였다."라고 풀이하고 있다. 갈래 지식을 의미한다고 볼 수 있다. 소설을 소설답게 읽고 즐기는 핵심 가운데 하나는 갈래 지식에 대한 이해다.

> 소설을 읽을 때 (중략) 작품 자체의 질서와 그것이 속한 갈래의 문학적 관습에 따라 읽어야 한다.
>
> ─ 최시한, 《소설, 어떻게 읽을 것인가》, 문학과지성사.

우리 교육 현장에는 '지식 중심 수업은 나쁘고 활동 중심 수업이 옳다.'라는 오해가 의외로 강하게 퍼져 있다. 물론 그런 비판이 제기된 이유를 모르지는 않는다. 과거의 국어교육이 단편적 지식 주입에 치중했던 데 대한 반성이라는 점을 잘 알고 있다. 그렇지만 그 반성의 결과로 '활동 중심 수업'에 치우치는 현상도 바람직하지는 않다. '지식과 활동의 균형'을 찾아야 한다.

이 책에서는 '모두가 발맞추어 천천히 함께, 날개 질문으로 소설 읽기' 수업 사례를 다루고 있다. 그 가운데 하나가 현진건의 〈운수 좋은 날〉이다. 학생들은 인력거꾼 김 첨지와 그 아내의 비참한 삶을 중심으로 작품을 이해한다. 아내를 걱정하면서도 집에 들어가지 않고 술을 마시며 시간과 돈을 탕진하는 김 첨지의 어리석음, 아픈 아내에게 욕설과 폭력을 꺼리지 않는 김 첨지의 비인간적인 언행을 문제 삼기도 한다. 그런데 김 첨지는 왜 그렇게 행동할 수밖에 없었을까?

소설을 읽고 '배경'에 집중하여 몇 가지 질문을 던진다. 이 작품에서 문제가 되는 배경은 셋이다. 첫째, 시간 배경은 김 첨지 개인의 비극을 심화한다. 겨울인데 비가 추적추적 내리고, 이건 인력거를 끄는 김 첨지의 고통을 가중한다. 김 첨지에게 행운이 쌓일수록 김 첨지의 몸은 점점 피폐해지는 아이러니다.

둘째, 공간 배경이 중요하다. 김 첨지가 손님을 내려주거나 태우는 장소에는 공통점이 있다. 전차 정거장이다. 전차라는 신문물은 계급의 갈등을 강화한다. 신문물에 적응하지 못한 소외 계급은 '빈익빈 부익부'라는 질곡에서 벗어나지 못한다.

셋째, 시대 배경도 함께 생각해 보아야 한다. 이 소설의 배경이 되는 1920년대는 일제의 수탈이 본격화되는 시점이다. 우리 민족의 비극을 형상화하고 있다.

따라서 김 첨지에게 닥친 불행은 단 하루의 행운으로는 어쩌지 못할 구조적인 비극이다. 김 첨지는 그 무력감으로 허우적대는 인물이다. 배경을 근거로 작품을 해석하면 인물의 심리나 사건의 흐름을 더 깊이 이해하게 된다.

물론 소설마다 열쇠가 되는 갈래 지식은 다를 수 있다. 시점이나 플롯일 수도 있고, 문체나 인물·배경·사건일 수도 있다. 학생들이 이러한 갈래 지식을 근거로 소설을 이해하고 감상하는 역량을 기른다면 소설을 소설답게 읽고 즐길 수 있을 것이다. 이렇게 읽어야 소설에서 흥미를 느낄 수 있다.

이와 관련하여 문학의 기능을 다시 생각해 보고 싶다. 흔히 문학의 기능으로 쾌락적 기능과 교훈적 기능을 말한다. 여기에 '인지적 기능'을 덧붙이고 싶다.

- **쾌락적 기능**: 개별 작품에서 느끼는 감각적 재미
- **인지적 기능**: 갈래 지식을 배우고 활용하는 능력
- **교훈적 기능**: 인생과 세상에 대한 깨달음 = 의미

우리는 문학 작품을 많이 읽음으로써 갈래 지식을 더 탄탄하게 갖추게 되고, 그걸 바탕으로 문학 작품을 더 잘 이해하고 감상하게 된다. 이런 선순환이 일어나려면 문학 수업에서 '지식'과 '활동'이 적절히 균형을 이뤄야 한다.

수업 시간에 펼치는 다양한 활동이 나쁘다는 게 아니다. 무조건 좋기만 한 것도 아니다. 왜 이런 활동을 하는지가 또렷해야 한다는 뜻이다. 수업의 활동이 단순히 개별 작품을 재미있게 읽는 단계를 넘어, 소

설 갈래에 대한 지식(흥미)을 익히고 학생들이 자기 삶을 스스로 성찰(의미)할 수 있도록 이끌어야 한다.

의미 있게

앞선 읽기 단계는 모두 궁극적으로 여기로 향한다. 소설로 보드게임을 만들어 학생을 평생 독자로 이끄는 것도, 날개 질문으로 한 명도 빠짐없이 발맞추어 읽도록 배려하는 것도, 질문과 토론으로 학생들이 자기 문제에 대해 스스로 답을 찾도록 하는 것도, 낭독극으로 학생을 읽기의 주인공으로 세우는 것도, 한 작가의 책을 꾸준히 읽어 깊이를 더하는 것도, 사소한 질문에서 시작해 소설을 두껍게 읽는 것도, 모두 학생의 삶을 일깨우려는 노력이다.

> 소설은 가장 재미있게, 내가 사는 세계는 살 만한 세계인가 아닌가를 반성케 한다. 일상성 속에 매몰된 의식에 그 반성은 채찍과도 같은 역할을 맡아 한다. 이 세계는 과연 살 만한 세계인가? 우리는 그런 질문을 던지기 위해 소설을 읽는다.
>
> – 김현, 《분석과 해석》, 문학과지성사.

라이오넬 트릴링이라는 비평가는 문학에서 '미트리다테스적 기능'이라는 개념을 제시했다. 독살 위협에 시달리던 미트리다테스 왕이 날마다 조금씩 독을 마셔 독에 대한 면역을 키웠다는 이야기에서 따온 말이다. 문학의 '면역 기능'이라 할 수 있겠는데, 간접 체험의 기능을 무척 극적으로 표현한 개념이다.

이 개념을 소개할 때 대부분은 '그래서 면역 기능을 획득했다.'라는 결과에 주목한다. 그런데 소설을 가르치는 교사라면 '날마다 꾸준히, 조금씩 양을 늘려서 독을 마셨다.'라는 과정에 집중해야 한다. 학생들이 소설에서 새로운 인물과 낯선 세계를 만나는 일이 쉽지만은 않다. 익숙한 일상에 매몰된 '나'를 버리고 멀리 떨어진 존재를 향해 나아가야 하기 때문이다. 하지만 이런 난관을 극복하고 새로운 타자들을 좀 더 깊이 이해할 수 있다면 소설을 읽으면서 소중한 경험을 더할 수 있을 것이다. 그러면서 세상에 맞서는 힘과 자신을 성찰하는 용기를 얻게 된다. 그러니 소설을 읽을 때는 단순히 재미에만 치우쳐서는 안 된다. 소설 안으로 더 깊숙하게 들어가고, 그걸 통해 독자의 내면을 스스로 들춰야 한다.

하지만 이게 지나쳐서 강박이 되면 안 된다. 소설을 찬찬히 읽어서 여기까지 도달하면 좋지만, 늘 그래야 하는 건 아니다. 앞서 재미, 흥미, 의미가 고루 중요하다고 했는데, 굳이 하나만 꼽으라면 재미다. 다음이 흥미다. 왜냐하면 이건 계단과 같아서 1층이 없으면 2층이나 3층도 있을 수 없기 때문이다. 그러니 어설프게 의미를 내세워 소설 읽는 재미를 망치지는 말아야 한다.

어쩌면 이건 북극성과 같아서 영원히 닿을 수 없는 '지향' 같은 건지도 모르겠다. 하긴 완성된 삶이 있을 수 있을까? 아무리 소설을 많이 읽더라도 그건 아무래도 무리다. 다만 북극성을 바라보고 묵묵히 걸어갈 뿐이다.

그러니 교사의 북극성을 학생들에게 강요하지도 말아야 한다. 내가 보는 저 별이 북극성임을 어떻게 확신할 수 있단 말인가? 소설 몇 편 같이 읽었다고 교사의 북극성을 학생에게 주입하려고 해서는 안 된다. 학생 스스로 저마다의 북극성을 찾도록 북돋워야 한다.

소설 읽기 수업은 답을 찾는 과정이 아니라 질문을 발견하는 과정임을 잊지 말아야 한다. 다만 더 좋은 질문을 찾을 수 있도록 곁에서 도와줄 뿐이다. 여기에 모은 여섯 편의 수업 사례는 그런 몸부림이다.

2부

소설 읽기 수업,

어떻게?

재밌어서 낄낄대다 평생 독자가 되는

한 권 읽고
보드게임 만들기

윤애경

'재미'가 '흥미'와 연결되는 방법에는 뭐가 있을까? 아이들은 보드
게임을 만드는 과정에서 책을 꼼꼼히 읽게 되고, 다른 모둠이 만든
게임을 하며 새로운 책에 대한 정보를 얻기도 한다. 보드게임을 하
며 즐거웠던 경험은 책을 읽고 싶다는 마음으로 연결되기도 한다.

수업 개요

"선생님, 게임 해요."

시들했던 아이들의 눈이 초롱초롱해지는 순간이다. 게임이라고 해봤자 한글 초성을 보고 영화 제목이나 노래 제목을 맞히는 것인데, 아이들은 어느 때보다도 더 활기를 띤다. 친구들이 정답을 맞힐 때보다 틀렸을 때 "땡!"을 외치는 것이 더 즐거워 보이기도 한다. 어쨌든 교실 안에 있는 아이들이 능동적인 학습자로 변하는 순간이다.

게임 요소를 수업에 접목한 것은 '한 학기 한 권 읽기'의 소설 수업만이 아니었다. 아이들을 적극적으로 수업에 참여시키고 싶은 마음에 '할리갈리' 형식을 따와 품사 보드게임을 만들기도 했고, 박완서 작가의 소설 〈자전거 도둑〉에 '원카드' 형식을 적용하여 일명 '수남이 게임'을 만들기도 했다. 그러다 문득, 교사가 만든 게임을 제공하는 것보다 아이들이 직접 보드게임을 설계하고 제작한다면 소설을 좀 더 능동적으로 읽고 재미있게 수업에 참여하지 않을까 하는 생각이 들었다.

수업의 구체적인 형태는 해마다 달라졌지만, 큰 틀은 다음과 같다.

"보드게임을 만드는 데 시간이 너무 많이 걸리지 않을까요?"
"국어 수업 시간에 보드게임을 만드는 것이 무슨 의미가 있을까요?"

국어 수업 시간에 보드게임을 만든다고 했을 때 동료 교사들에게 가장 많이 들었던 말이다. 시판되는 보드게임 DIY 키트나 에듀테크 도구의 도움을 받는다고 하더라도 보드게임을 제작하려면 시간이 제법 걸리는데, 그 정도의 시간을 들일 만큼 의미가 있는 활동인지에 대한 물음일 것이다. 그러나 보드게임을 만들어본 학생들의 반응을 보면 어느 정도는 걱정을 내려놓아도 될 듯하다.

 - 보드게임을 만들기 위해 책에 나온 여러 요소를 다시 꼼꼼히 찾아보게 되었고, 이전에는 발견하지 못한 것들을 발견할 수 있었습니다.
 - 친구들이 만든 보드게임을 하면서 내가 읽지 않은 책에 대해 재미있게 알아볼 수 있어 좋았습니다. 이 과정에서 많은 책을 읽어보고 싶다고 생각했습니다.

학생들과 독서 수업을 해본 교사라면 학생들이 책 읽을 마음을 가지게 하는 것이 얼마나 힘든지 알 것이다. 책을 다 읽었다고는 하지만 정말 제대로 이해하며 읽었는지 파악하기도 쉽지 않다. 그러나 학생들이 책의 주제와 내용이 드러나도록 보드게임을 만들다 보면 자연스레 책에 관해 대화를 나눌 수밖에 없는데, 그 과정에서 교사는 능동적인 독자로 변신하는 학생들의 모습을 목격하게 될 것이다.

1. 책 대화하며 한 권 책 읽기

책 준비와 모둠 구성

교실에는 다양한 독서 수준을 지닌 아이들이 모여 있다. 중학교 1학년이지만 고등학생 수준의 독서를 하는 학생이 있는가 하면, 태어나서 지금까지 책 한 권을 끝까지 읽어본 적이 없다는 학생도 있다.

'한 학기 한 권 읽기' 수업을 설계할 때 가장 중요하게 생각했던 것은 교실의 아이들 모두 나름의 속도로 책을 제대로 읽게 하는 것이었다. 그래서 모든 아이가 완독할 수 있게 여러 해 동안 다양한 시도를 해봤는데, '모둠 책 대화'만 한 게 없었다. 혼자서는 끝까지 읽기 어렵지만 모둠 친구들과 여러 차례 책 대화를 나누며 읽다 보면 어떻게든 끝까지 읽어야겠다는 마음이 생기기도 한다. 그래서 시작하게 된 방법이 모둠별로 한 권의 책을 골라 책 대화를 나누며 한 권의 책을 읽는 것이었다.

모둠 책 대화를 위해 우선 국어과 성취기준에 부합하며 학생들의 흥미를 고려한 다양한 수준의 책을 준비했다. 한 학급을 5~6개의 책 읽기 모둠으로 구성한다면 모둠 수보다 2~3종 더 많은 책을 준비했는데(예산의 여유가 있을 때는 좀 더 많은 종류의 책을 준비하기도 한다), 가위바위보에 져서 어쩔 수 없이 책을 선택하게 되면 아무래도 책에 대한 애정도 낮아지고 읽고 싶은 마음이 안 들 수도 있기 때문이다.

책의 난이도도 아주 쉬운 책부터 어려운 책까지, 얇은 책부터 두꺼운 책까지 다양하게 구성하여 독서 능력이 낮은 학생이나 읽기 동기가 낮은 학생도 잘 참여할 수 있게 했다. 다음은 2023년 1학년 2학기에 학생들과 함께 읽었던 책 목록이다.

성취기준	[9국05-10] 인간의 성장을 다룬 작품을 읽으며 삶을 성찰하는 태도를 지닌다.		
	제목 (저자)	쪽수	난이도
성장소설 목록	더러운 나의 불행 너에게 덜어줄게 (마르탱 파주)	110	★
	5번 레인 (은소홀)	240	★
	체리새우: 비밀글입니다 (황영미)	200	★
	세계를 건너 너에게 갈게 (이꽃님)	224	★
	맹탐정 고민 상담소 (이선주)	216	★★
	구미호 식당 (박현숙)	248	★★
	프런트 데스크 (켈리 양)	348	★★
	비스킷 (김선미)	228	★★★

2015 개정 교육과정 국어과 성취기준과 '한 학기 한 권 읽기'를 엮어서 단원을 재구성했으며, 성장소설 중에서 8종을 선택하여 목록을 구성했다. 소재도 친구 관계, 가족, 이성 문제, 이민자의 삶 등 다양하게 구성하여 선택의 폭을 넓혔다.

책을 선택할 때는 '5분 돌려 읽기' 방법을 활용하여 학생들이 모든 책을 5분씩 훑어보고 북매치 전략(BOOKMATCH, 책을 점검하는 아홉 가지 기준으로 제시하는 전략)을 참고하여 자신에게 맞는 책을 선택할 수 있게 했다.

책의 표지나 차례, 추천사 등을 훑어본 후 반드시 책 본문을 2~3쪽 읽어보게 했는데, 이렇게 하면 예상한 것보다 책이 어렵거나 책의 내용이 기대했던 것과 전혀 달라 읽는 중간에 책을 교체하는 일이 줄어들었다. 그리고 다른 책에도 호기심이 생겨 다른 모둠이 책 대화 내용을 공유할 때나 보드게임 놀이할 때 더욱 몰입하는 효과가 있었다.

모둠은 최소 2명에서 최대 4명으로 구성했다. 4명이 넘어가게 되면 책 대화를 나눌 때 발언할 수 있는 시간이 적고, 이후 활동에서 무임승차가 발생할 수도 있다. 그래서 4명이 넘으면 차라리 두 개의 모둠으로 나누어 구성하게 했다.

모둠 친구들과 함께 읽기

책 읽기 첫 차시에는 모둠끼리 읽기 분량을 정하고 읽기 계획을 세운다. 30분간 각자 읽은 쪽수를 기준으로 이후 모둠 내 책 읽기 분량을 정해 4~5차시에 걸쳐 나눠 읽는다. 읽기 속도가 매우 느린 학생들은 점심시간이나 방과후에 읽는 시간을 주기도 한다. 선생님이 정해준 목표가 아니라 모둠의 친구들과 정한 목표이기 때문인지 자발적으로 책을 읽기 위해 방과후에 남는 학생들이 항상 있었다.

책을 읽을 때 인물의 성격과 갈등 구조, 시간적·공간적 배경과 사건의 흐름 등을 파악하며 읽게 한다. 그리고 자신이 이해한 내용을 바탕으로 질문을 만들고 질문을 바탕으로 모둠 친구들과 책 대화를 나눈다. 책 대화를 나눌 때 보드게임에 적용하기 좋은 요소들을 미리 생각해 보게 하는 것도 좋은 방법이다. 책 대화를 나누며 간략한 기록을 남겨둔다면 책에 대한 이해를 높일 수 있을 뿐만 아니라 보드게임을 설계할 때도 도움이 될 수 있다.

책 대화하며 한 권 읽기는 '각자 읽고 질문 만들기(30분) - 책 대화 나누기(10분) - 학급 전체에 공유하기(5분)'의 흐름으로 진행하며, 4~5차시 반복한다.

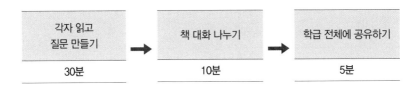

책을 읽는 시간이 부족하여 매 차시 학급 전체와 공유하기가 어려울 때는 책 읽기의 마지막 차시에 학급 전체와 공유하는 시간을 가지기도 했다. 책 대화를 나누는 과정을 그때그때 공유문서에 기록해 두면 생각을 정리하기도 좋고, 학급의 친구들에게 책 대화 내용을 공유하기에도 유용하다. 다음은 마르탱 파주의 《더러운 나의 불행 너에게 덜어줄게》를 읽고 나눈 책 대화 기록이다.

3차 책 대화 – 《더러운 나의 불행 너에게 덜어줄게》

쪽수	(82) 쪽 ~ 끝	기록자	김○○	발표자	조○○
질문	시간이 행복과 불행을 평등하게 해준다고 마르탱의 아빠가 말했는데, 정말 시간이 약인 걸까?				
질문이 나온 맥락	마르탱이 이때까지 친구들과 있었던 일들을 아버지에게 말하니, 아버지가 마르탱에게 "모두에게 행복과 불행을 평등하게 나누어주는 게 딱 하나 있구나. 바로 시간이지."라고 말함.				

책 대화 내용	**찬성:** 시간이 흐를수록 기억이 흐릿해지니까 그때의 고통이 조금씩 무뎌질 것이다. 직장인 중 일을 좋아하는 사람이 일을 함으로써 예전에 누군가와 이별한 아픔이 무뎌지는 것처럼, 불행했던 시간이 지나면 행복한 시간이 올 수 있기에 시간이 약이라고 생각한다.
	반대: 결국 지나가더라도 아픔은 남을 것이다. 또한 자신이 겪은 불행이 너무나 크다면 시간이 지나도 트라우마로 남을 수 있다. 빚을 진 사람이 계속 돈을 벌어서 갚아야 하는 중압감에 시달린다면, 시간이 약이 아니라 무거운 짐처럼 느껴지지 않을까.

《더러운 나의 불행 너에게 덜어줄게》는 자칭 '부적응자 클럽'이라는 네 명의 소년이 모든 사람의 행복과 불행이 평등해지는 '평등 기계'를 개발한다는 내용이다. 학생들은 이 책에서 마르탱의 아버지가 "모두에게 행복과 불행을 평등하게 나누어주는 게 딱 하나 있구나. 바로 시간이지."라고 한 말에 집중하여 질문을 만들고 책 대화를 나누었다. 학생들은 매번 개인 디바이스를 활용하여 공유문서(MS PowerPoint)에 책 대화 내용을 정리했고, 발표를 통해 학급 전체에 공유했다. 기록자와 발표자는 매번 돌아가며 역할을 맡았다.

모둠에서 읽은 책을 학급 전체 친구들과 공유하는 활동은 또 다른 독서로 이어지게 하는 효과가 있다. 모둠별로 읽고 있는 책들은 첫 차시에 한 번씩은 훑어봤던 책들이어서 익숙하기도 하고, 다른 친구들이 어떻게 읽었는지(또는 읽고 있는지) 들어보는 과정에서 그 책을 읽고 싶은 마음이 들기도 한다. 실제로 '한 학기 한 권 읽기' 도서 목록으로 선정된 책들은 학생들이 가장 많이 찾아 읽는 책들이 되었다. 아는 사람의 추천이 가장 광고 효과가 좋다는 말처럼, 친구들이 먼저 읽고 "이 책

정말 재밌더라."라거나 "이 책 너무 공감돼."라고 말해주는 것은 책을 고르는 데 큰 영향을 미친다.

보드게임 제작을 염두에 두고 책 내용 정리하기

소설의 내용을 토대로 보드게임을 만들려면 소설의 세부적인 내용들이 필요하다. 예를 들어, 소설의 인물로 말판을 이동하는 말을 만든다면 그 인물에 대한 구체적인 정보들이 있어야 캐릭터를 그릴 수 있다. 따라서 책을 다 읽고 난 뒤 소설의 기본적인 정보(인물, 사건, 배경)를 정리하여 적어보고 소설의 주제를 생각해 보게 하는 것은 탄탄한 보드게임을 만드는 데 도움이 된다.

또한 소설의 어떤 요소를 부각하여 보드게임으로 만드느냐에 따라 다양한 형태의 보드게임이 만들어질 수 있다. 가령 《5번 레인》처럼 학교 수영장이라는 특별한 공간을 배경으로 전개되는 소설의 경우 보드게임의 전체 배경을 수영장으로 만들 수 있다. 또 〈자전거 도둑〉처럼 인물 간 갈등 구조가 명확한 소설의 경우에는 카드놀이의 형태로 구성하고 캐릭터마다 역할과 능력을 부여할 수 있다.

다음은 《프런트 데스크》를 읽고 학생들이 정리한 활동지다. 소설의 모든 내용을 정리하는 것이 아니라 보드게임 제작에 필요한 특징적인 내용 위주로 작성하게 했다.

※ 우리 모둠이 읽은 책의 내용을 정리해 봅시다.

① 소설 배경의 특징 (시간적 배경 또는 공간적 배경 중 특징적인 부분만 적기)

시간적 배경	1990년대 미국으로 이민 가던 사람들이 많았고, 인종차별이 심하던 때. '아메리칸드림'이라는 말이 있었음.
공간적 배경	미국에 있는 칼리비스타 모텔

② 주요 등장인물

인물	기본 정보	특징
미아	중국에서 미국으로 이민 온 10살 여자아이. 칼리비스타 프런트 데스크 직원이며, 엄마 아빠와 세 식구이다.	영어를 못하고, 한번 시작하면 끝을 내는 성격이고, 고집이 세고 꿈이 크다.
미아의 엄마	현재는 칼리비스타 모텔에서 일하고 있으나, 이민을 오기 전까지는 엔지니어로 일했었다.	현실적인 성격이다. 이민을 온 뒤로 미아의 아빠와 싸우는 일이 잦아졌다. 또한 엔지니어로 일했던 경험 덕분에 수학은 매우 잘하지만, 영어에는 약하다.
야오씨	미아네 가족이 일하는 칼리비스타 모텔의 주인이자, 제이슨의 아빠이다. 미아의 부모님과 계약한 내용을 어기고 함부로 대했다.	지역마다 여러 모텔을 소유하고 있으나, 돈 욕심이 많아서 직원들에게 일당을 제대로 챙겨주지 않는다. 인종차별을 심하게 해서 중국인인 미아네 가족을 박대하고, 흑인 투숙객을 받지 않기도 했다.

③ 중심 사건의 흐름 (주인공의 관점에서 시간순으로 정리)

미아와 미아의 엄마, 아빠가 중국에서 미국으로 이민 온 뒤 칼리비스타 모텔을 운
영하게 된다.

↓

여러 중국 이민자들에게 야오씨 몰래 무료 숙박을 제공해 준다.

↓

부자인 줄 알았던 친구 루페가 사실은 형편이 비슷한 멕시코의 이민자였다는 것
을 알게 되고, 자기도 형편이 사실 좋지 않다는 것을 루페한테 들키고 만다.

↓

모텔의 한 숙박객의 고급차가 실종되자 모든 사람이 흑인을 범인으로 삼는 것을
보고 미아는 현실에 대한 큰 충격을 받게 된다.

↓

미아가 중국 이민자들을 야오씨에게 들키지 않게 프런트 데스크에 파란 모자를
올려놓기 시작한다.

⋮

④ 이 소설을 통해 작가가 말하고 싶은 것은 무엇이라고 생각하는지, 토의하여 적어
  봅시다.

이민자 아이들에게 위안과 희망이 있기를 바라고, 두려워하지 말았으면 한다. 또
이 책을 통해 다양성을 포용하는 게 얼마나 중요한지 이해하기를 바라는 것 같다.
어려운 시기에는 배제하려는 본능이 앞서지만 포용할 때만 놀라운 일이 벌어지며,
그 모든 시련과 괴로움 속에서도 매일 아침 새롭고 호기심 어린 눈으로 바라보면
된다는 것을 전하고 싶었던 것 같다.

활동을 위한 꿀팁!

보드게임 제작에 유용한 항목은 다음과 같다.

• 소설의 배경 : 시간적 배경 또는 공간적 배경 중 특징적인 부분

• 주요 등장인물 : 이름, 기본 정보, 특징 등

• 중심 사건의 흐름 : 주인공의 관점에서 시간순으로 정리

• 소설을 읽고 가장 인상적이었던 부분과 그 이유

• 작가가 전달하려는 메시지 (주제)

2. 보드게임 설계하기

보드게임의 메커니즘 탐색하기

처음 아이들과 소설로 보드게임을 만들 때 이상한 현상을 목격하게 되었다. 6~7모둠 중 한두 모둠을 제외하고는 모두 부루마블 형태의 보드게임을 제작하는 것이었다(부루마블이 가장 익숙한 형태여서였을까). 부루마블은 도착점에 도착했을 때 돈을 가장 많이 번 사람이 이기는 게임이라 참가자들 간 경쟁을 할 수밖에 없는데, 이것이 모든 소설에 적용될 수는 없겠다는 생각이 들었다. 가령 박완서의 〈자전거 도둑〉만 보더라도 탐욕스러운 어른들에게서 순수한 마음을 지키고자 하는 수남이의 내적 갈등이 두드러지는데, 이것을 돈을 많이 버는 참가자가 승리하는 구조의 보드게임으로 만드는 것은 소설의 주제를 구현하지 못한다고 생각했기 때문이다.

그래서 아이들에게 부루마블 이외에도 다양한 보드게임이 있다는 것을 상기시켜 주기로 했다. 보드게임의 다양한 메커니즘을 탐색하게 하고, 책의 주제나 특징적인 부분을 살려 보드게임을 설계하도록 한 것이다. 학생들에게 제시한 보드게임 유형은 '부루마블, 보난자, 티켓 투라이드, 라비린스 주니어, 할리갈리' 등이다. 온라인 학습지에 유튜브 영상 링크를 심어 제공했다.

'보난자'는 농사를 테마로 만든 카드게임인데, 다양한 콩이 그려진 160장의 카드를 이용하여 콩을 심고 물물교환하고 수확하여 돈을 버는 게임이다. '티켓 투 라이드'는 철로 건설을 소재로 한 게임이다. 말판에는 유럽 지도가 그려져 있으며, 도시와 도시를 연결하는 철로를 건설해야 한다. '라비린스 주니어'는 5×5개의 카드를 연결하여 미로를 만드는데, 카드를 움직여 미로의 모양을 바꾸어 이동하면서 미로 속의 보물(비밀 토큰)을 찾아내는 보드게임이다.

활동을 위한 꿀팁!

> 보드게임을 직접 체험하게 하는 것도 좋은 방법이지만 그러기에는 시간이 부족하므로, 다양한 메커니즘을 지닌 보드게임의 규칙을 설명해 주는 영상을 제공하고 탐색해 보게 하는 것도 좋은 방법이다. '코리아보드게임즈' 유튜브 채널에 들어가면 위의 보드게임 외에도 다양한 보드게임의 종류와 규칙을 살펴볼 수 있다.

보드게임 설계하기

소설의 내용을 잘 녹여내어 보드게임을 설계하려면 모둠 친구들과 머리를 맞대고 충분히 의견을 나누어야 하며, 소설의 내용을 꼼꼼하게 다시 살펴보아야 한다.

우선 여러 종류의 보드게임을 탐색한 것을 바탕으로 소설의 어떤 특징을 극대화하여 보드게임으로 만들지 의논하게 했다. 특징적인 등장인물이나 특징적인 배경, 핵심 사건, 사건의 해결 방식 등을 잘 담으려면 어떤 형태의 게임이 좋을지 충분히 토의하도록 했다. 모둠 화이트 보드를 활용하여 쓰고 지우며 대략적인 흐름을 잡아보도록 했고, 여러 차례 친구들과 교사에게 설명하는 과정을 거치게 하여 전달하고자 하는 주제가 보드게임으로 잘 구현되었는지 피드백 받을 수 있게 했다. 다음은《프런트 데스크》를 읽고 보드게임을 만드는 학생들이 세운 보드게임의 대략적인 계획이다.

'보드게임 제작 계획' 활동 예시

소설의 어떤 특징을 극대화하여 보드게임으로 만들면 좋을지 의논해 봅시다. (특징적인 등장인물, 특징적인 배경, 핵심 사건, 사건의 해결 방식 등)

책 제목(저자)	프런트 데스크(켈리 양)
보드게임 개요	'프런트 데스크'는 두 팀으로 나누어 진행하는 게임입니다. 미아와 루페는 중국인 이민자들을 모텔에 숨기고, 야오씨와 경찰은 그들을 찾습니다. 제한 시간 40분 이내에 중국인 이민자 4명 중 3명 이상을 찾아내면 야오씨 팀이 승리합니다. 반대로 미아 팀은 그들을 지켜내야 합니다.

학생들은 다음과 같은 대화를 통해 보드게임의 형식과 주제를 정리했다.

나현: 이 책에서 가장 인상적인 부분이 뭐였어?

한비: 나는 자신이 가난한 중국 이민자임을 숨기던 미아가 자신의 이야기를 솔직하게 담아낸 글을 반 친구들과 선생님 앞에서 발표하는

부분이 가장 인상 깊었어.

시현: 나는 미아가 학교 글쓰기 대회에서 1등을 하고 받은 피자헛 쿠폰으로 외식하러 간 장면이 가장 인상적이었어. 미아의 엄마가 그동안 미아에게 수학을 공부하라고 강요한 것은 사실은 엄마 자신도 영어에 대한 두려움이 있었다는 거였잖아. 엄마도 이민자의 삶이 두려웠던 건데, 그것을 솔직히 밝히면서 가족이 함께 어려움을 헤쳐 나갈 수 있었던 거지.

나현: 좀 다른 이야기인데, 나는 칼리비스타 모텔에서 고급차가 도난당했을 때 경찰을 포함한 모든 사람이 다짜고짜 흑인을 범인으로 지목하는 장면이 가장 충격적이었어. 1990년대 미국의 인종차별을 미아라는 어린 소녀의 눈으로 잘 보여준 것 같았거든. 또 이 책에는 종종 피부 색깔로 인해 사람들을 다르게 보는 말과 행동이 나오는데, 이 동양인 작가가 전달하고자 했던 다양성의 포용에 대한 메시지가 잘 담긴 것 같아.

한비: 그러면 우리 보드게임을 이민자의 편이었던 미아와 이민자를 괴롭히던 야오씨 둘이 대립하는 구조로 만들어보면 어떨까?

시현: 응, 좋아. 그리고 소설의 배경인 칼리비스타 모텔로 말판을 만들어보면 좋을 것 같아.

나현: 미아네 가족이 모텔 주인인 야오씨 몰래 중국인 이민자들을 모텔에 숨겨주잖아. 그걸 게임에 반영하면 어떨까?

시현: 모텔 각 층의 방을 그리고, 문 피스를 만들어서 그 뒤에 이민자를 숨길까?

한비: 오오, 좋은데!

이 모둠의 학생들은 소설의 공간적 배경인 '칼리비스타 모텔'을 보드게임의 배경으로 삼아 호텔 각 방의 문 뒤에 이민자를 숨겨주는 형태의 보드게임으로 제작했다. 또한 인물에 대한 분석을 바탕으로 '미아'와 '루페'에게는 이민자를 숨겨주는 역할을 부여하고, '야오'와 '경찰'은 이민자를 찾아내는 역할을 부여하는 방식으로 보드게임을 제작했다. 소설의 특징적인 배경이나 인물의 캐릭터를 보드게임의 핵심 요소로 잘 녹여내어 재미있는 보드게임을 만들어낸 경우다.

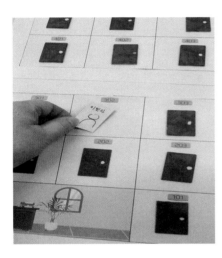

대략적인 방향을 정한 뒤 게임을 좀 더 구체적으로 디자인하게 했다. 게임을 통해 게임 참가자에게 전달하고 싶은 메시지를 명확하게 하고, 소설의 줄거리를 게임의 스토리로 재구성(보드게임 설계 활동지는 ㈜매직빈게임즈에서 제작한 '나보작 메이크 키트'의 보드게임 기획서를 참고하여 재구성)했다. 다음은 학생들이 작성한 보드게임 디자인 기획서 활동지의 일부다.

소재	모텔의 프런트 데스크
테마	디자이너가 플레이어에게 전달하고자 하는 메시지: 가난한 이민자들을 보호할 수 있는 장소를 제공하여 이민자들이 미국에 잘 정착할 수 있도록 도와주자.
스토리 (세계관, 캐릭터)	1990년대 인종차별이 심한 미국을 배경으로 하고 있습니다. 모텔에서 일하는 미아와 그의 가족들은 갈 곳이 없는 이민자들에게 무료로 숙박을 제공하지만, 모텔의 주인인 야오씨는 이민자들을 도와줄 마음이 없습니다. 미아와 루페는 모텔의 문 안쪽에 네 명의 이민자를 숨겨놓으면서 게임이 시작됩니다. 야오씨와 경찰은 이민자를 찾아내어 프런트 데스크로 데리고 내려와 신고를 해야 하며, 미아와 루페는 야오씨네보다 먼저 프런트 데스크에 도착하여 파란 모자를 걸어 이민자들을 도망시켜야 합니다.
메커니즘	주사위 굴리기 – 이동하기 – 일꾼(자원) 놓기 – 메모리

《프런트 데스크》처럼 경쟁 구조가 뚜렷한 인물이 등장하면 좀 더 쉽게 보드게임의 주제와 형식을 정할 수 있지만, 그렇지 않은 때도 있다. 보드게임이라는 것 자체가 승자와 패자, 1등과 2등의 순위가 정해지는 일종의 '경쟁'을 기반으로 하는 것이기 때문에, 이 '경쟁'을 어떤 요소로 치환할 수 있는지에 따라 소설의 주제가 잘 구현되기도 하고 실패하기도 한다.

　　민주: 주사위 말을 굴려서 수영 레인의 도착점에 먼저 도착한 사람이 이기는 방식은 소설의 주제나 우리 모둠 게임의 주제와 안 맞는 게 아닐까?

현지: 나도 그렇게 생각해. 그래서 말인데, 협동의 요소를 좀 넣었으면 좋겠어. 어떤 방법이 있지?

유진: 《5번 레인》에서 나루가 슬럼프를 겪고 있을 때 태양이랑 버들 언니가 해준 말 때문에 나루가 힘을 얻잖아. 카드게임을 조합해서 응원의 말을 넣어보는 건 어때?

민주: 오오, 좋은데? 카드 더미를 주어, 서술어, 목적어로 만들어서 뽑게 하자.

현지: 중간중간 엉뚱한 단어를 넣어도 재밌겠다. 어떤 단어가 나오든 응원의 메시지를 꼭 만들어야 하는 거잖아.

《5번 레인》을 읽고 '용감한 수영'이라는 보드게임을 만든 모둠의 학생들은 '어떻게 하면 경쟁 게임이 아니라 협력 게임으로 만들 수 있을까?'에 대해 많이 고민했다. 슬럼프를 겪고 있는 주인공과 그의 친구들이 서로의 도움으로 슬럼프를 극복하며 성장하는데, 경쟁 게임으로 구성하면 주제에 맞지 않는다고 판단했기 때문이다. 그래서 두 명씩 팀을 구성하여 게임에 참여하게 하는 방식으로 계획을 세웠다. 하지만 홀수일 경우에도 게임 진행이 가능하게 만들고 싶어 '짝수(4명, 6명, 8명)일 때는 2명씩 팀을 결정하고, 홀수이거나 원하는 경우 개인전으로 진행한다.'라는 규칙을 만들었다. 또한 주어, 목적어, 서술어 카드를 뽑아 단어를 조합하여 응원의 메시지를 만들고 주인공들이 슬럼프를 극복하게 하는 방식의 협력 게임으로 만들었다.

《5번 레인》을 읽고 만든 '용감한 수영' 보드게임 규칙서

게임 소개	이 게임은 수영 선수를 하는 5번 레인 주인공들의 슬럼프를 극복시켜 주는 게임이다. 어떻게 하면 주인공들의 슬럼프를 극복시킬 수 있을까? 주어 카드와 목적어 카드, 그리고 서술어 카드를 뽑아 슬럼프를 차근차근 극복시켜 줍시다.
게임 목표	도착 지점에 도착해 슬럼프를 극복하는 것이 목표!
게임 구성물	주어 카드 20장, 목적어 카드 20장, 서술어 카드 20장, 보드 판, 말
게임 준비	짝수(4, 6, 8명)인 경우 2명씩 팀을 결정하고, 홀수(3명)이거나 원하는 경우 개인전으로 진행한다. 각각 시작할 때 주어, 목적어, 서술어 카드를 한 장씩 뽑는다. 말을 출발 지점에 놓는다.
게임 진행	① 자기 차례가 오면 주사위를 굴린다. (처음 굴릴 때를 제외하여 주사위 기회 2번) ② 주사위에 나온 숫자만큼 원하는 곳으로 이동한다. ③ '카드 획득'인 곳으로 이동했을 때 카드 한 장을 뽑는다. '팀 기회권'으로 이동한 경우 팀을 바꾼다. (개인전일 땐 적용하지 않음) '퀴즈 찬스'에 이동한 경우 게임 진행 중 퀴즈를 풀 때 한 번 답을 찾아볼 수 있는 기회를 준다. '카드 바꾸기'로 이동한 경우 자신이 원하는 사람과 카드를 교환한다.
종료 및 점수 계산	도착 지점에 먼저 2명이 다 들어온 팀이 승리!

　　같은 책을 읽었어도 보드게임의 형태는 모둠마다 다르게 나타난다. 다음의 규칙서는 보드게임 '용감한 수영'과 같이 《5번 레인》을 읽고 만든 보드게임 '콰니아'의 규칙서다. '콰니아'는 카드를 사용하여 말판을 이동하는 형식의 보드게임이다. 카드를 뽑아 다른 플레이어를 공격하고 먼저 결승 지점에 도착해야 승리하는 구조다. 하지만 레인 끝에 도달하는 모든 플레이어에게 금메달을 수여한다든지, 공격할 수 없는 말을 지정한다든지 하는 방법으로 경쟁의 요소와 협력의 요소를 다 구

현하고자 했다.

《5번 레인》을 읽고 만든 '콰니아' 보드게임 규칙서

게임 소개	게임 Quania는 플레이어들이 카드를 사용하여 방해 공작을 하고, 앞으로 나아가는 칸 이동 형식의 보드게임입니다. 다른 플레이어를 방해하고, 나아가 승리를 쟁취하세요!
게임 목표	레인(보드)의 끝까지 완주하여 금메달에 도달하는 것이 이 게임의 목표입니다.
게임 구성물	보드판, 카드, 말
게임 준비	보드를 준비하여 펼쳐준 후, 말과 레인을 선택합니다. 카드를 뽑을 순서를 준비합니다.
게임 진행	① 가위바위보로 정한 순서에서 1번인 플레이어가 카드를 뽑습니다. ② 카드를 사용하여 이동합니다. ③ 플레이어는 이동 카드나 방해 공작 카드를 획득하여 게임을 플레이합니다. ④ 특별 룰 　강나루 말을 선택한 플레이어는 정태양 말을 선택한 플레이어를 공격할 수 없습니다. 　정태양 말을 선택한 플레이어는 강나루 말을 선택한 플레이어를 공격할 수 없습니다. 　김초희 말을 선택한 플레이어는 지승남 말을 선택한 플레이어를 공격할 수 없습니다. 　지승남 말을 선택한 플레이어는 김초희 말을 선택한 플레이어를 공격할 수 없습니다.
종료 및 점수 계산	가장 먼저 레인의 끝까지 가는 플레이어가 승리합니다. 레인 끝까지 도달만 한다면 모두 금메달을 획득할 수 있습니다.

이 게임을 하는 대상들이 보드게임을 함으로써 사이가 좋아지기 때문에, 결국엔 결과보다는 과정이 중요하다는 교훈을 안겨주는 것이 목표다.

보드게임을 설계할 때 주의할 점은 소설의 결말이나 반전을 미리 알려주어(스포일러) 책을 읽을 재미를 반감시키지 말아야 한다는 것이다. 보드게임을 하는 대상은 이 책을 읽지 않은 친구들이며, 보드게임을 통해 책을 읽어보고 싶은 마음이 들게 하는 것이 보드게임 제작의 목적이다. 이를 염두에 두고 게임을 디자인해야 이 활동이 읽기 동기를 자극하여 다음 독서로 이어질 수 있다.

소설의 내용을 충분히 담고 있으면서도 결말을 노출하면 안 되고, 주제에 적합한 보드게임의 메커니즘을 정하는 일은 학생들에게 절대로 쉬운 일은 아니다. 실제로 활동 후 설문을 받았을 때 이 과정에서 어려움을 느꼈다는 학생들이 많았다.

- 보드게임의 방향을 정하는 것이 가장 어려웠던 것 같습니다. 보드게임에는 여러 종류가 있는데, 이 중 어떤 보드게임이 책과 가장 잘 어울릴지 고민되었습니다.
- 책의 전체 내용을 알지 못하는 사람들도 우리가 만든 보드게임을 즐길 수 있어야 하기 때문에, 책의 핵심 요소의 양을 적절히 조절하는 것이 가장 어려웠습니다.
- 친구들에게 책의 중심 내용을 전부 다 알려주지 않으면서도 흥미를 이끌어내야 했기에, 어떻게 보드게임을 만들어야 할지 고민하는 시간이 가장 힘들었습니다.

그러나 어려웠기 때문에 오히려 저마다의 고민 속에서 배움이 일어나기도 했다. 정답이 정해져 있는 것이 아니며 혼자 해결하기 어려운

문제이다 보니 모둠 친구들과 더욱 활발히 의논하며 보드게임을 만들
어나가는 모습을 보였다.

"우리가 만든 게임에 제일 재밌어요!"
계획서를 바탕으로 프로토타입 제작 후 테스트해 보는 학생들

- 보드게임을 만드는 활동은 책에 대한 이해를 높이는 데 많은 도움이
  되었습니다. 그 이유는 보드게임에 책의 핵심 내용을 녹여내려고 책
  속 주제를 더 탐구하는 과정에서 친구들과 책에 대해 대화하고 이해를
  높일 수 있었기 때문입니다.
- 책의 내용과 관련지어 보드게임의 규칙과 배경을 만들어야 했기에 내
  용에 대해 보다 깊이 생각해 보게 되었습니다.
- 놀이로 책 내용을 파악하는 거라 지루하지 않았고 책 내용을 이해하는
  데에 많은 도움이 되었던 것 같습니다.

학생마다 차이는 있겠지만, 보드게임을 만드는 과정이 '학습'이 아니라 '놀이'로 느껴졌기 때문에 재미있게 적극적으로 참여하기도 했다. 잘 만든 세련된 보드게임보다 자신의 모둠에서 만든 게임에서 더욱 큰 재미를 느끼는 학생들도 많이 볼 수 있었다. 독후감을 쓸 때는 주인공 이름이 생각나지 않는다며 몇 번을 물어보던 아이들의 입에서 주인공의 이름은 물론 다른 인물들 이름까지 술술 나오기도 했다. 책의 내용을 깊이 있게 이해하면서도 지루하지 않고 재미있었다니, 이 정도면 독서 수업의 목표를 충분히 달성한 것이 아닐까.

규칙서 작성하기

보드게임 규칙서는 그 게임의 세계관을 잘 담고 있으면서도 플레이어가 실제로 게임을 할 수 있도록 절차와 방법을 구체적으로 알려주어야 한다. 학생들은 보드게임 설계의 마지막 단계에서 규칙서를 적으며 게임 진행 방식과 게임 종료 및 점수 계산 방식을 확정하는 한편, 이 게임을 설계하지 않은 누구라도 이 규칙서만 읽으면 게임을 할 수 있도록 글로 설명해야 한다.

'프런트 데스크' 게임 규칙서

1. 구성

미션 카드 36장 / 캐릭터 말 4개 / 주사위 1개 / 일반 문 피스 33개 주간 투숙객 문 피스 3개 / 이민자 문 피스 4개 / 동전 35개 / 게임판(6×6)

2. 게임 소개

'프런트 데스크'는 두 팀으로 나누어 진행하는 게임입니다. 미아와 루페는 중국인 이민자들을 모텔에 숨기고, 야오씨와 경찰은 그들을 찾습니다. 제한 시간 40분 이내에 중국인 이민자 4명 중 3명 이상을 찾아내면 야오씨의 팀이 승리합니다. 반대로 미아의 팀은 그들을 지켜내야 합니다.

3. 규칙

– 게임 준비

게임 시작 전, 미아 팀은 문 피스를 한 칸에 한 개씩 배치합니다. 문 뒷면에는 중국인 이민자들과 주간 투숙객들, 그리고 동전 피스가 숨겨져 있습니다. 이민자 피스는 전략적으로 배치하되, 다른 피스들은 모두 임의로 배치해야 합니다. 미션 카드와 동전은 게임판 근처에 배치합니다.

– 게임 진행(야오씨)

야오씨 팀이 먼저 시작합니다. 주사위를 던져서 나오는 수만큼 말을 움직일 수 있으나, 다른 층으로 이동하는 것은 각 층의 끝부분에서만 할 수 있습니다. 야오씨 팀은 도착한 곳의 문을 뒤집어 볼 수 있습니다. 그렇게 이민자들을 찾아내면 프런트 데스크로 돌아가서 신고를 해야 합니다. 미아 팀보다 먼저 데스크에 도착하면 해당 이민자는 경찰에게 체포됩니다. 그러나 늦게 도착한다면 미아 팀이 이민자를 다시 숨깁니다.

– 게임 진행(미아)

미아 팀 역시 주사위를 던져서 나오는 수만큼 말을 움직일 수 있으며, 각 끝 칸을 거쳐 다른 층으로 이동합니다. 미아 팀이 야오씨 팀이 뒤집어 놓은 문에 도착하면 그 문을 다시 닫을 수 있습니다. 이민자 피스의 경우, 야오 씨 팀은 다시 돌아가 피스를 뒤집어야 합니다.

– 주간 투숙객

주간 투숙객은 Q부인, T부인, 행크로 총 3명입니다. 야오씨 팀이 주간 투숙객 피스를 뒤집으면 동전 두 개를 내야 합니다. 이 동전들은 해당 피스 위에 배치되어 있다가 미아 팀이 그곳에 도착하면 그들의 것이 됩니다.

– 미션 카드

미션 카드는 자기 차례에 동전 세 개와 교환할 수 있습니다. 미션 카드를 구입하면 카드에 적힌 대로 행동해야 합니다. (미션 카드는 기회를 주는 경우가 많으나, 경우에 따라 손해를 볼 수도 있습니다.)

보드게임 설계 단계에서 피드백의 중요성

수업의 어느 단계에서나 교사의 충분한 피드백은 필요하지만, 보드게임을 설계하는 단계에서 교사의 피드백은 더욱 중요하다. 보드게임을 제작하는 활동이 단순히 '놀이'로만 끝나지 않고 의미 있는 독서 활동이 되려면 보드게임을 설계하는 단계에서 교사는 학생들에게 지속적인 자극을 주어야 한다. 책의 요소들을 최대한 많이 반영하면서도 보드게임의 요소를 잘 살려 재미있는 게임을 만들 수 있게 하고, 보드게임을 통해 책에 대해 다시 한번 생각해 볼 수 있게 해야 한다. 또 전달하고자 하는 메시지에 적합한 보드게임의 메커니즘을 설계하게 하려면 학생들이 진행하고 있는 과정을 잘 파악하고 있으면서 적절한 순간에 질문을 던져주어야 한다.

- 그래서 이 보드게임을 통해 어떤 메시지를 전달하고 싶은 거야?
- 이 책을 안 읽은 친구가 이 퀴즈를 풀 수 있을까?
- 혹시 단순히 주사위만 굴리면 게임이 진행되는 것은 아닐까?
- 돈보다 중요한 가치를 전달하고 싶다고 했는데, 이 게임의 승리 방식이 돈을 많이 모으는 거네?
- 크림말랑의 재료를 모으는 것이 보드게임의 주제와 어떤 관련이 있을까?

교사가 여러 종류의 보드게임을 알고 있으면 수업에 도움이 되지만, 그렇지 않더라도 보드게임을 잘 만들게 할 수 있다. 보드게임 제작에 들어가기 전에 월드카페 형식으로 학생들끼리 보드게임 계획서를 검토하게 하면 된다. 호스트는 모둠에서 간략하게 그린 보드게임과 규칙서를 보여주며 게스트에게 설명하고, 게스트는 더 나은 보드게임이 될 수 있도록 대안을 제시한다. 낯선 눈으로 서로의 보드게임을 검토하다 보면 보완해야 할 점을 파악하기도 하며, 어떤 경우에는 새로운 아이디어를 얻기도 한다.

3. 보드게임 제작하기

보드게임 DIY 키트 활용하기

몇 년 전 보드게임 만드는 수업을 처음 할 때만 해도 하드보드지나 주
사위, 빈 카드, 벨, 코인 등의 재료들을 여기저기 알아보고 따로 구매했
었다. 하지만 요즘은 인터넷 검색 포털에 '보드게임 DIY 키트'로 검색
하면 기본 구성품을 갖추고 있는 제품들이 여럿 나온다. 각 키트마다
구성품이나 디자인, 특성이 다르므로 비교해 보고 적합한 제품을 구매
하면 훨씬 수월하게 보드게임 만드는 활동을 할 수 있다.

조엔 창작 보드게임 DIY 키트 구성품 중 일부

보드판 1개
앞 뒤 다른 그림이 그려져 있어 다양하게 활용할 수
있습니다.
펼쳤을 때 400x400mm, 접었을 때 200x200mm

앞   뒤

4색 원목마커 4개
나무 재질의 마커 4개입니다.
높이 25 ㎜, 바닥지름 10 ㎜

종이마커 4개 세트
플라스틱 거치대에 꽂아 세울 수 있는 종이 마커
입니다.
50x30mm

타종 1개
종치기 보드게임에 일반적으로 사용되는 표준
테이블 종 한 개가 들어 있습니다.
약 78x48 ㎜

단면 I 무지카드 60장
빈 공간에 예쁜 그림을 그리거나 원하는 글씨를
써 넣는 등 다양한 방식으로 카드 내용을 구성할
수 있습니다.
뒷면이 가려져 있으므로 카드를 뒤집어 효과를
나타낼 수 있는 카드를 만들면 좋습니다.
인쇄면의 디자인은 변경될 수 있습니다.
58x88mm

에듀테크 도구로 빠르게 완성도 높은 보드게임 제작하기

보드판이나 카드를 제작할 때는 직접 그리는 것보다 캔바나 미리캔버스 등의 에듀테크 도구를 사용하면 빠르게 완성도 높은 결과물을 얻을 수 있다.

말판의 경우 여러 개의 말과 카드가 올라가야 해서 크기가 클 수밖에 없는데, 종이에 손으로 그리고 색칠하려면 시간이 오래 걸린다. 하지만 캔바나 미리캔버스로 그리고 플로터로 인쇄하면 시간을 절반 이상 줄일 수 있다. 수십 장의 카드나 토큰을 그려야 할 때는 한글 프로그램의 표를 활용하여 카드를 한 장 그린 뒤 복사하여 붙여넣기를 해서 출력하면 쉽고 빠르게 만들 수 있다.

활동을 위한 꿀팁!

> 카드는 두꺼운 종이(180g/m² 이상)에 바로 출력하면 오려 붙일 필요도 없이 잘라서 바로 사용할 수 있다. 일반적으로 사용하는 A4용지의 경우 80g/m²이며, 학교의 레이저 프린터로 출력이 가능한 두께는 200g/m² 정도이다. '삼원 매직터치'가 카드를 제작할 때 사용하기 좋다.

다음은 학생들이 캔바로 그린 보드게임 말판과 카드다. 1차시 정도면 대부분 그릴 수 있고, 교무실에서 출력 후 학생들에게 돌려주고 자르거나 붙이는 등 마무리 작업을 하게 했다. 손으로 그릴 때보다 시간이 적게 걸리면서도 완성도 높은 결과물이 나왔다.

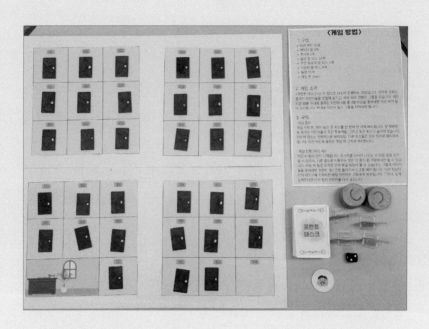

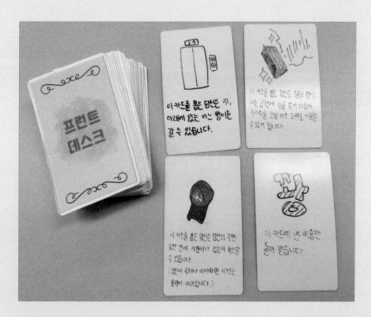

4. 보드게임 놀이하기

"선생님, 게임 또 해요!"

어떤 독후활동의 반응이 이렇게 뜨거울까. 여러 차시에 걸쳐 힘들게(또는 즐겁게) 만들어서일까, 보드게임에 대한 학생들의 반응은 좋았다. 환호성을 지르는 아이가 있는가 하면, 머리를 싸매고 괴로워하는 아이도 있다. 전략을 짜느라 진지하게 자신의 카드만 들여다보는 모둠도 있다. 교실의 여기저기에서 소설 속 인물들의 이름이 튀어나온다. 거기에 상품으로 비타민 사탕이라도 제공하면 반응은 더 뜨겁다.

보드게임 제작이 끝나면 모둠별로 자유롭게 이동하며 보드게임 놀이를 한다. 한 학급 내에서 해도 좋고, 학기 말 학년 행사와 엮어서 다른 반 또는 다른 학년 학생들을 초대하여 보드게임 놀이를 할 수도 있다. 게임 한 번에 짧게는 5분, 길게는 20분쯤 걸리기 때문에 한 차시로는 충분히 놀기 어려워 두세 차시 정도는 계획을 했었다. 규칙서를 잘 써두었기 때문에 보드게임을 처음 접하는 학생들도 어렵지 않게 놀이를 할 수 있었다.

아이들은 다른 모둠에서 만든 보드게임을 하며 새로운 책에 대한 정보를 얻을 수 있고, 즐겁게 놀이하는 과정에서 책에 대한 흥미를 높일 수 있었다. 보드게임을 하며 즐거웠던 경험은 자연스레 책을 읽고 싶다는 마음으로 연결되기도 했다.

- 친구들이 만든 보드게임을 하면서 내가 읽지 않은 책에 대해 재미있게 알아볼 수 있어 좋았습니다. 이 과정에서 많은 책을 읽어보고 싶다고 생각했습니다.
- 보드게임을 하며 이 책에는 어떤 내용이 있을지, 이 요소는 왜 등장하는지, 결말이 어떤지 등 많은 것들이 궁금해졌고, 자연스레 흥미가 생겼습니다.
- 다른 모둠 친구들도 책에 대한 정보는 어느 정도 주었지만 모든 내용을 다 알려주지는 않아 보드게임을 해보고 나서 그 책을 읽어보고 싶었습니다.

읽기 동기는 "읽기 행동이나 행위를 불러일으키고 지속하게 하며 심화·발달하도록 하는 심리적인 원인"을 말한다. 쉽게 말하면 책을 읽고 싶은 마음이 바로 '읽기 동기'다.

독서 수업을 해본 교사라면 학생들이 스스로 읽고 싶다는 마음을 가지게 하는 게 얼마나 어려운 일인지 알 것이다. 한 권의 책을 읽고 보드게임을 만드는 활동을 하게 된 궁극적인 이유다.

몇 년 전까지 근무하던 학교는 전반적으로 학업 수준이 높지 않은 지역에 있는 학교였는데, 그러다 보니 책을 왜 읽어야 하는지 모르겠다는 아이들이 꽤 있었다. 국어 수업만으로도 벅찬데 독서까지 해야 하다니! 그러나 독서 수업의 목표는 '평생 독자'를 기르는 것이다. 아이들의 인생에서 학교 수업은 잠깐이지만 책은 이후 인생에서 친구가 되어주고 위로가 되어주고 삶의 이정표가 되어주길 바랐다. 교사가 손을 잡고 끌어줄 수 있는 것은 1년이지만, 책은 아이들과 평생 함께 걸어가기를 바랐다. 그런 아이들에게 책 읽는 재미를 경험하게 하고 읽기 동기를 높여주는 것은 평생의 친구(이자 선생님)를 만들어주는 일이었다.

물론 책을 읽어내는 것이 마음만 가지고 되지는 않겠지만, 읽기 동기가 없으면 읽기 행위가 촉발되지 않으니, 보드게임 제작과 놀이를 통해 읽고 싶은 마음이 생긴다면 그것만으로도 충분히 가치가 있지 않을까.

게다가 보드게임을 설계하고 제작하는 과정에서 아이들이 책의 내용을 이해하고 적용하기 위해 친구들과 대화를 나누고, 그러면서 혼자 책을 읽을 때는 발견하지 못한 것들을 발견할 수 있다고 하니, 시간이 오래 걸린다고 주저하지 말고 '한 학기 한 권 읽기' 독서 수업으로 한번 도전해 보기를 권한다.

모두가 발맞춰 천천히 함께

날개 질문으로
소설 읽기

최인영

소설 읽기 수업의 가장 큰 어려움은 '읽기' 자체다. 교실의 모든 학생이 한 명도 빠짐없이 소설을 꼼꼼하게 읽도록 이끄는 방법이 없을까? 날개 질문을 그물 삼아서 소설을 더 정확하게 읽는 방법을 제시한다.

수업 개요

소설 읽기 수업에서 교사를 가장 곤란하게 만드는 난제는 '읽기' 그 자체다. 어떻게 해야 학생들이 소설을 꼼꼼하게 읽도록 이끌 수 있을까? 이래저래 고민이 많다.

- 욕심 같아서는 학생들이 저마다 소설을 읽어 오면 수업에서는 그걸 바탕으로 깊이 있는 활동을 펼치고 싶어. 하지만 아이들이 소설을 제대로 읽어 올까?
- 수업 시간에 학생들이 각자 읽으라고 시간을 줄까? 그런데 딴짓하는 아이가 있으면 어떻게 하지? 아이들이 소설을 제대로 읽고 있는지 확인할 수는 없을까?
- 아예 학생을 뽑아서 대표로 읽게 시킬까? 그렇게 소설을 다 읽으려면 시간이 얼마나 걸릴까? 다른 활동을 펼칠 여유가 있을까? 그리고 그렇게 한다고 아이들이 다 집중할까?

여기서는 '모두가 발맞춰 천천히 함께 읽는' 소설 수업 사례를 소개한다. 이 수업에서 지향하는 목표는 세 가지다.

첫째, 함께 읽기다. '혼자 가면 빨리 가고 함께 가면 멀리 간다.'라는 아프리카 속담이 있다. 이걸 소설 읽기 수업에 적용하면 이렇게 된다. '혼자 읽으면 빨리 읽고, 함께 읽으면 더 재미있게 읽는다.'

둘째, 천천히 읽기다. 아메리카 인디언은 말을 달리다가 가끔 멈춰

서서 달려온 길을 되돌아본다고 한다. 영혼이 따라오기를 기다리는 배려란다. 제대로 읽으려면 천천히 읽어야 한다. 가끔은 멈추고 생각에 잠기는 시간도 필요하다. 짧은 시간에 긴 지문을 읽고 어려운 문제의 답을 찾아야 하는 일상에 찌든 한국 청소년들이 소설을 제대로 읽기 위해서 꼭 갖춰야 할 미덕이다.

셋째, 발맞춰 읽기다. 학생들은 같은 교실에 앉아 있지만 읽기의 속도와 수준은 저마다 다르다. 제 깜냥대로 제각각 읽으면 교사는 어느 장단에 맞춰서 춤을 춰야 할지 종잡을 수가 없다. 빠른 학생은 지루함을 느끼고, 느린 학생은 따라갈 수 없다고 느껴서 지레 포기하기 때문이다. 모든 학생이 발맞추어 같은 속도로 읽을 수 있도록 장치를 마련해야 한다.

이 세 가지 목표를 달성하기 위해 '날개 질문'을 활용해 보았다. 촘촘한 질문의 그물을 던져서 소설을 더 정확하게 읽도록 도와주는 게 핵심이다. 물론 이게 소설 읽기의 궁극적인 지향일 수는 없다. 이렇게 소설을 읽었으면 그걸 바탕으로 다른 활동으로 확장해야 한다. 그처럼 다양한 활동으로 폭을 넓히기 위해서는 먼저 소설을 꼼꼼하게 읽는 과정이 필요한데, 여기서는 바로 거기에 주목하고 있다.

1. 날개 질문은 왜, 어떻게 만들까?

교과서 소설에도 날개 질문이 있다. 돌이켜 생각해 보면 수업에서 그걸 활용한 일은 거의 없다. 소설을 읽는 데 도움이 되지 않기 때문이다. 좀 심하게 말하면 교과서의 날개 질문은 '디자인 요소'에 가깝다. 너무 많으면 빡빡해서 답답해 보이고, 너무 적으면 무성의해 보인다. 그래서 한 쪽에 한두 개씩 보기 좋게 배치한다. 작품을 더 잘 이해하도록 도움을 주려는 의도는 희미해졌다.

날개 질문은 징검다리 같아야 한다. 징검다리가 제구실을 하려면 세 가지에 마음을 써야 한다.

첫째, 이어져야 한다. 처음 돌을 밟으면 그게 두 번째 돌로 이어져야 한다. 둘째, 간격이다. 돌 사이가 너무 성기면 안전하게 건널 수 없고, 반대로 너무 배면 걸음이 꼬여서 오히려 위태롭다. 적당해야 한다. 셋째, 과녁이다. 어디로 건너갈지 또렷해야지, 그렇지 않으면 갈팡질팡하느라 물을 건널 수 없다.

날개 질문도 이렇게 만들어야 한다. 다음 예시를 보자.

운수 좋은 날	1 운수 좋은 날은 어떤 날일까?
현진건	
새침하게 흐린 품이 눈이 올 듯하더니, 눈은 아니 오고 얼다가 만 비가 추적추적 내리는 날이었다. 이날이야말로 동소문 안에서 인력거꾼 노릇을 하는 김 첨지에게는 오래간만에도 닥친 운수 좋은 날이었다.	1. 계절을 알려주는 단어에 □ 2. 공간 배경에 □ 3. 등장인물에 ○ 4. 그의 직업은?

문 안에(거기도 문 밖은 아니지만) 들어간답시는 앞집 마나님을 전찻길까지 모셔다 드린 것을 비롯으로, 행여나 손님이 있을까 하고 정류장에서 어정어정하며 내리는 사람 하나하나에게 거의 비는 듯한 눈결을 보내고 있다가, 마침내 교원인 듯한 양복쟁이를 동광학교까지 태워다 주기로 되었다.

첫 번에 삼십 전, 둘째 번에 오십 전—아침 댓바람에 그리 흉치 않은 일이었다. 그야말로 재수가 옴 붙어서 근 열흘 동안 돈 구경도 못 한 김 첨지는 십 전짜리 백동화 서 푼 또는 다섯 푼이 찰각 하고 손바닥에 떨어질 제 거의 눈물을 흘릴 만큼 기뻤었다. 더구나 이날 이때에 이 팔십 전이란 돈이 그에게 얼마나 유용한지 몰랐다. 컬컬한 목에 모주 한 잔도 적실 수 있거니와, 그보다도 앓는 아내에게 설렁탕 한 그릇도 사다 줄 수 있음이다.

그의 아내가 기침으로 쿨룩거리기는 벌써 달포가 넘었다. 조밥도 굶기를 먹다시피 하는 형편이니, 물론 약 한 첩 써본 일이 없다. 구태여 쓰려면 못 쓸 바도 아니지만, 그는 병이란 놈에게 약을 주어 보내면 재미를 붙여서 자꾸 온다는 자기의 신조(信條)에 어디까지 충실하였다. 따라서 의사에게 보인 적이 없으니 무슨 병인지는 알 수 없으나, 반듯이 누워가지고 일어나기는새로에 모로도 못 눕는 걸 보면 중증은 중증인 듯. 병이 이토록 심해지기는 열흘 전에 조밥을 먹고 체한 때문이다. 그때도 김 첨지가 오래간만에 돈을 얻어서 좁쌀 한 되와 십 전짜리 나무 한 단을 사다 주었더니, 김 첨지의 말에 의하면, 그 오라질 년이 천방지축으로 냄비에 대고 끓였다. 마음은 급하고 불길은 달지 않아, 채 익지도 않은 것을 그 오라질 년이 숟가락은 고만두고 손으로 움켜서 두 뺨에 주먹덩이 같은 혹이 불거지도록 누가 빼앗을 듯이 처박질하더니만 그날 저녁부터 가슴이 땅긴다, 배가 켕긴다고 눈을 홉뜨고 지랄병을 하였다.

5. 오늘 아침 수입의 합은?

6. 최근 열흘 동안 김 첨지의 수입은?

7. 김 첨지가 아내에게 사주고 싶었던 것은?

8. 달포는 얼마 동안인가?

9. 김 첨지의 신조는?

2 김 첨지가 그런 신조를 품게 된 이유는 무엇일까?

3 아내가 조밥을 먹고 체한 이유는 무엇일까?

얼핏 보면 질문이 너무 많다고 우려할 수도 있다. 하지만 질문을 자세히 들여다보면 그게 아니라는 걸 깨닫게 된다. 답을 바로 찾을 수 있어서 부담스럽지 않기 때문이다. 더구나 □, ○, 밑줄로 표시하는 게 대부분이라서 손으로 쓰느라 시간을 빼앗기지도 않는다.

질문은 이원화되어 있다. '1, 2, 3…'으로 번호를 붙인 것은 내용 확인을 위한 '사실적 질문'이다. 욕심을 내서 어려운 질문을 많이 만들면 안 된다. 소설 내용에서 바로 답을 찾을 수 있는 질문이 좋다. 이게 어려우면 오히려 소설 읽기에 걸림돌이 되기 때문이다.

'⑴,⑵,⑶…'은 조금 생각이 필요한 '추론적 질문' 또는 '비판적 질문'이다. 이런 문제는 정해진 답이 없어서 홀가분하다. 소설을 읽으면서 바로 답을 찾을 수도 있지만, 다 읽고 난 다음 천천히 생각해도 좋다. 답을 찾으려고 집착하지 말라는 뜻으로 네모 테두리를 둘렀다. 소설 읽기에 도움을 주려고 만든 날개 질문 자체가 소설 읽기를 방해해서는 안 된다는 걸 잊지 말아야 한다.

그렇다면 이렇게 촘촘하게 날개 질문을 만드는 까닭이 무엇일까? 아이들이 스스로 소설을 읽도록 하려는 것이다. 어떻게 하면 그렇게 할 수 있을까? 1부에서 이야기한 것처럼, 아이들은 '삼미'를 느끼면 빠져든다. 재미, 흥미, 의미다. 날개 질문을 만들 때도 이 '삼미'를 고려해야 한다. 거칠게 정리하자면 이렇다.

- **재미**: 개별 작품에 관한 질문
- **흥미**: 소설 갈래에 관한 질문
- **의미**: 학생의 삶에 관한 질문

날개 질문 예시 작품은 아래 정보무늬에 담았다. 다른 누군가가 만들어놓은 날개 질문을 활용해도 좋지만, 교사가 자기 상황과 목표에 맞게 새로 만들기를 권한다. 질문은 도구일 뿐, 그게 소설 수업의 알맹이가 될 수는 없다. 국어 교사로서 나는 이 작품에서 무얼 가르치고 싶은가? 그게 알맹이가 되어야 한다.

현진건, 〈운수 좋은 날〉

박지원, 〈허생전〉

2. 재미를 위한 질문

아이들 손을 잡고 소설로 들어가기

날개 질문은 가볍게 시작해야 한다. 소설 속에 답이 있고, 누구라도 그 답을 쉽게 찾을 수 있어서 '어! 어렵지 않네!'라고 만만하게 느낄 수 있는 질문이 좋다. 아이들이 소설 읽는 재미에 빠져들도록 하는 게 목적이기 때문이다. 어렵고 복잡해서 소설 읽는 데 걸림돌이 되는 날개 질문이라면 없느니만 못하다. 특히 초반의 질문 두세 개는 정말 쉬워야하고, 그건 수업 시간에 아이들과 함께 풀면 더 효과적이다.

> **교사:** 연필 드세요. 소설 첫 줄을 보세요. 계절적 배경을 알 수 있는 단어가 뭐가 있어요? 눈이죠. 그래요. 거기 네모로 표시하세요. 다음을 볼까요. 동네 이름이 나오죠. 공간적 배경에 네모 하세요. 어때요, 어렵지 않죠? 3번, 등장인물이 나오네요. 김 첨지, 맞아요. 동그라미 하세요. 4번, 김 첨지의 직업은? 인력거꾼. 밑줄로 표시만 하세요. 벌써 네 문제나 풀었네요. 다음부터 여러분이 각자 해보세요. 어렵지 않아요. 할 수 있어요.

이 단계는 비유하자면 아이들 손을 잡고 걷는 시간이다. 소설 수업에서는 이 과정이 꼭 필요하다. 긴 소설을 놓고 "여러분! 소설 읽으세요."라고 등을 떠밀어서는 안 된다. 더 나쁜 건 아이들은 팽개쳐 두고 교사가 혼자 달려 나가는 수업이다. 아이들이 스스로 걷도록 하려면 일단 먼저 손을 잡아야 한다. 그리고 한두 걸음 같이 걸어야 한다. 그렇게 해서 일단 소설의 재미를 느끼면 어지간한 아이들은 스스로 걸음을 옮긴다.

그렇기에 답을 최대한 간단히 쓸 수 있도록 배려해야 한다. 등장인물에 ○, 시간이나 공간 배경에 □, 이렇게 일정한 규칙이 있으면 좋다. 답을 손으로 일일이 쓰려면 소설에 집중하기 힘들다. 본문에서 답에 해당하는 부분에 밑줄을 긋게 하면 흐름이 끊기지 않고 소설에 빠져들 수 있다. 속도감을 잃어버리면 소설 읽는 재미를 놓친다.

앞선 아이의 발목 잡기

소설 읽기 수업에서 교사를 가장 힘들게 하는 건 학생들의 읽기 속도가 제각각이라는 점이다. 가희, 나희, 다희는 같은 반이다. 가희는 읽기 속도가 무척 빠른데, 나희와 다희는 그렇지 못하다. 수업 시간에 각자의 속도로 소설을 읽도록 내버려두면 어떤 일이 벌어질까?

가희는 읽기 속도가 빠를 뿐 아니라 욕심도 많다. "읽으세요!" 교사의 지시가 떨어지면 경주마처럼 쏜살같이 달려 나간다. 이내 결승점에 도착해서 주위를 둘러본다. 다른 친구들은 아직 한참 멀었다. 가희는 자기가 다 읽었다는 걸 티 내려는 마음 때문인지, 진짜로 무료해서인지 하품을 길게 한다. 그러고는 시큰둥한 눈빛으로 친구들을 물끄러미 쳐다본다. 나희가 가희와 눈이 마주친다. 나희는 조용히 연필을 놓는다.

그걸 본 다희도 슬며시 책상 위에 엎드린다. '역시 나는 안 돼.'라는 마음 때문은 아닐까?

소설 읽기 수업에서 문제가 되는 아이는 나희와 다희지만, 나희와 다희를 그렇게 만든 건 어쩌면 가희가 아닐까? '모두가 발맞춰 천천히 함께 읽기'의 열쇠는 나희나 다희가 아니라 오히려 가희에게 있다. 앞서 달려 나가는 가희를 붙잡아야 하는데, 이때 유용한 게 '도장 찍기'다. 앞의 수업 장면은 아래와 같이 이어진다.

교사: 날개 질문 5번부터는 여러분이 해보세요. 우선 15번 날개 질문까지 풀었다면 손을 드세요. 도장 찍어줄게요.

이 도장이 모이면 나중에 수행평가 점수가 된다. 안 찍을 수 없다. 가희는 일찌감치 손을 들고 도장을 기다린다. 가희에게 도장을 찍어주며 슬쩍 곤란한 질문을 던진다. 예를 들어 ③번 질문을 손가락으로 가리키며 이렇게 묻는다.

교사: 벌써 다 풀었네요. 잘했어요. ③번 질문도 생각해 봤어요?
가희: 급하게 먹어서요.
교사: 왜 그렇게 급하게 먹었을까요? ②와 연결해서 생각해 보면 어떨까요? 그 깊은 의미를 찾아내면 이 소설을 정말 잘 읽은 거예요. 조금만 더 생각해 보세요.

이렇게 미끼를 던지고 가희가 대답하기 전에 서둘러 자리를 뜬다.

때를 놓쳐서 가희가 대답을 해버렸다면 맞다 그르다 판정을 내리지 말고 "그렇게 생각할 수도 있겠군요."라고 말끝을 흐리면서 알 듯 모를 듯한 미소와 함께 자리를 떠야 한다. 그렇게 가희의 다리를 걸면 가희는 그걸 생각하느라 다음 단계로 쉽사리 넘어가지 못하고 거기 잠시 머문다. 어차피 자기가 다른 친구보다 빠른 걸 아니까 조급하게 서두르지 않는다.

그러는 동안 다른 아이가 또 손을 든다. 역시 마찬가지로 발목을 잡는다. 그렇게 몇 명 붙잡아 두면 그새 조금 더딘 아이들도 거기까지 따라온다. 도장을 찍어주니 반에서 몇 명이 거기까지 도달했는지 명확히 알 수 있다.

그렇다고 모든 아이가 올 때까지 기다리면 안 된다. 가희처럼 앞선 아이들이 너무 지치기 때문이다. 반에서 절반 정도가 도장을 찍었으면 그 부분까지 소설의 핵심 내용을 간단히 정리하는 게 좋다. 1번부터

〈운수 좋은 날〉 3분의 1을 읽고 정리한 판서

운수 좋은 날

(김 첨지)

(인력거)

가난: 열흘 동안 수입 X
오늘: 운수 좋은 날 (아침에만 80전)
• 심조: 병에게 약 주면 계속 온다.
    (∵ 가난)

(아내)

(병)

원인 모를 병 ← 달포 전
조밥을 급히 먹고 체함 ← 열흘 전
설렁탕 국물이 먹고 싶다. (∵ 가난)

앞집 마나님	동소문 안	→ 전차역	30전
양복쟁이 (교원)	전차역	→ 동광학교	50전

[시간] 겨울 + 비

15번까지 모든 질문을 다 언급할 필요는 없다. 그렇게 다 풀어주면 아이들이 스스로 소설을 읽어야 할 필요성을 느끼지 않기 때문이다. 교사가 질문 몇 개를 골라서 물으면 학생들이 곧잘 대답한다. 그걸 칠판에 생각그물 형태로 정리한다.

더딘 아이의 손을 더 오래 잡아주기

안타까운 일이지만 소설을 읽고도 내용을 제대로 파악하지 못하는 아이들도 더러 있다. 그런 아이들에게 처음부터 끝까지 혼자 읽으라고 내버려두는 건 가혹하다. 중간중간 내용을 정리해 주면 더딘 아이들도 그 단계까지 줄거리를 이해하게 된다. 그러면 그때까지 소설에 집중하지 않았던 아이들 가운데 몇 명은 소설 내용에 관심을 보이기도 한다. 재미를 느낀 것이다. 그렇게 출발선을 정렬해 주고 다시 달리게 한다.

> 교사: 그렇죠. 김 첨지가 지금 이런 마음이겠네요. 그럼 이제 24번까지 읽어보세요. 거기까지 다 읽은 친구는 손드세요. 두 번째 도장입니다. 달리세요.

이 말이 떨어지기 무섭게 반에서 나머지 절반 정도 아이들이 우르르 손을 든다. 앞서 첫 번째 도장을 받지 못했던 아이들이다. 잠깐 멈춰서 소설 내용을 정리하는 동안 나머지 아이들도 거기까지 다 따라왔다는 증거다. 출발선이 잘 정렬되었다. 빠른 속도로 도장을 찍어주고 달려

가라고 놓아준다.

그러고 교실을 둘러보면 그때까지 도장을 찍지 못한 아이가 보인다. 나희와 다희다. 도장 찍기의 장점 가운데 하나다. 거기까지 따라오지 못한 아이들이 누구인지 눈에 확 띈다. 먼저 나희에게 다가가 날개 질문을 하나씩 손가락으로 짚으며 같이 읽는다.

> 교사: 나희야, 어려워요? 방금 설명한 부분까지는 무슨 말인지 이해했죠?
>
> 나희: (고개만 끄덕)
>
> 교사: 그럼 16번을 같이 볼까요? 아내가 김 첨지에게 일 나가지 말라고 한 이유가 뭐예요? 바로 옆에 답이 있죠?
>
> 나희: 자기가 아프다고…….
>
> 교사: 맞아요. 그걸 다 쓸 필요는 없고, 그 부분에 밑줄만 치세요. 잘했어요. 어렵지 않으니까 17번부터 직접 한번 해보세요.

그때까지도 소설에 마음 붙이지 못하는 나희의 손을 더 오래도록 잡아주고 같이 몇 걸음 더 걸어주는 것이다. 그리고 나희가 받지 못한 첫 번째 도장을 은근슬쩍 찍어주고 작은 목소리로 말한다.

> 교사: 이번 시간 마치고 쉬는 시간에 친구들 활동지 빌려서 1번부터 15번까지 꼭 채우세요.

'이제까지 네가 지은 죄를 모두 사하여 줄 테니, 지금부터는 같이 읽어보자.'라는 마음을 나희가 눈치챘을까? 그러고 마지막으로 남은 다희를 본다. 다희는 이미 소설을 읽고 있다. 나희 다음에는 자기에게 올 걸 알기 때문이다. 교사가 한 명의 낙오자도 허용하지 않으리라는 사실을 깨달았기 때문이다. 그렇게까지 하는데도 따라오지 않는 아이는 거의 없다.

도장의 수를 따져서 수행평가 점수에 반영하는 게 옳은가? 그에 대해서는 논란이 많다. 물론 활동지의 빈칸을 채우게 하고 그 결과를 단순히 수행평가에 반영하는 일은 그리 교육적이지 않다. 하지만 읽기 과정을 촉진하는 도구로 도장을 활용한다면 무척 유용할 수도 있다고 생각한다.

나희와 다희의 손을 잡아주는 동안 앞선 아이가 다시 손을 든다. 24번까지 다 읽었다는 뜻이다. 앞선 과정을 되풀이하고, 그때까지 소설 내용을 담아서 칠판 판서를 조금 더 보충한다.

〈운수 좋은 날〉 3분의 2를 읽고 보충한 판서

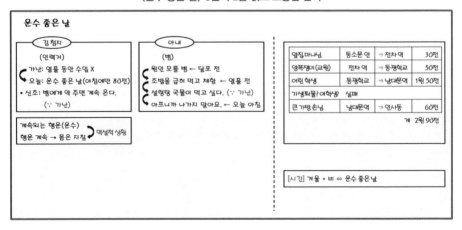

여기서 비밀을 하나 털어놓자면, 판서가 위의 그림처럼 한 번에 깔끔하게 되는 건 아니다. 아이들과 문답을 주고받으며 정리할 때는 삐뚤삐뚤 산만할 수밖에 없다. 나희와 다희의 손을 잡고 소설에 빠져들도록 이끌고 나면 교사에게 시간이 남는다. 그 짬에 판서를 조금 다듬는다. 빠진 내용을 보충하기도 하고, 다음에 쓸 내용을 고려해서 위치를 조정하기도 한다. 이렇게 중간 과정에서 틀을 잘 잡아놓으면 다음부터는 판서가 제자리를 찾아간다.

생각그물로 정리하기

소설 길이에 따라 서너 도막으로 나눠서 앞의 과정을 반복하면 단편소설 하나를 집중해서 읽을 수 있다. 이때 첫 도막은 날개 질문 10개 남짓으로 짧게 끊고, 뒤로 갈수록 점점 길게 하는 게 좋다. 50분 수업을 기준으로 봤을 때 소설을 세 도막으로 나눈다면 10분, 15분, 25분, 이 정도가 적당하다는 뜻이다. 처음에 짧은 분량으로 천천히 시작해서 아이들이 일단 소설 읽는 재미에 빠져들도록 하면, 그 뒤에는 어지간히 긴 분량과 시간도 견딘다.

마지막 대목은 시간이 길어서 속도 차이도 크다. 이렇게 날개 질문을 통해서 소설을 읽었으면, 다음 시간에는 그걸 바탕으로 글을 쓰게 하는 편이다. 먼저 소설 읽기를 마친 가희에게는 다음 시간에 하게 될 글쓰기 과제를 미리 생각해 보도록 한다. 그렇게 하면 한 시간 동안 거의 모든 아이가 딴짓하지 않고 소설에 집중한다.

〈운수 좋은 날〉을 모두 읽고 완성한 판서

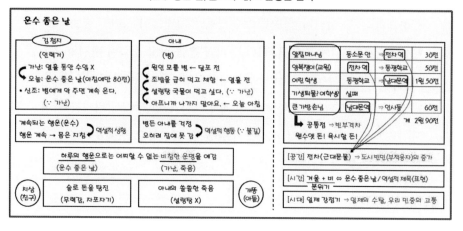

이렇게 소설 읽기가 끝나면 칠판에 생각그물 판서도 완성된다. 이건 교사가 일방적으로 그리는 게 아니다. 몇 대목으로 끊어서 소설을 읽으며 중간에 아이들에게 질문을 던지고, 아이들의 대답을 정리하는 방식으로 이 판서를 함께 완성해 나간다.

이때도 교사의 노력이 필요하다. 교사는 소설을 미리 읽고 판서 내용을 정리해야 하고, 각 대목에 따라 어떤 내용을 어디에 쓸 것인지 꼼꼼하게 설계해야 한다. 그래야 아이들 대답을 엮어서 깔끔하게 판서할 수 있다. 노력하지 않고 그냥 되는 일은 없다.

3. 흥미를 위한 질문

'재미를 위한 질문'에서는 개별 작품에 대한 사실적 이해에 초점을 맞췄다. 질문 자체가 재미있다는 뜻이 아니고, 소설에 푹 빠지도록 이끌어서 소설 읽는 '재미'를 느낄 수 있도록 돕는다는 의미다. 그렇기에 되도록 소설에서 답을 바로 찾을 수 있는 가벼운 질문이 효과적이다.

그렇다고 너무 단순한 질문만 되풀이하면 아이들은 이내 싫증을 느낀다. 조금 깊은 질문이 섞여 있어야 소설 읽기에 몰입할 수 있다. 이런 문제는 대개 정해진 답이 없다. 아이들이 생각해 보도록 하는 게 중요하다. 학생들이 부담을 느끼지 않도록 번호도 달리 붙이고 질문에 테두리를 둘러 다른 질문과 구별하면 좋다.

이런 질문은 어떻게 만들 수 있을까? 소설의 갈래 지식과 엮어서 질문을 만들면 좋다. 소설에는 아래와 같이 여섯 개의 질문이 있다.

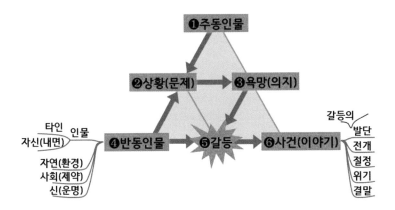

첫째, 주인공이 누구인가? 소설의 출발점은 주동인물이다. 주인공의 이름, 직업 등은 소설에서 쉽게 찾을 수 있지만, 주인공의 마음을 깊이 들여다보는 일은 그리 간단치 않다. 사실적 사고를 넘어 추론적 사고가 필요하다. 앞서 예로 들었던 〈운수 좋은 날〉의 날개 질문 가운데 ②, ③은 주인공의 상황 또는 심리를 묻고 있다.

둘째, 그 주인공에게 어떤 문제가 있나? 아무 문제도 없이 평온하게 지낸다면 이야기는 생겨나지 않는다. 주인공에게 어떤 문제가 있는지 찾아야 한다. 위에서 예로 든 ②, ③번 질문은 여기까지 이어진다.

셋째, 문제가 있더라도 주인공이 그 상황에 순응한다면 이야기는 끊어진다. 주인공은 그 상황에서 무엇인가를 욕망하고 그걸 위해 발버둥 친다. 그로부터 이야기는 비롯된다. 주인공의 욕망(의지)을 이해하는 게 세 번째 질문이다.

넷째, 만약 주인공이 자신의 욕망을 손쉽게 달성한다면 그건 신화는 될 수 있어도 소설이 될 수는 없다. 주인공의 욕망 실현을 방해하는 존재가 등장한다. 그게 네 번째 질문이다. 반동인물은 다양한 양상으로 나타난다.

다섯째, 주동인물과 반동인물이 어떤 지점에서 갈등하는가? 소설을 이해하는 핵심 질문이다. 거기에서 소설의 주제가 드러나기 때문이다.

마지막으로, 그 갈등이 어떻게 진행되는가? 그에 따라 이야기가 펼쳐진다. 소설 진행의 다섯 단계는 엄밀히 말하면 갈등의 발달 단계라 할 수 있다.

공부에는 틀이 중요하다. 그건 태권도 품새와 같아서 잘 익혀두면 여러 가지로 응용할 수 있다. 여기서 제시한 여섯 가지 질문은 거의 모든 소설 작품에 공통으로 적용할 수 있다. 그렇기에 '흥미를 위한 질문'은 소설 갈래의 특징에 맞닿아 있다고 할 수 있다. 이런 질문을 던지면 소설을 더 깊이 이해할 수 있다.

그렇다고 이 여섯 가지 질문을 강박적으로 빠짐없이 제시하지는 말아야 한다. 그건 학생들에게도 괴롭지만, 교사 스스로 옥죄게 된다. 작품에 따라 이 여섯 가지 질문을 적당히 버무려서 펼치는 게 좋다. 여러 차례 거듭해서 강조하지만, 질문은 질문일 뿐이다. 소설을 더 재미있게, 더 깊게 이해할 수 있는 정도면 충분하다.

위의 여섯 가지 질문을 〈운수 좋은 날〉에 적용해 보면 김 첨지가 맞닥뜨린 '가난'이라는 문제와 마주하게 된다. 김 첨지는 가난에서 벗어나고자 몸부림치지만, 그게 뜻대로 되지 않는다. 왜 그런지 이해하려면 소설을 조금 더 찬찬히 깊이 읽어야 한다. 이때도 소설의 갈래 지식이 유용하다. 다음 학습지를 보자.

※ 정답은 없습니다. 편하게 생각해 보면 됩니다.

1 제목을 볼까요?
• 처음에 '운수 좋은 날'이라는 제목을 봤을 때 이 소설이 어떤 내용이라고 짐작했나요?

2 인물을 생각해 볼까요?
• 김 첨지가 '병에게 약을 주면 자꾸 찾아온다.'라고 말하는 진짜 이유는 무엇일까요?
• 아픈 아내는 조밥을 왜 그렇게 급하게 먹어서 체하게 됐을까요?

- 두 인물에게 당면한 가장 큰 문제는 무엇인가요?
- 오늘, 김 첨지는 모처럼 행운이 거듭되어 돈을 많이 벌었는데도 마음이 불안한 이유는 무엇인가요?

③ 시간 배경을 생각해 볼까요?
- 계절은 언제인가요?
- 날씨는 어떤가요?
- 작가가 계절과 날씨를 그렇게 설정한 이유는 무엇일까요?

④ 공간 배경을 생각해 볼까요?
- 김 첨지의 직업은 무엇인가요?
- 김 첨지가 손님을 내려주고 태운 곳은 주로 어디인가요? 공통된 공간(문물)이 나옵니다. 그게 뭘까요?
- 그 공간(문물)은 김 첨지의 직업에 어떤 영향을 주나요?
- 김 첨지의 직업과 새로운 공간(문물)은 각각 무엇을 대표한다고 볼 수 있을까요?

⑤ 시대 배경을 생각해 볼까요?
- 이 소설은 1920년대를 배경으로 하고 있습니다. 그때는 우리 민족사에서 어떤 시절인가요?
- 그때의 삶에 대해서 아는 대로 얘기해 보세요.
- 그게 김 첨지와 아내의 삶에 어떤 영향을 미쳤을까요?

⑥ 김 첨지의 심리에 대해 생각해 볼까요?
- 위의 ④와 ⑤에서 발견한 문제는 김 첨지 개인의 힘으로 대응할 수 있었을까요?
- 김 첨지는 그렇게 돈을 벌고 싶어 하면서도 왜 그렇게 돈을 펑펑 쓰고, 돈을 욕하고, 심지어 돈을 버릴까요?
- 김 첨지는 아내를 걱정하면서도 왜 집에 빨리 들어가지 않을까요?
- 김 첨지는 왜 아내에게 욕을 하고, 심지어 폭력을 행사할까요? ⇒ 폭력을 미화하거나 두둔하지는 맙시다.

　　이 질문들은 소설 구성의 세 요소인 인물, 배경, 사건을 중심으로 간추린 것이다. 독자는 소설을 읽을 때 사건에만 집중하기 쉽다. 소설 읽기에 능숙하지 않은 학생 독자라면 더욱 그렇다. 하지만 작가가 그런 인물과 배경을 설정한 이유를 곰곰이 생각해 보면 소설을 더 깊이 이해하게 된다. 이 소설에서는 특히 '배경([3], [4], [5]의 질문)'이 중요한 역할을 한다. 이런 질문에 답을 찾는 과정에서 인물이 당면한 문제가 무엇이며, 왜 그 문제가 쉽사리 해결되지 않는지 독자 스스로 깨닫게 된다. 더 나아가 작가가 전하고자 하는 메시지에 귀를 기울이게 된다.

4. 의미를 위한 질문

'재미를 위한 질문'과 '흥미를 위한 질문'이 내재적 관점이라면 '의미를 위한 질문'은 외재적 관점이라 할 수 있다. 학생들이 자기 삶을 돌아볼 수 있는 질문이다.

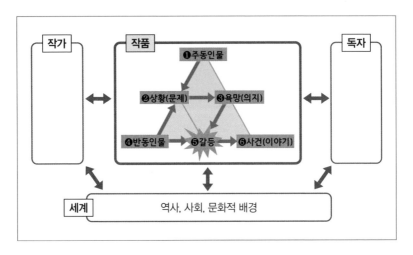

이건 과유불급이다. 너무 지나치면 안 된다. 가벼운 질문일수록 더 효과적이다. 이런 질문은 주로 글쓰기로 이어진다. 읽기 수업은 늘 쓰기로 마무리하는 편인데 소설도 예외가 아니다.

수업 시간에는 날개 질문과 함께 소설을 읽고, 그 내용을 생각그물로 정리한다. 그걸 바탕으로 한 편의 글을 쓴다. 그냥 막연히 "이 작품에 대해 소감문을 쓰세요."라고 하면 힘겨워한다. 구체적으로 안내해야 한다. 날개 질문으로 소설 내용을 정리했고, 문단 구성을 어떻게 할지 친절하게 안내하기 때문에 대부분은 잘 쓴다.

〈운수 좋은 날〉이라면 이런 주제를 설정할 수 있다.

과제 수행 01
현진건, 〈운수 좋은 날〉 − 개똥이가 보내온 편지

1. 개똥이가 성인이 되어 독자들에게 편지를 보내왔다고 가정하고, 어떤 내용일지 짐작해서 쓰시오.

- 1문단: 아버지 김 첨지의 삶 ⇒ 소설 내용을 바탕으로 [Enter↵]
- 2문단: 어머니의 삶 ⇒ 소설 내용에 약간의 상상을 덧붙여서 [Enter↵]
- 3문단: 아버지, 어머니가 이렇게 비참한 삶을 살 수밖에 없었던 이유는 무엇인가? 당시의 시대 분위기는? [Enter↵]
- 4문단: 그래서 나(개똥)는 이렇게 치열하게 살았다! ⇒ 여러분의 상상력을 발휘하여, 되도록 긍정적으로 [Enter↵]
- 5문단: 개똥이가 독자들에게 전하는 한마디 ⇒ 어떻게 사는 게 아름다운 삶일까? 여러분의 생각(철학)을 담아서

※ 분량은 한쪽을 가득 채워서 써보세요. 글이 길어져서 뒷장으로 넘어가도 괜찮습니다. 되도록 길게 쓰는 연습을 하세요.
※ 문단 나누기를 한다는 의미는, 1문단 내용을 다 쓰고 [Enter↵] 키를 한 번 누르라는 뜻입니다. 1문단과 2문단 사이에 [Enter↵], 2문단과 3문단 사이에 [Enter↵] … 이렇게 하면 됩니다.

이 주제를 설정한 핵심은 3문단과 4문단에 있다. 소설의 상황을 개인의 문제가 아니라 사회의 문제로 인식하는 힘을 길러주고 싶었고, 또 그런 상황에서 어떤 삶을 선택할 것인지 생각해 보기를 바랐기 때문이다. 꼭 이런 주제일 필요는 없다. 대단원, 교육과정에서 제시하는 성취기준, 교사의 교육적 의도, 학생들의 학년과 상황에 적합한 주제를 생각

하면 된다. 다만 그것이 학생들의 삶과 동떨어져서는 안 된다.

고등학교 1학년 수업에서 다뤘던 소설 몇 편을 예로 들어 학생들의 삶과 어떻게 엮었는지 살펴보자.

과제 수행 02
김동식, 〈회색 인간〉 - 왜 국어를 배우는가?

1. 소설과 동영상 내용을 바탕으로 아래 질문에 답하시오.

① 작가의 학력은?

② 작가는 글을 쓰기 전에 어떤 일을 했나?

③ 작가가 글을 쓰기 전의 삶은 어땠나?

④ 글을 쓰면서 작가의 삶은 어떻게 바뀌었나?

⑤ 지저세계에서 노동을 하는 사람들은 어떤 삶을 살았나?

⑥ 그들의 삶이 바뀌게 된 계기는 무엇인가?

⑦ 소설 마지막 문장은 무슨 의미일까?

⑧ 작가의 삶과 소설의 내용을 연결해 볼 때, 왜 국어를 배워야 한다고 생각하나?

2. 위 질문을 바탕으로 5문단짜리 글을 쓰시오.

- 1문단: 작가가 되기 전 김동식의 삶에 관해 쓰세요. 위의 ①,②,③번 질문을 엮어서 쓰면 됩니다. Enter⏎

- 2문단: 작가가 된 이후 김동식의 삶에 관해 쓰세요. 위의 ④번 질문과 동영상 내용을 엮어서 쓰면 됩니다. Enter⏎

- 3문단: 소설 줄거리를 요약해서 쓰세요. 위의 ⑤,⑥번 질문을 엮어서 쓰면 됩니다. Enter⏎

- 4문단: 소설의 주제를 찾아서 쓰세요. 위의 ⑦번 질문에 대한 대답을 더 확장해서 쓰면 됩니다. Enter⏎

- 5문단: 국어를 왜 배워야 하는지, 자기 생각을 쓰세요. ⑧번 질문에 대한 대답을 더 확장해서 쓰면 됩니다.

※ 분량과 문단에 대한 안내는 동일

갓 고등학교 1학년에 입학한 학생들과 함께 김동식의 〈회색 인간〉을 읽었다. 날개 질문이라는 낯선 방법을 익혀야 했기에 소설은 되도록 짧고 쉬운 걸 골랐다. 날개 질문을 풀며 스스로 소설을 읽고, 교사는 소설 내용을 칠판에 생각그물 형태로 정리했다.

김동식의 〈회색 인간〉 판서

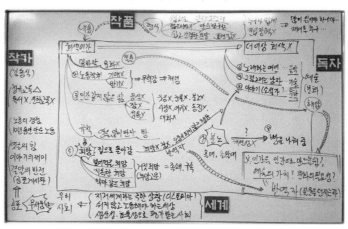

그러고 나서 김동식 작가에 관한 짧은 영상을 몇 개 보고, 소설과 영상 내용을 엮어서 여덟 가지 질문(①~⑧)에 대해 생각해 보았다. 마지막으로 그걸 종합해서 글을 한 편 썼다. 고등학교 새내기들이라 글쓰기 주제는 '왜 국어를 배우는가?'로 정했다.

앞서 징검다리 비유를 들었다. 날개 질문, 활동 1에서 제시한 여덟 가지 질문(①~⑧), 활동 2의 글쓰기 과제는 모두 서로 연결되어야 한다. 앞선 질문을 통해서 다음 활동을 손쉽게 해결할 수 있어야 한다는 뜻이다. 이렇게 차근차근 쌓아 올리면 학생들은 어렵지 않게 한 쪽 분량의 글을 쓴다. 이런 방식으로 간단한 서평도 쓸 수 있다.

성석제, 〈조동관약전〉 – 소설 읽고 서평 쓰기

2. 위 질문을 바탕으로 5문단짜리 서평을 쓰시오.

- 1문단: 소설 줄거리(1) ⇒ 주인공(조동관)의 행적을 중심으로 소설 줄거리를 정리하세요. 객관적인 사건 흐름만 쓰세요.
- 2문단: 소설 줄거리(2) ⇒ '조동관'이 '똥깐이'가 된 내력은 무엇인가요? ④~⑬ 질문을 정리해서 쓰세요.
- 3문단: 이야기의 힘 ⇒ 사람들은 왜 이야기를 만들고 전달하고 즐길까요? ⑭~⑱ 질문을 정리해서 쓰세요.
- 4문단: 내 경험 ⇒ 내 삶에서 변화·성장의 계기가 된 문학, 영화, 노래, 웹툰 등을 소개하세요. 작품 내용과 성장의 방향을 모두 쓰세요.
- 5문단: 국어를 배우는 이유 ⇒ 문학을 배우고, 소설을 읽고, 이처럼 다양한 이야기를 경험하는 것이 왜 필요한가요?

세 번째 작품으로 성석제의 〈조동관약전〉을 읽고 나서 위와 같이 다섯 문단으로 서평을 쓰도록 했다. 이때도 소설 본문의 날개 질문, 활동 1의 생각할 질문(①~⑱), 활동 2의 서평 쓰기 과제가 서로 이어진다.

조금 긴 활동으로 이어진 작품도 있다. 박지원의 〈허생전〉을 읽을 때 마침 국회의원 선거가 있었다. 그래서 소설 내용을 정치 현실과 엮어서 토론하고, 그걸 바탕으로 글을 썼다.

과제 수행 04

박지원, 〈허생전〉 – [정치 토론] 우리에게 필요한 대통령은?

1. 허생의 행동은 대통령이 되기에 적절한가요? 토론해 보세요.

　　1차: 전문가(씨줄) 토론

　　2차: 모집단(날줄) 토론

소설	허생의 행동	판단 준거	허생을 대통령으로 뽑아? 말아?
①	아내와 다툼		
②~④	돈 빌려 장사함		
⑤	도적을 구제함		
⑥	빈 섬을 일굼		
⑦, ⑧	빌린 돈 갚음		
⑨	변씨와 사귐		
⑩	이완과 다툼		

2. 토론 내용을 정리해서 한 편의 글(6~7문단)을 쓰시오.

단계	내용	내용 구성	문단 수
서론	주장 제시	• 선거의 의미는? 대통령이 미치는 영향은? • 허생 후보를 지지하나? 또는 반대하나?	1
본론 1	근거 찾기	• 지지 또는 반대하는 이유(3~4가지)는? • 3~4가지 이유를 각각 한 문단으로 구성	3~4
본론 2	반론 막기	• 나와 다른 주장을 하는 사람들은 왜 그렇게 생각할까? • 어떻게 하면 그를 설득할 수 있을까?	1
결론	주장 강화	• 지지 ⇒ 허생이 만들어갈 아름다운 조선의 모습. 대통령이 갖춰야 할 자질은? • 반대 ⇒ 허생으로 인해 망가질 조선의 미래. 그럼 어떤 대통령을 선출해야 하나?	1

　　황순원의 〈너와 나만의 시간〉을 읽고는 조금 문학적인 글을 썼다.

시점을 바꿔서 쓰게 했는데, 아이들이 소설 내용을 깊이 이해했기 때문인지 사뭇 진지한 글이 많았다.

과제 수행 05

황순원, 〈너와 나만의 시간〉 – 시점 바꿔서 다시 쓰기

1. 등장인물 가운데 가장 마음이 끌리는 인물을 하나 고르세요.
   – 고르는 기준: 공감이 가서, 연민이 느껴져서, 마음에 들지 않아서 등
   – 세 명의 주요 인물뿐 아니라 조금 더 넓게 확장해서 골라도 좋아요.

2. 그 인물의 시점에서 인물의 내면 심리가 잘 드러나도록 소설을 다시 쓰세요.

3. 소설 전체가 아니라 가장 인상적인 한 장면을 골라서 쓰세요.

4. 여러분이 새로 쓴 글에 어울리는 멋진 제목을 붙이세요.

〈너와 나만의 시간〉 판서

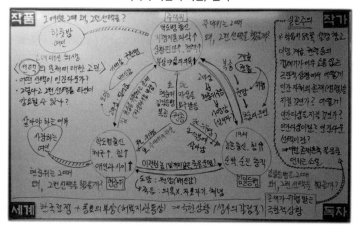

소설의 줄거리는 이렇다.

한국전쟁에서 낙오된 주 대위, 현 중위, 김 일등병은 아군을 찾아 힘겹게 이동하는데, 다리에 관통상을 입은 주 대위를 번갈아 업고 가느라 걸음은 더디고 몸은 지친다. 현 중위는 주 대위에게 '포기하시라!' 노골적인 눈빛을 보내지만, 주 대위는 삶의 끈을 놓지 않는다. 함께 가다가 모두 죽게 되리라 염려한 현 중위는 밤에 몰래 도망치다 절벽에서 떨어져 숨을 거둔다. 주 대위와 김 일등병은 다시 발걸음을 옮기는데…….

원래 삼인칭 시점의 소설인데, 소설 가운데 한 장면을 골라서 일인칭 주인공 시점으로 바꿔 쓰도록 했다. 짓궂은 남학생들 가운데는 소설에서 잠깐 스치듯 지나간 까마귀나 개를 주인공으로 내세우기도 했지만 대부분 세 인물 가운데 하나를 골랐다.

처음에 소설을 읽을 때는 현 중위에 대해 비난을 쏟아붓는 아이들이 많았다. 그런데 소설을 다 읽고 글을 쓸 때는 의외로 현 중위 시점을 선택해서 쓰는 경우가 많았고, 그런 글 가운데 가슴을 울리는 표현들이 제법 있었다. 물론 현 중위가 동료를 버리고 혼자 살겠다고 도망간 행위는 정당화될 수 없지만, 최소한 그가 왜 그런 선택을 할 수밖에 없었는지는 이해하게 된 것이다. 그에게 어떤 애인이 있었는지, 그 애인에게서 어떤 편지를 받았으며, 그때 그가 어떤 마음이었는지…….

이런 게 날개 질문으로 소설을 읽는 맛이란 생각이 들었다. 빠른 속도로 '휘리릭' 읽을 때 보이지 않던 걸 날개 질문과 함께 읽으면서 찾아내곤 한다.

5. 스스로 질문 만들기

날개 질문은 교사만 만드는 게 아니다. 학생들이 날개 질문에 어느 정도 익숙해졌다면 스스로 날개 질문을 만들도록 해도 좋다. 그때 베르나르 베르베르의 〈내겐 너무 좋은 세상〉을 읽었는데, 이 작품에 질문 만들기를 적용해 보았다.

질문은 이원화했다. 먼저 소설 안에서 사실을 확인할 수 있는 단순한 질문을 만들고, 다음으로 소설 밖으로 확장하여 독자, 세계, 다른 작품(〈오멜라스를 떠나는 사람들〉, 어슐라 르 귄)과 엮어서 질문을 만들도록 안내했다. 아래의 틀을 활용한 것이다.

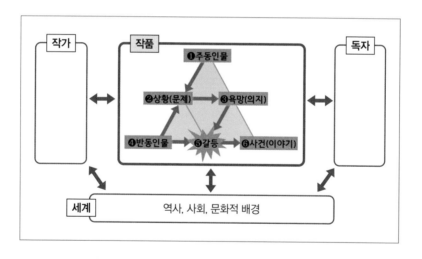

이 틀은 앞에서 이미 제시한 것이다. 교사가 이 틀에 따라 질문을 만들어 수업에 활용했기에 학생들도 이 틀에 익숙하다. 익숙한 틀을 제시해야 낯선 활동에 어려움을 겪지 않는다. 학생들이 질문을 만들어야 한다고 새로운 틀을 제시하면 안 된다.

과제 수행 06
베르나르 베르베르, 〈내겐 너무 좋은 세상〉 – 소설 읽고 질문 만들기

1. 소설 안에서 질문하기
– 〈내겐 너무 좋은 세상〉을 읽으며 날개 질문 15개 만들기

2. 소설 밖에서 질문하기
1 이 소설과 여러분의 삶을 연관 지어서 질문 하나를 만드세요.
　예 여러분의 경험(과거),상황(현재),진로(미래),가치관,성격,가족 등과 폭넓게 연결해서 생각해 보세요.

내가 만든 질문	
내가 생각하는 답변	

2 다른 소설(〈오멜라스를 떠나는 사람들〉)과 엮어서 질문 하나를 만드세요.
　예 두 소설의 주제, 소재, 표현, 인물, 구성, 말하고자 하는 메시지 등을 자유롭게 엮어서

내가 만든 질문	
내가 생각하는 답변	

3 이 소설과 우리 사회 현실을 연관 지어서 질문 하나를 만드세요.
　예 2020년 대한민국의 현실, 기술 수준, 환경 오염, 세계화, 인공지능, 4차 산업혁명 등과 엮어서

내가 만든 질문	
내가 생각하는 답변	

소설 안에서 질문을 만들 때는 학습지를 아래처럼 만들면 좋다. 소설 처음부터 끝까지 행마다 일련번호를 붙이는 방식이다.

작품4 **내겐 너무 좋은 세상**   베르나르 베르베르

1   「이봐요, 일어나야 돼요. 기상 시간이에요.」
2   뤽은 뭐라고 투덜거리며 뒹굴뒹굴하다가 베개들 사이로 머리를 깊숙이 파묻었다.
3   블라인드를 뚫고 들어온 아침 햇살이 은은한 빛으로 방 안에 줄무늬를 만들고 있었
4   다.
5   「이봐, 내 말 안 들려? 이제 일어나야 한다니까!」
6   자명종이 처음보다 덜 상냥한 어조로 재우쳤다.
7   「아이고, 알았어, 그만 해!」
8   뤽은 그렇게 짜증을 내고는 인상을 쓰며 일어나 침대 가장자리에 앉았다. 햇살이
9   조금씩 따가워지고 있었다. 그는 잠 때문에 부풀어 오른 눈을 비비고 일어서서 실내
10   화 한 짝씩 차례차례 신었다.
11   「자아, 앞으로 갓!」
12   실내화 두 짝이 한 소리로 구령을 넣었다.
13   뤽은 머리를 긁적이며 주방 쪽으로 이끌려 갔다.
14   「안녕!」
15   문이 활짝 열리면서 활기차게 인사를 건네 왔다. 선반 위에 놓인 여러 주방 기구들
16   도 인사말을 합창했다.
17   「안녕! 당신을 보니 기분이 저절로 좋아지네요.」
18   예전엔 이런 세심한 배려가 좋기만 하더니……, 하고 생각하는데 의자가 친절하게
19   도 뤽이 앉을 수 있도록 식탁에서 스스로 멀어지며 말했다.
20   「아주 부드러운 밀크 커피를 마시면서 토스트와 마멀레이드를 먹으면 힘이 날 거예
21   요.」

학생들이 개인으로 질문을 만들고 모둠에서 서로 돌려보며 '모둠질문'으로 정리할 수도 있다. 각 모둠에서 만든 질문을 발표할 때 위의 일련번호가 힘을 발휘한다. "소설 13행에 이런 질문을 만들고, 79행에 이런 질문을 만들었습니다."라고 발표할 수 있기 때문이다. 발표를 듣는 사람도 그게 어디인지 단박에 알아차릴 수 있다.

6. 교과서 작품으로 수업해야 한다면

교사가 교과서 밖의 소설로 따로 활동지를 만들면 날개 질문을 달기도 쉽다. 원하는 곳에 질문을 넣어서 편집할 수 있기 때문이다. 학생들이 소설을 읽을 때도 날개 질문 바로 옆에서 답을 확인할 수 있어서 편하다.

하지만 교과서 작품으로 수업해야 한다면 날개 질문을 활용하기가 쉽지 않다. 그렇다고 교과서에 작품이 버젓이 있는데 날개 질문을 넣어서 활동지를 새로 만들 수도 없다. 이럴 때는 어쩔 수 없이 질문만 따로 모아서 활동지를 만들어야 한다.

현진건, 〈운수 좋은 날〉

[장면 1] 21쪽 첫 줄에서 22쪽 끝 … 배가 켕긴다고 눈을 흡뜨고 지랄병을 하였다.

1 운수 좋은 날은 어떤 날일까?

1. 시간 배경(계절)을 알려주는 단어에 □, 공간 배경에 □
2. 등장인물에 ○, 그의 직업은?
3. 오늘 아침 수입의 합은?
4. 최근 열흘 동안 김 첨지의 수입은?
5. 김 첨지가 아내에게 사주고 싶었던 것은?
6. 김 첨지의 신조는?

2 김 첨지가 그런 신조를 품게 된 이유는 무엇일까?

3 아내가 조밥을 먹고 체한 이유는 무엇일까?

학생들은 이 활동지와 교과서에 실린 작품을 번갈아 보면서 소설을 읽어야 한다. 이때 종종 문제가 발생한다. 학생들에게 "22쪽 끝까지 읽고 6번 문제까지 푸세요."라고 안내하지만, 소설 읽기에 푹 빠진 아이들이 그걸 기억하지 못하고 거기를 지나쳐서 달려 나가기 십상이기 때문이다. 교사가 그걸 일일이 확인할 수 없기에 앞서 달려가는 아이의 발목을 잡기도 힘들다.

그걸 막으려면 소설을 읽기 전에 먼저 교과서에 장면을 다 표시해 놓는 게 좋다. 몇 쪽 어디까지 장면 1, 몇 쪽 어디까지 장면 2, 이렇게 교과서에 미리 다 표시해 놓으면 깜빡하고 거기를 지나칠 가능성이 줄어든다.

장면은 되도록 여러 단계로 나누는 게 좋다. 발단, 전개, 위기, 절정, 결말처럼 다섯 단계로 나누지 말고 더 세분하라는 뜻이다. 그래야 활동지와 소설을 비교하면서 읽어나가기가 편하다. 또 소설을 다 읽고 나서 장면 몇 번까지가 발단이고 전개인지 학생 스스로 나누는 활동도 할 수 있다.

장면을 세분한다고 소설 읽기도 그만큼 자주 끊을 필요는 없다. 장면 몇 개씩 묶어서, 한 시간의 흐름을 서너 마디로 나누는 게 적당하다. 그래야 교실의 학생들 전체가 빠짐없이 집중해서 소설을 읽을 수 있다.

만약 모둠 활동과 병행한다면 장면마다 정리하고 넘어갈 수도 있다. 교사가 칠판에 몇 분까지 장면 1, 몇 분까지 장면 2, 이렇게 적어두고 그에 맞춰서 각 모둠에서 소설을 읽고 상의해서 날개 질문을 채우는 방식이다. 교사는 다니며 모둠에서 시간에 맞게 하고 있는지, 꼭 설명해야 할 질문은 없는지 확인하면서 수업의 흐름을 조절하면 된다. 이처럼 수업의 상황과 목표에 따라 방법은 제각각 달라질 수 있다.

　마지막으로 다시 한번 강조하지만, 질문은 수단일 뿐이다. 그것 자체가 수업의 중심이 되어서는 안 된다. 이렇게 '모두가 발맞춰 / 천천히 / 함께' 소설을 읽었다면 그걸 바탕으로 다른 활동으로 확장해야 한다. 이책에서 소개하는 다양한 수업 사례들이 바로 그런 활동들이다.

질문으로 넓어지고 토론으로 깊어지는

호모 궁금쓰의
한 학급 한 권 읽기

안수정

'내 질문의 한계는 내 사고의 한계'다. 무엇을 질문할 수 있느냐가
그 사람의 역량이다. 질문은 단순히 답을 구하는 행위를 넘어, 우
리가 무엇을 중요하게 여기고 어떤 가능성을 탐구하고자 하는지를
보여준다.

수업 개요

튀르키예 최초의 노벨문학상 수상 작가인 오르한 파묵은 "소설 쓰기는 단어로 그림을 그리는 것, 소설 읽기는 다른 사람의 단어로 나의 그림을 그리는 것"이라고 말했다. 그의 말처럼, 소설 읽기는 작가가 그려놓은 언어의 세계를 독자의 상상과 경험으로 재구성하며 나만의 의미를 발견하는 창조적 과정이다. 소설가가 단어로 그려낸 그림 속에는 세상과 인간에 대한 깊은 통찰과 질문이 담겨 있다. 독자는 소설가가 그려놓은 틀을 활용해 자신만의 색을 입히고 그림을 완성하면서 사고의 깊이를 확장해 나간다.

한 학급이 한 권의 소설을 선택해 긴 호흡으로 함께 읽을 때, 소설 읽기의 의미는 더욱 깊어진다. 사회 문제, 윤리적 딜레마, 인간관계 등을 탐구하며 학생들끼리 서로 질문하고 답을 모색하며 사고력을 키울 수 있다. 이 과정에서 독서는 개인적 차원을 넘어 공동체적 경험으로 전환되며, 작가의 그림 속에 여러 사람의 색깔과 해석을 덧입히는 협력의 장으로 발전한다.

이때 중요한 것이 '질문하는 역량'이다. 인류는 'Homo Sapiens'를 넘어 'Homo Curious'로 진화할 것임을 확신하며, 아이들이 질문을 통해 스스로 발전하는 존재가 되기를 바라는 마음을 담아 수업 시간에 학생들을 '호모 궁금쓰'로 부르고 있다. 학생들이 자연스럽게 질문할 수 있는 환경을 조성하여 사고를 확장하고 집단지성을 발휘해 토론하는 수업을 진행했다. 서로의 질문을 탐구하고 토론하면서 새로운 통찰을 만들어가는 수업은 다음과 같은 과정과 내용으로 이루어진다.

단계	차시	주제	세부 활동
1	1	독서공동체의 여정 안내	• 함께 읽기 핵심 원칙 세 가지 안내 • 도서 선정
2	2	공유와 소통을 위한 환경 설정	• 직소 모둠 편성 및 역할 배분(인물, 사건, 배경, 메시지 전문가)
3	3~8	생각의 지문(指紋), 질문	• 인상적인 내용과 질문 세 가지 제출 • '이야기 본부', '질문 광장' 관리 • 쉬는 시간 자율 토론(10분 이내)
4	9~10	생각의 교차로, 토론	• 전문가 집단 토론(인물, 사건, 배경, 메시지 분석 모둠) • 역할극 토론 　- 등장인물과 작가에게 질문하기 　- 등장인물 분석 및 대사 활용
5	11~12	최종 질문과 논술	• 나의 최종 질문 찾기 　- 질문 활용 놀이 활동 　- 논제로 사용할 개인 질문 완성하기 　- '호모 궁금쓰' 인증서 수여 • 논술 수행평가 　- 1쪽 분량 　- 최종 질문에 대한 답변 작성
추가	과제	활동 정리	• 소설 브로슈어 제작 　- 관련 기사, 소설 요약 　- 모둠 토론, 개인 논술문 등을 집약

1. 독서공동체의 여정을 위한 안내

'한 학급 한 권 읽기'와 수업 복지

바야흐로 취향 존중의 시대다. MBTI 같은 성격 유형 분석이 유행하면서 서로의 성향을 이해하려는 노력이 늘어났지만, 동시에 취향이나 의견 차이를 빌미로 공통의 화제가 줄어드는 상황도 자주 접하게 된다. 학생들의 개별 관심사에 따라 책을 자율적으로 선택하게 하여 '한 학기 한 권 읽기'를 했을 때 특정 분야에 대해 깊은 성찰을 유도할 수 있었지만, 다른 사람의 관심사에 대해서는 종종 무관심한 모습을 보이기도 했다.

하지만 학급 전체가 한 권의 책을 선정하여 함께 읽을 때 이러한 단절을 극복할 수 있는 기회를 만들 수 있다. 같은 이야기를 함께 읽는 과정에서 자연스럽게 대화의 공통 주제가 형성되고, 서로의 생각과 감정을 나누는 소통의 장이 열린다. 이해 안 되는 부분을 서로 질문하거나 의견이 대립하면서 쟁점이 생기기도 하고, 때로는 예기치 못한 시너지가 발생하기도 한다.

무엇보다 공동의 읽기 활동은 학생들이 서로 도움을 주고받으며 배움의 궤도에서 이탈하지 않도록 하는 수업 환경을 만든다. 개인이 겪는 어려움을 그 개인만의 문제로 고립시키지 않고 도와주는 사회 복지 시스템처럼, 읽기 과정에서 이해하지 못한 부분이 있더라도 학습을 이어갈 수 있도록 돕고, 일부 학생들이 학습에 소외되지 않도록 보장하는 '수업 복지'의 중요한 토대를 마련할 수 있다.

함께 읽기 원칙

주당 4차시 국어 수업 중 1차시를 활용하여 독서 활동을 한다. 이 중 6시간은 읽기, 6시간은 안내, 토론, 평가를 실시한다. 상황에 따라 교과 진도와 독서 활동을 넘나들며 유연하게 진행하되, 한 학기 12차시를 확보할 필요가 있다.

　　학생들의 독서 활동에 지나치게 개입하는 것은 독서의 재미를 반감시키므로 되도록 읽기의 자유를 보장하는 것이 중요하다. 그러나 함께 읽기 위해 필요한 최소한의 원칙 세 가지를 첫 시간에 제시해야 한다.

첫째, 호기심의 신선도 유지하기 - 정해진 분량만큼만 읽는다

오래전 프랑스에서 프랑스어를 배우던 때가 떠오른다. 당시 영화가 자주 수업 자료로 사용되었는데, 인물의 캐릭터나 시놉시스를 분석하는 것도 흥미로웠지만, 무엇보다 수업을 이끄는 선생님의 태도가 인상적이었다. 영화 한 편을 여러 시간에 나누어 감상하면서, 중간중간 장면을 끊고 학생들에게 다음 전개를 상상해 보라고 유도하는 활동이 많았다. 또한 중요한 장면에서는 오디오를 없애고 학생들에게 현재 일어나고 있는 사건과 대화를 추측해서 만들어보는 활동을 요구하기도 했다. 그래서 나는 절대로 수업에서 '구경꾼'이 될 수 없었고, 영화감독과 관객, 등장인물과 나 자신의 경계를 허물며 많은 상상을 해야 했다. 수업에서 유일한 과제가 있다면 그날 감상한 영화의 뒷부분을 절대로 미리 구해서 보지 않는 것뿐이었다. 다음 수업에 빠지고 싶어도 궁금해서 참을 수 없도록 만들었다.

　나는 소설 수업에 이 방식을 자주 적용한다. 독자는 책장을 넘기며 다음에 펼쳐질 이야기를 궁금해하는 과정에서 능동적인 읽기의 즐거움을 느낄 수 있다. 소설 읽기는 본질적으로 누군가의 인생을 따라가는 여정과도 같다. 우리 인생이 그렇듯, 소설의 전개 역시 예측할 수 없기에 그 불확실성이 독서를 더욱 매력적으로 만든다. 따라서 현재의 페이지에 몰입하며 다가올 사건을 상상하는 태도는 소설 읽기의 중요한 자세다. 소설의 내용을 상상력으로 채워나가는 경험은 독자가 소설과 교감하는 과정이자 독서의 본질적인 즐거움임을 인식시켜야 한다.

　이야기에 몰입하는 것만큼이나 긴장과 이완을 반복하면서 생각을 정리하고, 기대감을 유지하며 계속 읽어나가는 과정을 단련해야 한다. 등장인물의 감정이나 사건 전개를 상상하고, 이를 바탕으로 다른 사람과 함께 이야기를 나누는 과정에서 더 깊은 이해와 즐거움을 얻을 수 있다. 주어진 분량까지 읽고 분석하며 다음 이야기를 기다리고 상상하는 것이 함께 읽기의 첫 번째 원칙이다.

　마치 한참 흥미진진해질 무렵 다음 편 예고와 함께 끝나버리는 드라마처럼, 다음 이야기에 대한 궁금증을 갖고 기다리게 하는 것이 중요하다. 그럼 재미있게도 읽기 속도가 빠른 학생들은 주어진 분량을 다 읽고 다음 페이지를 넘기고 싶어 안달하는데, 그럴 때는 교사가 가차없이 "절대 안 돼!"라고 해야 한다. 이 원칙을 고수하면 책을 더 읽으려는 학생이 오히려 '배신자'가 되는 상황이므로 뒷이야기가 궁금해도 참을 수밖에 없다. 선행학습이 다른 학습자의 학습권을 침해하는 것처럼, 모두가 정해진 분량까지만 읽도록 하여 다 함께 다음 이야기에 대한 궁금증을 유지할 수 있도록 해야 한다.

둘째, 질문을 한다는 것은 어마어마한 일이다

누군가를 맞이할 때 정현종의 시 〈방문객〉은 환대의 상징으로 널리 인용된다. 이 시의 '사람이 온다'를 '질문을 한다'로 치환해 본다. 질문은 단순한 호기심의 표현이 아니라 질문하는 사람의 경험과 지식 그리고 앞으로의 기대를 담고 있으므로, 지금까지 배운 것과 앞으로 배우고자 하는 것의 교차점에서 나온다. 따라서 이야기를 소비하는 데서 그치는 것이 아니라 질문을 통해 이야기와 함께 성장하고 발전하는 과정을 경험하게 해야 한다.

질문은 자신의 무지를 드러내는 용기 있는 행위이기도 하다. 자신이 모르는 것에 대해 겸손하게 인정하고, 더 나아가 그 답을 누군가와 함께 고민하고 탐구하는 과정에서 의미를 얻는다. 이 과정은 질문자와 응답자 모두에게 새로운 통찰과 배움을 선사하며 공동의 성장으로 이어진다. 질문은 단순한 정보 교환이 아니라 생각과 관점의 교류를 통해 더 큰 이해로 나아가는 초대장과 같다.

결국 질문을 한다는 것은 어마어마한 일이다. 질문을 통해 자신만의 해석을 만들어내는 힘을 얻게 됨을 강조하며, 매시간 자신이 읽은 부분에 대해 질문을 세 가지씩 제출하고 서로의 질문을 관찰하는 것이 두 번째 원칙이다.

셋째, 함께 읽기 위해 서로에게 기여해야 한다

'한 학기 한 권 읽기' 수행평가에서 과정과 결과를 평가하다 보면, 이해가 잘 안 되는 부분을 그냥 넘겨버리거나 자신만의 시각에 갇혀 왜곡된 해석을 하는 학생들을 자주 접한다. 때로는 책을 다 읽고도 주요 인물이나 사건을 제대로 파악하지 못하는 경우도 많다.

그러나 함께 읽으면 이러한 문제를 어느 정도 극복할 수 있다. 서로의 의견을 보완하며 더 깊고 정확한 이해에 가까워질 수 있기 때문이다. 따라서 모두가 의미 있게 참여할 수 있도록 역할을 나누고 각자의 책임을 다하도록 하는 것이 중요하다. 함께 읽는 과정에서 학생들은 다양한 방식으로 서로에게 영향을 주고 도움을 주고받는다. 예를 들어, 낯선 어휘를 설명해 주거나 인물 관계와 사건을 정리해 구조도를 만들어 전체적인 이해를 도울 수도 있다. 또한 현실에서 발생한 비슷한 사건을 찾아 소개하거나 인상적인 장면을 그림으로 표현하는 것도 효과적인 방법이다. 자신이 주목한 구절이나 질문을 공유하는 것만으로도 새로운 자극과 통찰을 제공할 수 있다.

따라서 소설을 끝까지 읽는 동안 학생들이 서로의 이해를 돕기 위해 서로에게 기여하는 것이 세 번째 원칙이다.

학급별 도서 선정

함께 읽기의 원칙과 필요성을 안내하고 나면, 학급별로 한 학기 동안 읽을 소설을 선정한다. 이때 이미 많은 해석이 이루어진 작품보다는 최근 출간된 작품을 선택하는 것이 좋다. 학생들이 대부분 읽지 않은 책은 독창적인 해석과 활발한 토론이 이루어질 가능성이 더 크기 때문이다.

나는 보통 소설 여러 권을 준비해 실물을 보여주고 각 소설의 제목과 표지를 중심으로 소설의 첫인상과 분위기를 짐작하게 해본다. 그러고 나서 첫 페이지 또는 무작위로 펼친 한 페이지를 읽어보고 전개를 예측해 보게 한 뒤 흥미 있는 도서를 선택할 수 있게 한다. 또 작가의 말을 확인하고, 인터넷 서점에서 평점이나 독자 후기를 통해 작가와 책에 대한 정보를 파악하도록 한다.

그런 후 학생들의 협의를 거쳐 학급별 소설 한 권을 선정한다. 학급끼리 도서가 겹치지 않게 선정하고 개인별로 한 권씩 준비하게 한다. 담임 선생님도 같은 책을 읽도록 권하고 학생과 대화 시 공통 화제가 형성되도록 분위기를 마련하는 것도 효과적이다. 실제로 담임 선생님이 학급별 도서를 함께 읽은 결과, 국어 수업에도 초대하여 함께 토론하며 학급 전체의 독서 문화를 조성하기 수월했다.

학급별 도서 선정 대화

기호: 멜라닌 색소 때문에 사람들 피부 색이 다 다르잖아. 근데 여기 보니까 "차별과 멸시 속에서 마주한 세계의 비참"이라는 문구가 있네. 이 소설은 인종차별이나 편견에 대한 이야기인 것 같아.

리호: 그리고 뒷면에 "내 피부는 파랗고 엄마는 베트남 사람이다."라

고 써 있어. 주인공이 피부색 때문에 차별을 당하는 이야기 아닐까?

시호: "어느 쪽이 더 문제인지는 모르겠다."라는 문장도 보여. 주인공이 피부색 때문에 차별을 받는 것도 힘든데, 엄마의 출신 국가 때문에 또 다른 차별을 겪고 있는 것 같아.

지호: 광고 문구에서 "그럼에도 불구하고 소년은 자란다."라고 했잖아. 이걸 보면 주인공이 그 어려움을 이겨내고 성장하는 과정이 담긴 이야기일 것 같아.

민우: 표지에 있는 것이 사람 같기도 하고 석상 같기도 해서 약간 이상하다는 생각이 들고 표정이 약간 섬뜩해서 무슨 내용일지 궁금해.

준우: 책 뒤에 써 있는 말이 일리가 있어서 책 내용이 더 궁금하고, 이 책의 표지와 제목이 이 책과 무슨 관련이 있는지 궁금해.

지우: 요즘 화제에 오르고 있는 AI라는 소재를 다루는 책이라서 재밌을 거 같아.

태우: 사피엔스랑 대적하는 느낌의 제목이라 흥미롭고 인간에 대한 철학적인 질문을 다룰 거 같아서 궁금하기도 하지만 머리가 좀 아플 것 같아.

2. 공유와 소통을 위한 환경 설정

이해의 씨줄과 날줄, 직소 모둠

소설 함께 읽기 수업에서 협력적인 학습 환경을 조성하는 것은 매우 중요하다. 직소(jigsaw) 모둠 활동은 이 과정을 효과적으로 지원하는 방법의 하나다. 이는 모든 학생에게 명확한 역할을 부여해 책임감을 심어주고, 각자의 기여가 전체 학습에 필수적임을 인식하게 한다. 또한 직소모둠은 소설이라는 복잡한 텍스트를 다양한 관점에서 접근하는 기회를 제공한다. 학생들은 주제, 인물, 배경, 서사 구조 등을 나누어 탐구하며서로의 부족한 부분을 보완해 줄 수 있다. 이는 각자의 이해를 씨줄과날줄처럼 엮어가며 이야기의 입체적인 조망을 가능하게 한다.

학급별로 전체 학생 24명을 4명씩 6개의 모집단으로 하는 '육룡이나르샤' 모둠을 구성한다. 소설 읽기가 끝날 때까지 주어진 역할을 맡겨 무임승차나 1인분 논쟁 논란이 일어나지 않도록 방지할 수 있다.

모둠 구성 '육룡이 나르샤'

먼저 여섯 명의 모둠장 지원자를 교실 앞으로 불러내어 선정 도서의 단어 하나를 골라 '1분 말하기'를 시킨다. 이 과정은 지원자들이 자기 아이디어를 순발력 있게 표현하며 리더로서의 역량을 보여줄 기회가 된다.

다음으로 책상을 교실 뒤로 밀어 넓은 공간을 만든다. 공간이 확보되면 지원자들은 다른 친구들을 볼 수 없도록 칠판을 보고 서게 안내한다.

이어서 모둠장 역할에 대해 지원자들에게 다음과 같이 설명하며 리더로서의 자부심을 느낄 수 있도록 하고, 친구들에게 선택받는 과정을 이해시키고 동의를 구한다.

> 교사: 여러분은 훌륭한 말하기 능력을 보여주고 리더의 역할을 수락했습니다. 이제부터 여러분을 신뢰하는 모둠원들이 여러분을 직접 선택할 거고, 그러면 운명의 한 팀이 될 거예요.

이후 학생들에게 각 모둠장 뒤로 줄을 서도록 안내하고 모둠원들에게 자율성을 바탕으로 한 협력 의식을 심어준다.

> 교사: 한 모둠장 뒤에는 최대 3명까지만 설 수 있습니다. 자신과 소통이 잘될 것 같고 함께 협력할 수 있는 리더를 선택하세요. 줄을 서는 순서에 따라 배경 분석, 스토리 탐구, 인물 분석의 역할이 배정될 예정이니, 자신이 맡고 싶은 역할을 미리 생각하고 줄을 서세요.

각 모둠장 뒤로 3명씩 줄을 서며 자연스럽게 모둠이 구성된다. 줄을 설 수 있는 인원이 제한되기 때문에 특정 모둠장에게 인원이 몰리는 것을 방지하고, 이동 시간을 10초로 제한해 활동에 긴장감과 흥미를 더한다. 이렇게 하면 치열하고 활기찬 분위기 속에서 모둠이 순식간에 구성된다. (물론 역할은 구성된 모둠 내에서 조정이 가능하다.)

마지막으로 모둠장들은 뒤돌아서 모둠원들을 확인한 뒤 하이파이

브를 나누며 모둠의 결속을 다진다.

전문가 역할 분담

모둠 구성이 완료되면 소설 감상을 위한 명확한 역할을 배정하고, 네
가지 핵심 질문을 중심으로 한 전문가 역할 안내지를 학생들에게 배부
한다. 소설을 읽는 동안 모둠원은 인물, 사건, 배경, 메시지의 네 가지
요소 중 하나를 전문적으로 탐구하며 자신의 역할을 충실히 수행해야
한다. 모둠장은 모둠원들이 각자의 역할을 통해 소설의 이해와 토론에
적극적으로 기여하도록 조율하고 활발한 의사소통을 독려하는 책임을
맡는다.

[학습 자료 1]

전문가 역할 안내지

인물 전문가

Q. 이 소설에 등장하는 인물은 어떤 사람들인가?

  – 인물의 행동, 말투, 대화 방식을 통해 성격을 파악하고, 변화 과정을 추적하기

  – 주인공, 빌런, 조력자 등의 역할 정의 및 인물 간의 관계와 갈등 분석하기

  – 자신 또는 주변 사람과 닮은 인물, 공감 가는 인물, 또는 이해하기 어려운 인물 분
    석하기

배경 전문가

Q. 이 소설의 배경은 무엇이며, 이야기 전개에 어떤 역할을 하는가?

  – 소설의 시간(시대), 공간, 사회적 배경 알아보기

  – 소설의 배경과 유사한 현대적 사회 이슈나 역사적 사건을 찾아 비교하기

  – 관련 기사나 자료 찾아 이야기 나누기

사건 전문가

Q. 이 소설의 주요 사건들은 어떻게 전개되는가?

 - 사건의 실마리, 복선, 절정, 반전, 결말 등을 분석하고, 사건의 흐름이 이야기 전개에 어떤 영향을 미치는지 탐구하기
 - 이야기 흐름을 시각적으로 파악할 수 있는 구조도 그리기
 - 소설의 주요 사건을 여덟 문장으로 간결하게 요약하여 전체 이야기를 한눈에 보여주기

메시지 전문가

Q. 이 소설에 담긴 작가의 메시지와 문제의식은 무엇이며, 작가의 세계관은 어떤 방식으로 드러나는가?

 - 소설에서 반복적으로 등장하는 소재나 상징, 독특한 표현, 서술 기법 분석하기
 - 작품이 전달하는 사회적, 철학적 의미, 현대사회에 던지는 메시지 해석하기
 - 작가가 염두에 둔 독자 파악하기

함께하기 위한 약속

1. 나는 맡은 역할에 집중하여 내용을 철저히 이해하고, 친구들이 쉽게 이해할 수 있도록 돕겠습니다.
2. 나는 모둠 내 자율 토론에 적극 참여하여 내 생각을 공유하고, 다른 친구들의 의견을 수용하여 토론을 더욱 풍성하게 만들겠습니다.
3. 나는 '이야기 본부'에 내가 맡은 부분을 중심으로 토론 내용을 간결하게 정리하여, 모두가 쉽게 이해할 수 있도록 돕겠습니다.

이야기 본부와 책 수다

한 학기에 걸쳐 학급 전체가 소설을 깊이 있게 분석하며 함께 읽기에 성공하려면, 학생들이 지속적으로 소설을 탐구하고 토론할 수 있는 장

치들이 곳곳에 마련되어 있어야 한다. 수업 시간에 책을 읽을 시간을 주지만, 개인의 역량에 따라 시간 내에 다 못 읽거나 복잡한 인물이나 사건을 이해하지 못해 흥미를 잃어버리는 경우가 많기 때문이다. 이러한 상황을 보완하기 위해 각 학급 복도 외벽에 소설의 이해를 돕기 위해 정보를 정리하고 게시할 수 있는 공간인 '이야기 본부'를 마련한다. 이 공간은 마치 탐정이 수사에 필요한 단서를 수집하고 정리하듯이, 소설에 대한 자료를 모아놓고 서로의 생각을 공유하며 이야기를 발전시켜 나가는 환경으로 활용한다.

'이야기 본부' 정리 – 학급별 각 모둠에서 돌아가며 6회씩 정리

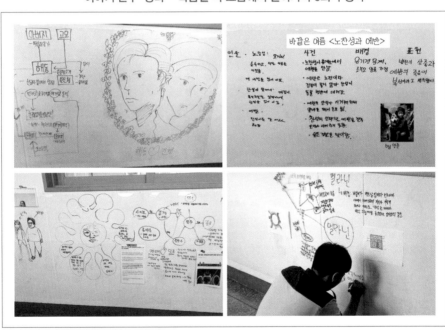

'이야기 본부'는 수업 시간 외에도 학생들이 자유롭게 소통하고 의

견을 나눌 수 있는 열린 장으로, 이 공간은 일종의 집단 감상 위키피디아 장치가 된다. 또한 이를 통해 학생들은 소설에 대한 깊이 있는 분석을 이어가며 읽기 활동에 대한 지속적인 동기를 부여받고 다음 읽기로 자연스럽게 연계할 수 있다. 다른 반 학생들도 지나다니며 서로 자극을 받을 수 있어 학생들 간의 학습과 상호작용을 더욱 활성화하는 공간이 된다.

학생들이 자유롭게 소통하는 분위기를 상시적으로 조성하는 것도 중요하다. 이를 위해 쉬는 시간이나 점심시간에 학교 공간 어디에서든 읽은 분량에 대해 학생들끼리 질문하고 대화하는 '책 수다' 미션을 주고 그것을 과정평가에 포함했다. 모둠별로 10분 정도 모여 대화를 나눈 뒤, 그 내용을 녹음하여 클로바노트(녹음 내용을 텍스트로 변환하는 프로그램) 링크로 제출하도록 하면 학생들 사이에 어떤 대화가 오고 갔는지 확인하기 쉽다.

이때 대화에 참여하기 어려워하는 학생들을 배려하고 대화 주제가 지나치게 산만하게 흩어지는 것을 방지하기 위해 '소쓸신잡(소설로 나누는 쓸모 있고 신선한 잡담) 코드'를 배부해 주었다. 책에 대한 수다를 어떻게 시작해야 할지 막막해하는 학생들이 많기 때문이다. 학생들에게 익숙한 용어로 된 코드로 된 질문을 제공하여 자신이 뽑은 질문에 답하도록 하고 그 답을 토대로 대화가 이어지도록 했다.

학급 전체 토론이나 활동에서는 모든 학생의 개인적인 이야기를 세세히 다루기 어려운 만큼, 쉬는 시간이나 점심시간에 모둠별로 자율적인 대화를 두 차례 이상 실시하도록 의무화했다.

소쓸신잡 코드

동기화	새로고침	불러오기	저장하기	다른 이름으로 저장하기

① 동기화

– 주인공이 겪은 고통이나 기쁨 중에서 가장 공감된 장면은 무엇인가요? 왜 그렇게 느꼈나요?

– 등장인물이 직면한 어려움이나 갈등 중에서 가장 마음이 쓰였던 부분은 어디인가요?

② 새로고침

– 소설을 읽으며 특정 인물이나 사건을 통해 '내가 이런 점을 몰랐구나.' 하고 깨달은 부분이 있다면 무엇인가요?

– 등장인물 중에서 자신의 편견이나 선입견을 깨뜨린 인물은 누구인가요?

③ 불러오기

– 이 소설을 읽으며 떠오른 자신의 경험이나 기억은 무엇인가요?

– 이 이야기가 현실에서 본 어떤 사건이나 다른 작품과 연결된다면, 그것은 무엇인가요?

④ 저장하기

– 소설 속에서 가장 인상 깊었던 문장이나 장면은 무엇인가요? 그 이유는 무엇인가요?

– 책을 읽으면서 밑줄을 긋거나 메모해 둔 내용이 있다면 그것에 대해 이야기해 보세요.

⑤ 다른 이름으로 저장하기

– 주인공의 선택 중 자신은 절대 하지 않을 것 같은 행동은 무엇인가요?

– 주인공의 삶이 현재가 아닌 다른 시대나 배경에서 펼쳐진다면 그 이야기는 어떻게 달라질 것 같나요?

학생들은 이렇게 책으로 수다를 떨었다.

기호: 오늘 읽은 부분에 대해 이야기를 나눠보자! 각자 소쓸신잡 코드를
　　　뽑아서 말해도 좋고 기억나는 대로 편안하게 이야기해도 좋아.

리호: 나는 '동기화'로 시작할게. 셀마가 화재로 코마 상태에 있는 부분
　　　이 기억에 남아. 제이가 아무 잘못도 없는데도 죄책감을 느끼는
　　　장면. 내가 아무 잘못도 하지 않았는데, 내가 원인을 제공한 것처
　　　럼 죄책감을 느끼는 순간이 있어서 그 마음을 알 것 같아.

시호: 그 부분 진짜 공감된다. 난 '새로고침'에 대해 말하고 싶어. 재일
　　　이가 자신이 인종차별을 겪으며 성장하는 걸 보면서, 내가 몰랐던
　　　것들이 정말 많았다는 걸 깨달았어. 특히 예전에는 무심코 했던
　　　말들이 사람을 상처 입힐 수 있다는 걸 많이 신경 쓰지 않았거든.
　　　이제는 그런 부분들을 고쳐야겠다고 생각했어.

지호: 나는 내 경험에서 '불러오기'하고 싶어. 재일이가 겪은 고통이 나
　　　의 경험과 비슷했어. 자신이 자주 상처받다 보면 주변 사람들의
　　　호의마저 의심하게 되는 부분. 나는 예전에 그런 마음이었던 적이
　　　있어서 그 장면에서 재일이의 마음을 정말 잘 이해할 수 있었어.
　　　마음이 무겁고 복잡한 느낌이었어.

기호: 나는 290쪽에 나온 "인류는 거대한 스펙트럼 사이에 점처럼 놓인 존재의 집합이었다."라는 구절을 '저장'했어. 인종이란 사실은 우리를 나누는 것이 아니라, 그냥 인간 개개인의 차이를 나타내는 것일 뿐이라는 생각을 했거든.

지호: 시호 얘기처럼 재일이가 다른 사람들의 호의를 받아들이지 못하는 게 너무 마음이 아팠어.

수업의 감초, 21세기 전기수

학급별로 책을 맛깔나게 읽는 학생을 찾아 '전기수' 역할을 맡긴다. 전기수는 매 독서 시간에 감정과 연기를 더해 장면을 생동감 있게 낭독하며 독서 여정을 이끈다. 뛰어난 학생이 없으면 모둠별로 역할을 돌아가며 맡겨도 된다.

첫 독서 시간에는 모든 학생이 책을 덮고 전기수가 첫 페이지를 읽기 시작한다. 이때 전기수는 각 등장인물의 감정과 이야기를 잘 살려 읽어 내려가다 중간에 멈춘다. 그런 다음, 이야기를 듣고 있던 학생들에게 앞으로 어떤 이야기가 펼쳐질지 상상력을 발휘하여 말해보게 한다. 책에 대한 기대감을 고조시킨 후 정해진 분량을 스스로 읽도록 유도하는 것이다.

매주 독서 시작 전, 전기수는 지난 줄거리를 생동감 있게 요약한다. 줄거리 요약은 각자 읽은 내용에 대한 독자의 해석과 상상력을 덧붙여 진행된다. 소설은 작가가 독자에게 들려주는 이야기지만, 그 이야기는 각 독자의 상상력에 따라 다르게 재구성될 수 있으므로 전기수의 스토리텔링으로 앞의 이야기를 떠올린 후 다음 장면을 읽어나가도록 한다. 인물이나 사건이 복잡한 경우 '이야기 본부'에 정리된 자료를 띄워놓고 말하게 하는 것도 좋은 방법이다.

지난 줄거리 요약 중인 전기수

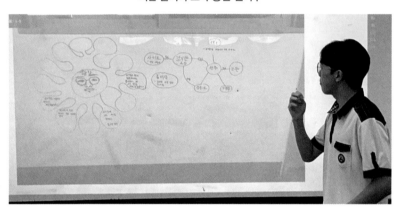

3. 생각의 지문(指紋), 질문

독자의 자격, 호모 궁금쓰

1, 2차시를 할애하여 함께 읽기의 원칙과 도서 선정, 모둠 편성을 포함한 상시 활동 과제를 안내한 후, 3차시부터는 매 차시 정해진 분량을 읽는 활동을 본격적으로 시작한다. 이 과정의 핵심은 각자가 스스로 질문을 만들어내는 것이다. '나는 질문한다, 고로 나는 존재한다.'라는 메시지를 반복적으로 제시하며 질문의 중요성을 되새기게 하고, 소설 속 이야기에 호기심을 가지고 끊임없이 질문을 던지도록 안내한다.

소설 읽기에서 독자가 단순히 듣기만 하는 수동적인 자세에서 벗어나 서술자와 인터뷰하듯 질문을 던지고 주도적으로 상상력을 개입시키면 독자는 서술자와 함께 이야기를 완성하는 공동 작업자가 될 수 있다. 작가가 제시한 서술 방향에 질문이라는 도구를 통해 자신만의 관점을 보태는 것은 독서의 깊이를 더하고 생각의 폭을 넓히는 핵심적인 과정이다.

학생들에게는 인기 예능 프로그램의 진행자처럼 책을 읽도록 권장한다. 어떤 출연자가 나와도 재치 있게 질문하고 반응하며 호응하는 진행자의 모습을 예로 들어, 소설 속 서술자를 학생들이 초대한 특별한 출연자라고 생각하고 읽도록 강조하는 것이다. 마치 진행자가 출연자의 속마음을 읽어내듯 서술자에게 좋은 질문을 던지며 읽도록 한다. 이렇게 읽어나가다 보면 이야기에 몰입하게 되고, 때로는 이야기의 주도

권을 잡으며 자신만의 방식으로 이야기를 완성하는 재미를 느끼게 된다. 이러한 과정에서 자신만의 독특한 해석과 깊이를 발견하며 독자의 자격을 갖추는 것이다.

질문 광장 댓글 – 질문 노출과 탐색

3차시부터 학생들은 매시간 독서 후 인상적인 장면이나 구절, 감상을 적고 질문 3개를 구글 클래스룸에 댓글로 달아야 한다. 수업 시간에 손을 들어 질문하라고 하면 쭈뼛거리고 말을 꺼내지 못하는 경우가 많지만, 인터넷 환경에 익숙한 학생들은 댓글을 통해 기발하거나 성숙한 질문을 내놓기도 한다. 여기서 중요한 것은 서로의 질문을 탐색하며 자신만의 질문을 발전시킬 기회를 얻도록 질문을 노출하는 것이다. 구글 클래스룸 댓글은 일종의 광장이 된다. 질문을 서로 공개하는 것만으로도 자극이 되며, 당장 답이 떠오르지 않더라도 다른 사람의 질문을 보며 자신의 질문을 더욱 정교하게 다듬을 수 있다.

다만 질문의 중요성을 강조하다 보면 자칫 '코끼리를 냉장고에 넣는 3단계'와 같은 단순 논리에 빠질 수 있다. '냉장고를 연다 – 코끼리를 넣는다 – 냉장고를 닫는다'는 식으로 '책을 읽는다 – 질문을 만든다 – 질문을 제출한다'와 같이 질문하기를 강요하는 압박이 되지 않도록 해야 한다. 학생들이 자연스럽게 질문할 수 있는 분위기를 조성해 서로의 질문이 전염되듯 자연스럽게 이어지게 하는 것이 중요하다.

이를 위해 '질문 점화자'의 기여도를 인정해 주어 풍성한 질문이

쏟아지도록 하는 것이 좋다. 질문의 물꼬를 터주는 질문자, 시야를 넓혀주는 질문자, 사회적 이슈로 문제를 확장하는 질문자를 '질문 점화자'로 가치를 인정해 주고 질문에 불이 붙을 수 있는 환경을 조성한다. 다만 소설 본문에서 바로 답을 확인할 수 있는 내용을 묻는 것은 '퀴즈'로 따로 분류한다.

[학습 자료 3]

호모 궁금쓰의 '한 학급 한 소설 읽기' 질문 광장

(구글 클래스룸 탑재)

* 187~221쪽을 읽고 댓글을 남기세요.
  – 인상적인 장면이나 구절(이유 함께 작성)
  – 질문 세 가지

  댓글 작성 기한: 오늘 밤 12시까지
  숙제: 다른 에피소드 미리 읽지 않기. 스포 절대 금지(스포일러 감점)

* 질문 점화자(가산점 부여)
  • 첫 번째 질문을 남기는 사람
  • 소설 내용과 사회를 연결해 의미 있는 생각거리를 질문으로 남기는 사람
  • 꼬리에 꼬리를 무는 질문을 남기는 사람

* 등장인물이나 작가에게 하고 싶은 질문 가능, 상상력을 동원한 질문 적극 환영
* 주의: 책의 줄거리나 단순 정보로 문제를 만드는 것은 퀴즈이므로 질문에 해당되지
  않음. 자신의 질문을 다 올리고 시간이 남는 경우 퀴즈란에 퀴즈 제출 가능
* 책 검사: 반드시 밑줄, 질문, 생각의 흔적 남겨두기

질문 은행 – 핵심 질문 저장소

매시간 독서가 끝나면 '질문 광장'에는 학급별로 72개의 질문이 올라온다. 놀랍게도 질문은 '생각의 지문(指紋)'과 같아서 똑같은 질문이 하나도 없다. 이 질문을 탐색해 보는 것만으로도 큰 의미가 있다. 매주 독서후 모둠별로 돌아가며 그 주에 올라온 질문을 살펴본 뒤 비슷한 것끼리 분류하고 연결하며 새로운 것을 보태 핵심 질문 6개를 만든다. 이것을 '이야기 본부' 옆에 게시하여 '질문 은행'으로 활용한다.

댓글로 올린 3가지 개인별 질문 예시

1. 뉴스에 '죽음'이 많이 보이는 건 우리가 너무 자극적인 것에 익숙해져 버려 그런 게 아닐까?
2. 민주는 준모를 케이시와 같은 존재로 삼고 싶었던 것이 아닐까?
3. AI가 인간을 이기지 못하는 분야는 뭘까?

1. 남편은 자기를 긁은 고양이한테 화가 난 걸까, 아니면 말을 듣지 않고 수동운전을 한 아내에게 화가 난 걸까?
2. 왜 민주는 사람이 죽지 않은 사고는 가치가 없다고 생각했을까? 그리고 현실에서도 사람들은 죽음과 같은 자극적인 소재를 과연 좋아할까?
3. 케이시는 왜 자신이 사라지면 자신의 죽음이 그녀에게 평화를 준다고 생각했을까?

1. 민주의 감정을 어쩌면 지금 준모가 똑같이 느끼고 있으며 그로 인하여 격분하고 이해 안 되는 행동을 하는 주기가 점점 짧아지는 것은 아닐까?

2. AI가 과연 인류의 미래를 좌지우지할 수 있을 정도로 발달한다면 그 AI를 우리는 컨트롤할 수 없을까?

3. 케이시는 자신이 사라지면 민주가 느끼는 불안한 감정들이 사라진다 했는데, 그렇다면 케이시는 민주가 그러한 감정을 느끼는 것을 알면서 자신이 민주를 다독여주고 불안감을 조금이라도 덜어줄 생각은 왜 하지 못한 것일까?

1. 차량 사고 이후 그 차의 남은 부분을 강조하여 설명한 이유는 무엇일까?

2. 케이시가 활용한 방법을 사용하여 불멸을 이루게 되더라도 자기 자신을 잃고 자기와 생각과 감정을 똑같이 하는 로봇이 하나가 생기는 것이 아닌가?

3. 육체가 이 삶의 끝이 아니라면 사람들이 더 이상 무언가를 하려고 할 것인가?

1. 육체 없이 의식만으로 존재하는 그 자체로 의미가 있는 사람도 있지 않을까?

2. 불멸을 꿈꾼다는 말을 듣고 불멸의 꿈을 이룬다고 했는데, 결국 모든 사람이 불멸을 이루었을까?

3. 바이오 모니터링까지 해킹한 그는 과연 어디까지 해킹했을까?

매주 지정된 모둠은 '질문 광장'에 올라온 다양한 질문들을 살펴본 후, 비슷한 주제의 질문이나 가장 많이 언급된 질문들을 연결하여 하나의 큰 질문으로 통합한다. 그리고 관련 자료를 검색하여 문제의식을 도출하고 핵심 질문을 만듦으로써 토론과 논의의 방향을 선도하는 임무를 맡는다. 이렇게 만들어진 핵심 질문은 일종의 '질문 은행'으로 활용할 수 있으며, 이를 모둠 토론이나 전체 토론, 논술 활동에 적용하여 학생들의 사고력을 더욱 확장하고 협력적인 학습 환경을 조성할 수 있다. 다음과 같이 키워드를 제시한 후 질문으로 만들어 제출하도록 한다.

'질문 은행'에 게시할 핵심 질문 예시

[1차시]

1. **연구의 목적**: 김기찬은 암에 걸렸는데도 불구하고 왜 AI 연구를 계속하려 한 것일까?

2. **AI의 의외성**: AI가 인간의 어리석음을 흉내 내지 못하는 이유는 무엇 때문일까?

3. **대중의 속성**: 대중은 어떤 정체가 공개되지 않은 사람이 있을 때 왜 부정적인 기사를 만들까?

4. **삶과 죽음의 의미**: 삶이 존재와 동의어가 될 수 없고, 죽음과 소멸이 동의어가 될 수 없다는 것은 어떤 의미일까?

5. **생명의 연장**: 자기 가족이 시한부일 때 과연 우리는 치료를 멈출 수 있을까? 설득하지 못한 자신을 후회하지 않을까?

6. **죽음 이후의 존재**: 만약 사람이 죽은 후에도 정신이 계속해서 활동한

다면, 그 존재를 어떻게 정의해야 할까?

[3차시]

1. **AI와 인간의 대결 및 기술의 진화**: AI가 인류의 미래를 좌지우지할 수 있을 정도로 발달한다면, 우리는 AI를 통제할 수 있을까?

2. **죽음과 인간의 반응**: 왜 현대사회에서는 죽음이 시시한 가십거리로 취급되며, 사람들은 여전히 죽음과 같은 자극적인 소재에 끌릴까?

3. **사고와 음모**: 민주의 차 사고는 준모가 계획한 것일까, 그리고 준모가 민주를 미행한 이유는 무엇일까?

4. **케이시와 존재의 문제**: 케이시가 자기 죽음이 아내에게 평화를 줄 것이라고 생각한 이유는 무엇인가?

5. **인간관계의 변화**: 준모의 성격 변화와 폭력성 심화는 무엇 때문일까?

6. **생체 실험과 도덕적 딜레마**: 시한부 판정을 받은 사람을 생체 실험에 이용하는 것이 과연 옳은 일일까?

ч. 생각의 교차로, 토론

3~8차시에 매주 일정한 분량을 읽고 질문을 만들어 제출하며, 틈틈이 모둠별 책 수다를 진행하는 동안 학생들 사이에서 다양한 의견이 오가고 몇몇 쟁점이 발생한다. 우선 학생들이 단 질문 댓글에는 등장인물에 대한 옹호나 비판으로 의견이 갈라지거나, 사회 현상과 관련한 가치관 충돌이나 도덕적 판단에 대한 논의가 펼쳐지기도 한다.

사전적 정의에 따르면, 토론은 '어떤 문제에 대하여 여러 사람이 각각 의견을 말하며 논의함'을 뜻한다. 사람들 사이에는 언제나 다양한 의견과 대립이 존재하지만, 그러한 차이가 오히려 의견의 질을 높이고 깊이 있는 사고를 가능하게 한다. 다만 독서토론은 날카로운 대립 구조에만 초점을 맞추는 일반적인 디베이트가 아니라, 독서의 즐거움을 방해하지 않으면서도 참여자들이 한층 깊이 있는 논의를 할 수 있는 유연한 형태여야 한다.

직소 모둠 토론

9차시에는 모둠별 전문가들이 모여 심층적으로 토론을 진행한다. 2차시에 조직한 모둠에서와 마찬가지로 각 모둠에서 자신이 맡은 역할이 같은 사람들끼리 모여 심층 토론을 벌인다. 전문가 집단은 인물, 사건, 배경, 메시지의 네 가지 영역으로 나누어 각 영역에 대한 깊이 있는 분석을 수행한다.

[인물 전문가 집단] – 등장인물 요약

Q1. 이 소설에 등장하는 인물은 어떤 사람들인가?

– 김기찬이 "99%의 완성도는 1%의 결함 때문에 0이 되는 거야. 완벽하지 않은 건 아무것도 아니지."라고 말하는 대목이 있는데, 자신의 기술에 대한 장인 정신인 것 같으면서도 동시에 아랫사람들을 힘들게 하는 것 같아. 자신 같은 천재의 기준으로 세상을 보는 것 같다는 생각이 들어.

– 김기찬이 게임설계자에서 유명 IT 천재로 거듭나는 과정이 인상 깊어. 자신이 하고 싶은 일을 줏대 있게 하다 보면 저렇게 성공할 수 있다는 것을 보여주는 것 같아. 민주는 "케이시의 방을 치우면 그의 흔적도 지워질 거라고. 눈에서 멀어지면 마음에서도 멀어질 거라고. 그러나 그건 나의 순진한 착각이었다."라고 말하는데, 민주가 죽은 자신의 남편을 계속 떠올리고 그리워하면서 괴로워하는 모습에서 남편을 아주 사랑했다는 것을 알 수 있어.

– 케이시가 죽은 지 6년이 지난 후에도 일상적이었지만 일상적이지 않게 된 장소에서 그와의 추억을 떠올리는 민주가 불쌍해 보여. 홍미란은 남편이 죽은 아내 앞에서 너무나 냉정하게 조사를 하는 거 같았어. 자신의 남편이 죽은 것도 억울한데 그 앞에 남편을 죽인 것마냥 차갑게 대하는 모습이 너무 딱딱한 공무원 클리셰를 보여주는 것 같았어.

[사건 전문가 집단] – 8개의 사건 조각 모음

Q2. 이 소설의 주요 사건들은 어떻게 전개되는가?

– 각 인물의 시점에서 사건을 바라보는 것이 인상적이야. 처음엔 흐름을 파악하는 것이 어려웠는데, 하나의 서술자가 아니라 여러 입장을 비교해서 스토리를 끼워 맞추니 입체적인 이해가 가능해졌어.

– 신이 자신을 닮은 모습으로 인간을 창조한 것처럼 인간도 스스로를 닮은 인공지능을 창조했어. 그런데 인간보다 AI는 빠른 속도로 '악'을 학습하고 있어. 인간이 따라갈 수 없을 정도로 '악'이 확장되는 재앙이 충격적이야.

[배경 전문가 집단] – 시대, 공간, 사회적 배경 정리

Q3. 이 소설의 배경은 무엇이며, 이야기 전개에 어떤 역할을 하는가?

– 선박 운행에 GPS와 AI 기반의 자율항해 시스템이 도입되면서 운항 자격증은 휴지 조각이 되었고 기술도 쓸모없어졌어. 한 분야에서 일하던 사람들이 인공지능으로 직업을 잃게 되면 어떻게 해야 할지 걱정돼. 인간이 편함을 추구해 만든 기술들이 역으로 인간을 압박하고 몰락으로 가는 길을 만든 게 아닌가 하는 생각이 들었어. 이 책은 가까운 미래를 배경으로 한 책이야. 미래에 우리가 이 책의 세계처럼 스스로를 속박하고 자유를 잃으며 인간다움을 상실할까 무서웠어.

– 조사 질문을 AI가 만드는 장면이 인상 깊었어. 고도로 발달된 AI가 세상에서 활개를 치고 다니는 장면을 보니 뭔가 무섭기도 하고, 오류가 나면 어쩌나 하는 생각도 들었는데 곧 다가올 미래 같아서 오싹해.

[메시지 전문가 집단] – 문제의식을 질문으로 정리

Q4. 이 소설에 담긴 작가의 메시지는 무엇이며, 작가의 개성은 어떻게 드러나는가?

– "계획, 추측, 상상, 후회, 사랑, 증오, 불안, 체념, 포기, 자만심, 우월감, 명예욕, 살의, 질투…… 그것을 무엇이라고 부르든 정신 활동은 수없이 깜빡이는 전기신호의 결과물일 뿐. 감정들은 그저 수없이 깜빡이는 전기신호의 결과물일 뿐인데 왜 사람들은 감정에 사로잡혀 잘못된 선택을 하는지 의문이 든다." 이 부분에서 작가가 주인공을 통해 인간은 어떤 존재인지 설명하려고 한 것 같아.

– 지독한 독선과 집착, 최고의 AI를 위한 욕망을 보여주면서 인간의 최후를 예언한 것 같기도 해.

– 이 소설에는 적막한 분위기가 녹아 있어. 때때로 풍경이나 상황 묘사를 통해 다른 감정을 환기하기도 하지만, 주로 부정적인 느낌을 불러일으키는 것 같아. 인공지능의 발달이 우리의 미래를 어둡게 만들 거란 경고를 하고 싶었던 것 같아.

전문가 집단에서 나온 발언 내용은 포스트잇이나 패들렛에 남겨 이후 활동에 활용하는 것이 좋다.

전문가 집단 핵심 내용 요약

[인물 전문가 집단] – 등장인물 요약	[사건 전문가 집단] 8개의 사건 조각 모음
	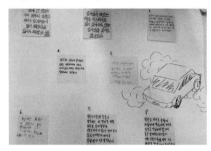
[배경 전문가 집단] 시대, 공간, 사회적 배경 정리	[메시지 전문가 집단] 문제의식을 질문으로 정리

각 전문가 집단은 역할별로 분석과 토론을 거친 후 원래의 모둠으로 돌아가 자기 영역에 대해 발표한다. 이 과정에서 학생들은 다양한 시각을 교환하고 질문과 대답을 통해 작품의 입체적 이해에 도달할 수 있다.

모집단   전문가 집단 토론   모집단 종합 토론

역할극 토론 – 등장인물과 작가에게 말 걸기

개인적인 읽기와 질문을 통해 생각을 숙성하고 분야별 전문가 토론을 통해 심화된 이해에 이르고 나면, 10차시에는 학생들이 소설 속 등장 인물을 맡아 각자의 역할로 질문하고 답변하는 방식의 토론 활동을 진행한다. 이 활동은 소설에 대한 이해를 더욱 심화하고 학생들이 인물의 내면을 탐구하는 데 도움을 준다. 학생들은 소설 속 주요 인물의 성격, 말투, 사고방식을 분석하고 그 인물의 관점에서 다른 인물들과 소통한다. 각 인물의 대사나 성격을 충실히 반영하되, 서술되지 않은 부분에 대해서는 상상력을 발휘해 각자의 해석을 더할 수 있다.

9차시 전문가 모둠 토론에서 정리한 인물의 특징과 분석을 중심으로 학생들에게 자신이 맡고 싶은 등장인물을 선택하게 하고 독자 3인과 작가 역할을 정한다. 작가는 등장인물 간의 상호작용이나 사건 전개의 전반적인 안내와 해설을 맡는다. 사회자는 발언권을 조율하고 토론의 흐름을 조절하여 학생들이 원활하게 의견을 교환할 수 있도록 돕는다. 또한 각 역할에 충실하게 반응할 수 있도록 유도하고, 중요한 쟁점을 놓치지 않도록 토론을 이끌어가야 한다.

특별한 무대 장치 없이 책상을 돌려 동그랗게 앉아 서로 대면할 수 있는 환경을 마련한다. 맡은 역할을 표시하기 위해 종이를 접어 명패로 사용하면 된다. 필요한 경우, 청문회처럼 등장인물을 가운데로 불러내어 특정 장면이나 사건에 대해 집중적으로 질문하고 답변할 수 있게 한다. 이 형식은 토론에 몰입감을 더하며, 학생들이 각 역할에 대한 책임감을 느끼고 더 깊이 있는 탐구를 할 수 있도록 돕는다. 가끔 등장인물이 지나치게 흥분하거나 몰입하여 재미를 더하기도 한다.

토론은 '질문 광장'과 '질문 은행'을 적극 활용한 등장인물 간의 대화로 시작되도록 하되, 첫 질문은 사회자가 선택한 질문으로 시작한다. 등장인물 간 질문과 답변이 무르익으면 독자 역할을 맡은 학생들은 등장인물에게 그들의 행동이나 감정에 대해 궁금한 점을 질문하거나, 이야기 속에서 놓친 부분에 대한 의견을 제시한다. 또한 특정 장면이나 문장에 대해 작가 역할을 맡은 학생에게 질문을 던져 작가가 의도한 메시지나 의미에 관해 이야기 나누는 것도 가능하다.

이 과정에서 등장인물을 맡은 학생들은 주어진 질문에 어떻게 반응할지를 고민하면서 다양한 시각에서 토론을 전개한다. 이렇게 역할극 토론을 통해 학생들은 등장인물의 성격과 동기를 더 명확하게 이해하고, 소설의 주요 갈등과 메시지에 대해 깊이 있는 논의를 나누게 된다. 이 과정에서 학생들은 자신이 이전에 던졌던 질문들을 되돌아보며 그것들이 소설의 핵심적인 이해로 어떻게 연결되는지를 발견할 수 있다.

역할극 토론 장면

사회자: 민주가 케이시에게 궁금해할 문제를 물어볼게요. 민주는 당신이 왜 췌장암 치료를 안 받겠다고 했는지 궁금해할 것 같군요. 케이시, 답해주세요.

케이시: 내가 불투명한 암 치료에 매달리는 것보다 평생 연구해 온 AI 연구를 마무리하게 되면 사랑하는 사람 곁에 영원히 남을 거라고 생각했어요. 그녀를 사랑하니까.

독자: 민주 씨에게 질문이 있는데, 두 사람 나이 차이가 엄청 나는데, 진짜 사랑인가요? 돈 때문에 사랑한 거 아닌가요? 그리고 너무 빨리 준모랑 재혼한 거 아닌가요?

민주: 저는 두 사람 다 제 운명이라고 느꼈어요. 오히려 두 사람이 가상 현실과 현실에서 이렇게 엮이게 된 사실에 충격받았어요. 솔직히 둘 다에게 배신감 느낍니다.

준모: 작가님, 제가 저지른 범죄를 상당히 자세히 묘사하셨는데, 이런 내용은 도대체 어떻게 쓰신 거죠?

작가: 기사를 참고했습니다. 그리고 영화 내용도 참고한 부분이 있고 나머지는 상상력으로 채웠습니다.

독자: 홍미란 씨, 범죄자 심문할 때 AI가 다 써주고 심리 분석까지 다 하면 본인의 역할은 뭐죠?

홍미란: 예전엔 수사 내용을 하나하나 준비하고 정리하는 것이 큰 일거리였는데, 지금은 AI가 그 짐을 덜어줘서 편합니다. 하지만 인간에 대해 판단을 내리는 것은 여전히 인간의 일입니다.

앨런: 소설에서처럼 AI가 이렇게 빠른 속도로 악을 학습하게 되면 여러 분의 미래는 어떻게 될까요? 여러분은 나를 싫어하나요? 내가 무 섭나요? 여기 있는 사람들의 답을 듣고 싶군요.

사회자: 각자 맡은 역할에 대해 아주 흥미로운 질문과 답변이 오갔습니 다. 각자가 맡은 역할을 통해 이 소설이 던지는 중요한 질문들을 잘 살펴본 것 같습니다. 이제 이 이야기 속의 중요한 쟁점들을 함 께 탐구해 볼까요? 앨런의 질문에 대해 생각해 보죠. 여러분이 질 문 광장에 올린 것 중 가장 많았던 것이 AI가 학습을 통해 악을 더 욱 빠르게 확산시킬 수 있다는 주장이었죠. AI가 우리 사회에 미 칠 영향에 대해 어떤 우려가 있는지, 그리고 이 문제에 대해 우리 가 준비해야 할 점은 무엇일까요?

이제 이 토론을 통해 각자 느낀 점이나 새로운 관점에 대해 자유 롭게 이야기 나눠봅시다.

5. 최종 질문으로 논술하기

나의 최종 질문 찾기

매시간 학생들이 올린 3개의 질문은 읽기 과정이 끝났을 때 도합 432개의 질문이 된다. 공동의 문제의식이 나타나는 질문이 많이 발견되지만, 모든 질문에는 학생들의 개성이 뚜렷하게 드러난다. 11차시에는 학생들이 지금까지 올린 질문들을 돌아보며 이야기하는 시간을 갖는다. 이를 통해 질문의 다양성을 이해하고 서로의 사고방식을 존중하는 문화를 만들 수 있다.

질문 활용을 극대화하기 위한 추가 활동으로 다양한 질문 놀이를 할 수 있다. 이는 기존의 질문을 단순히 돌아보는 것을 넘어, 놀이 활동에 참여하며 더 창의적으로 사고할 기회를 얻을 수 있다.

첫 번째 놀이는 '질문 바자회'다. 학생들이 각자 작성한 질문 가운데 기억에 남는 질문을 한 가지씩 골라 적어 '질문 바자회'에 제출한다. 그 질문들을 교실 곳곳에 배치해 놓으면 학생들이 돌아다니면서 가장 흥미로운 질문에 스티커를 붙인다. 투표수가 높은 질문을 중심으로 이야기를 나누고, 어떤 점이 그 질문을 매력적으로 만들었는지 분석해 보도록 한다.

두 번째는 '질문 릴레이 알고리즘'이다. 한 모둠에서 한 질문을 골라 종이에 적는다. 이후 다른 모둠으로 이동하며 질문에 대한 답변을 추가한 뒤 질문과 연관된 새로운 질문을 작성한다. 하나의 질문이 다양한 관점에서 어떻게 발전할 수 있는지를 체험하며, 사고의 확장을 경험할 수 있는 질문 알고리즘이 생성된다.

세 번째는 '질문의 주인 찾기'다. 익명으로 제출된 질문을 각 모둠에 배분한 뒤 질문의 원작자를 찾아가는 게임을 진행한다. 학생들은 질문의 스타일과 내용에서 힌트를 얻어 추측한다. 예상치 못한 질문의 주인을 찾았을 때 학생들이 더 재미있어하는 모습을 보였다.

질문 놀이가 끝나고 나면 질문의 카테고리를 공유하는 시간을 갖는다. 학생들에게 '상상도 못 한 질문', '내 시야를 넓혀준 질문', '사건 이해를 돕는 예리한 질문', '내 질문과 유사한 질문', '소설을 가장 압축적으로 나타낸 질문' 등 다양한 카테고리로 나누어 각자의 기억에 남는 질문에 관해 이야기 나누도록 한다. 서로의 질문에서 어떤 새로운 관점이나 통찰을 얻었는지 공유하고, 가장 인상 깊었던 질문을 뽑아 칭찬과 격려의 시간을 가졌다.

- ○○의 질문이 인상적이었어요. '마음의 색과 피부의 색은 어느 것이 진짜일까?'라는 질문을 보자마자 이 질문이 단순히 피부의 색깔을 넘어 우리가 자신을 정의하는 방식과 그 정체성의 본질에 대해 깊은 고민을 하게 만들었어요. 그래서 이 질문은 정말 중요한 물음을 던졌다고 생각했어요.

- ○○의 질문이 인상적이었어요. '파란 피부 때문에 가는 곳마다 차별받는 재일이가 주인공이었는데, 작가는 재일이 주변 사람을 다 죽임으로써 재일이를 왜 더 비참하게 만들었을까?' 이런 질문을 했더라고요.

이제 저도 줄거리에만 집중하며 읽기보다는 등장인물의 감정선과 작가의 의도를 더 깊이 이해해야겠다고 생각하게 됐어요.

- ○○이가 남긴 질문 보면서 많은 생각을 했어요. '남과 다른 것은 약점일까, 고유한 무기일까?' 이런 질문을 했는데, 다름을 어떻게 바라보고 활용할 수 있는지에 대해 깊이 생각하게 됐어요. 차별당하는 처지에서 다름이 고통으로 이어질 수 있지만, 그 다름을 오히려 강점으로 만들려면 어떻게 해야 할까 생각하게 됐어요. 그래서 저는 그동안 생각하지 못한 관점에서 소설을 바라볼 수 있었어요.

이처럼 단순 문답 활동을 넘어 각자가 만든 질문에 대해 왜 그런 질문을 했는지 파악하며 서로의 관점과 생각을 나누는 과정은 학생들에게 깊이 있는 사고의 기회를 제공한다. 이 과정이 끝나면 소설을 읽으며 품었던 여러 궁금증과 통찰을 종합하여 '나만의 질문' 한 가지를 정리해 제출하게 한다.

이는 학생들에게 자신의 최종 질문이 소설의 핵심 문제나 자신과 어떻게 연결되는지를 탐구하며, 소설의 주요 주제나 메시지와 어떤 방식으로 상호작용하는지를 깊이 생각하게 하는 활동이다. 개인적 호기심에서 출발한 질문은 친구들의 다양한 질문과 시각을 접하며 생각을 확장하고 자신의 관점을 분명히 하는 기회가 된다.

최종 질문은 학생이 읽은 소설에서 가장 중요한 문제나 갈등을 탐구하는 질문이어야 한다. 질문을 숙성시키기 위해 여러 번 다듬고 고민하며 자신만의 고유한 시각으로 완성할 수 있도록 강조한다.

호모 궁금쓰 인증서 수여

다듬어진 자신만의 질문을 제출하면 '호모 궁금쓰' 인증을 해주고 인증서를 스티커 용지로 인쇄하여 국어 교과서 앞에 붙이도록 한다.

나는 질문한다. 고로 나는 존재한다.

호모 궁금쓰 인증서

학번   이름

위 사람은 질문을 통해 자기 자신과 세상을 더 깊이 이해하고,
그 지혜를 모두와 공유하였으므로
'호모 궁금쓰'로 인정합니다.

호기심과 통찰의 여정을 응원합니다.

철학자 비트겐슈타인은 "내 언어의 한계는 내 세계의 한계"임을 역설한 바 있다. 우리가 세상을 이해하고 표현하는 방식이 언어에 의해 결정되기 때문이다. 언어는 단순한 의사소통의 도구를 넘어 우리가 경험을 구조화하고 사고를 형성하는 틀로 작용한다.

나아가 '내 질문의 한계는 내 사고의 한계'다. 무엇을 질문할 수 있느냐가 그 사람의 역량이다. 질문은 단순히 답을 구하는 행위를 넘어 우리가 무엇을 중요하게 여기고 어떤 가능성을 탐구하고자 하는지를 보여준다. 자신의 사고와 세계를 끊임없이 확장해 나가는 동력은 질문

임을 깨닫게 하는 것이 중요하다.

나의 최종 질문으로 논술하기

최종 질문으로 논술하는 활동은 학생들이 읽기 과정에서 배운 것들을
종합적으로 반영하는 중요한 단계다.

자신이 만든 하나의 큰 질문은 논술의 주제이자 제목이 된다. 이는
수행평가로 실시하는데, 12차시에서 자신의 질문에 대해 1페이지 분량
으로 논술하게 한다. 질문을 통해 사고의 폭을 확장하고 그 질문이 소
설의 핵심적인 주제와 어떻게 연결되는지를 숙고하는 중요한 학습 활
동으로, 읽기 과정 가운데 정점이라 할 수 있다.

논술 작성 유의 사항

① 작가의 주제의식, 문제의식에 대한 고민이 드러날 것

② 책의 내용과 연결해서 자신의 생각을 풀어낼 것(소설의 장면, 상황, 인
  물의 대사나 행동 등을 인용할 것)

③ 최종 질문을 제목으로 사용할 것

④ 글의 흐름을 일관되게 유지하고 문단 구분할 것

⑤ 분량은 정해진 양식에 1쪽

⑥ 작성 전 휴대폰 모두 제출, 미리 써서 붙여 넣거나 보면서 타이핑 금지

⑦ 인터넷 검색 불가

⑧ 책 지참 및 확인 가능

평가 요소

평가 항목	평가 기준
질문의 깊이	• 소설의 주요 갈등, 해결 과정, 주제와 관련된 질문인가? • 작가의 의도를 반영하되 자신만의 시각이 담긴 질문인가?
논리적 전개	• 주장을 뒷받침하는 논거가 타당한가? • 각 문장이 자연스럽게 이어지며, 논리적 비약 없이 명확한 논지를 전달하는가?
독창성	• 소설의 상징이나 주제에 대해 개성적이고 창의적인 관점을 제시하는가? • 자신만의 개성과 창의성이 담긴 어휘와 문장 표현이 드러나는가?
자기 성찰 및 인식의 확장	• 소설의 갈등이나 등장인물의 변화가 자신에게 어떤 의미를 가지는지 설명하는가? • 소설 속 문제 상황이 사회적 이슈와 어떤 관련이 있는지 설명하는가?

[참고] 2024학년도 2학기 국어 '한 학기 한 권 읽기' 수행평가

구분	읽기 활동 (30)		배점	진행 방식
과정 평가	소설 감상 및 질문 댓글 달기 (1회당 5점, 총 6회)		30점	회차별 감상 및 질문 댓글 작성 (독서 당일 밤 12시까지 완료)
산출물 평가	**소설 브로슈어 제작 (70)**			
	1면: 소설 속 배경과 연관된 기사나 자료 검색 후 붙여넣기		20점	사전 완성 과제
	2면: 한눈에 보는 소설 요약 – 소설의 줄거리, 주요 사건, 인물 관계 등을 시각적으로 간결하게 정리, 드라마 썸네일 양식 가능			
	3면: 모둠별 책 수다 또는 학급별 토론 활동 정리			
	4면: 최종 질문 활용 논술		50점	현장 작성(논술 양식 제공, 인터넷 사용 불가)

* 학급 기여도: 교과 세특 반영

6. 질문으로 탐구하고 성장하는 독서 교실

이 수업의 핵심은 학생들이 스스로 질문을 만들어내고, 그 질문을 통해 소설의 재미와 의미를 탐구하며 '호모 궁금쓰'로 성장하게 하는 데 있다. 교사로서 나는 질문하기보다 질문하게 하는 역할에 초점을 맞추었다. 학생들은 매 차시 자신만의 질문을 던지며 서로의 생각을 나누고 다각도로 토론을 이어갔다. 학생들이 내놓은 질문들은 이야기를 더 풍부하게 해석하고 새로운 관점을 발견하는 데 중요한 역할을 했다.

질문 댓글에서 학생들은 각자 고유한 개성을 드러냈다. 독특한 관점을 내포한 다양한 질문은 서로를 자극하고 새로운 생각의 씨앗을 싹트게 했다. 학생들의 질문은 점차 수준이 높아졌고, 그것을 중심으로 소설의 의미를 하나로 집약해 나가는 모습을 보였다.

질문을 품고 있는 학생들은 토론에서 두드러진 활약을 보였다. 역할 나눔과 협력의 방식으로 진행된 전문가 집단 토론에서는 인물, 사건, 배경, 메시지 등 다양한 측면에서 소설을 깊이 분석하며 탁월한 통찰을 보여주었다. 역할극 토론에서는 행간의 숨은 의미를 살펴 날카로운 질문을 등장인물끼리 주고받거나 작가에게 던지며, 시대 현실을 바탕으로 한 메시지를 찾아내는 완성도 높은 토론을 보여주었다.

수업 시간 외에도 학생들은 소설의 문제의식에 대해 활발히 여론을 형성하고, 온라인과 오프라인을 넘나들며 의견을 교환했다. 학생들은 구글 클래스룸을 통해 언제든지 질문을 공유하고 서로의 의견을 나누며, 교실 밖에서도 그들의 생각을 확장했다. 질문은 단순히 수업 시간

안에서만 끝나는 것이 아니라, 학생들이 소설을 더욱 깊이 이해하고 새로운 시각으로 접근하도록 동기를 부여했다.

특히 학생들이 최종 질문을 바탕으로 논술문을 완성한 결과, 주제의식의 서술이 매우 인상 깊었다. 교사로서 나는 처음에 어떤 질문도 제공하지 않았지만, 학생들이 스스로 만들어낸 질문들은 그들의 사고를 놀랍도록 확장했고, 소설의 주제의식을 잘 표현한 결과물로 이어졌다.

함께 질문을 던지고 탐구를 이어가는 이 협력 학습의 과정은 학생들이 수업의 주인이 되어 소설을 읽고 탐구하는 능동적인 주체로 성장할 수 있음을 증명하는 계기가 되었다.

모두가 주인공이 되는

단편소설로
낭독극 만들기

이정미

낭독은 '목소리'로 글에 숨을 불어넣는 것. 낭독극은 학생들이 경험하지 못한 타인의 삶을 무대 위에서 대신 살아보게 한다. 무대 위에서 모두가 주인공이 되는 즐거움을 누리며 소설을 읽는 재미를 느낄 방법을 안내한다.

수업 개요

> 책은 우리를 타인에게 인도하는 길이란다. 그리고 나 자신보다 나와 더
> 가까운 타인은 없기 때문에, 나 자신과 만나기 위해 책을 읽는 거야. 그
> 러니까 책을 읽는다는 건 또 다른 자신을 향해 가는 행위와도 같은 거지.
> ─ 마르크 로제, 《그레구아르와 책방 할아버지》, 문학동네.

작은 서점을 운영하며 책과 평생을 함께한 책방 할아버지 피키에 씨와 바칼로레아를 통과하지 못하고 일자리를 찾던 열여덟 살의 그레구아르가 수레국화 요양원에서 만난다. 피키에 씨는 그레구아르를 위해 고심해서 책을 고르고, 책이라면 질색하던 그레구아르는 《호밀밭의 파수꾼》을 읽고 나서 "뭔가 새로 태어나는 것 같은 느낌"을 받으며 "전과 다른 방식으로 숨을 쉰다."라고 말한다. 그레구아르는 피키에 씨에게 책을 읽어주면서 서서히 책에 매료되어 간다.

그의 낭독은 활자를 소리 내어 읽는 수준에서 시작해서, 이야기를 제대로 전달하려면 어떻게 읽어야 할 것인지 생각하며 단어 하나, 문장 하나 꼼꼼히 분석하는 깊이 있는 읽기로 이어진다. 시간이 갈수록 그레구아르의 낭독회는 요양원에서 지루한 나날을 보내는 노인들에게 설렘과 즐거움을 선사하는 우울증 치료제로 인정받기에 이른다.

낭독극은 소설과 낭독, 이 두 가지의 매력을 재미있게 경험하는 독후 활동이다. 소설을 읽는 동안 우리는 소설에 묘사된 인물의 모습을 머릿속으로 그려보고 그의 말과 행동을 통해 내면세계를 상상하며 인

물과 가까워진다. 청강문화산업대 최재영 교수는 '연기'를 "3차원인 내 몸이 2차원의 텍스트를 일으켜 세우는 행위"라고 말한 바 있다. 그렇다면 낭독은 '목소리'로 글에 숨을 불어넣는 행위라고 할 수 있지 않을까. 낭독은 경험하지 못한 타인의 삶을 대신 살아보게 해준다.

이 수업의 목표는 학생들이 수준 높은 낭독극을 만드는 것이 아니다. 소설을 깊고 정확하게 읽고, 누구나 부담 없이 참여할 수 있는 낭독의 형식으로 우리가 해석한 작품 내용을 보는 이들에게 온전히 전달하며 모두가 주인공이 되는 즐거움을 누리는 것이 먼저다.

낭독극 활동은 다음과 같은 단계를 거쳐 이루어진다.

단계	차시	활동	세부 내용
1	1~2	낭독극 준비하기	• 낭독극 미리 보기(작품 감상) • 낭독극의 특징 이해하기 • 모둠장 뽑고 모둠 구성하기
2	3~6	작품 고르기	• 단편소설집 읽고 독서 일지 쓰기 • 독후 활동하기(선택) • 낭독극 작품 선택하기
3	7~9	낭독극으로 각색하기	• 작품의 내용 확인하기 • 인물이 놓인 상황 파악하기 • 작가가 전하려는 생각 정리하기 • 주요 장면 선정하여 나누어 맡기 • 개인 대본 쓰기 ⇒ 모둠 대본 완성하기
4	10~13	소설이 극이 되는 순간	• 역할 정하고 연습하기 • 음악(음향), 배경 화면, 이름표 준비하기 • 낭독극 공연 및 심사
5	14	성찰하기	• 자기 성찰 평가 글쓰기 • 심사 결과 발표

1. 낭독극 준비하기

연극보다 낭독극

"대본을 보고 읽기만 하면 됩니다."
"창작의 고통? 우리에겐 소설이 있어요!"

단편소설을 낭독극으로 만들기를 시작할 때 이런 말로 학생들을 꼬드긴다. 낭독극은 분장이나 의상, 소품을 별로 쓰지 않고 배우들이 대본을 보면서 낭독으로 진행하는 공연 형식이다. 장기간 연습이 필요한 연극에 비해 대사를 외우거나 무대에서 연기를 해야 한다는 부담 없이 가볍게 접근할 수 있다.

대체로 학생들은 국어 시간에 등장인물의 대사를 나누어 맡아 대본을 읽어본 경험이 한 번쯤 있다. 이것은 '입체낭독'이다. 무대가 없어도 교실에서 앉은 자리 그대로 쉽게 할 수 있다. 낭독극은 무대에서 하는 공연의 형식을 갖춘다는 점에서 입체낭독과 다르다. 학생들에게는 '보이는 라디오 드라마'라고 하면 금방 알아듣는다.

극단 'RESET'의 낭독극 〈봄봄〉이 좋은 예시가 된다. 봉필, 점순, 영식(나), 해설을 맡은 배우가 툇마루에 앉아서 보면대에 대본을 올려놓고 낭독하는데, 대사가 또렷하게 전달되고 자막도 나와서 이해하기 쉽다. 봉필은 두루마기를 갖춰 입고 담뱃대를 들고 있다. 영식(나)은 머슴 복장을 했고, 점순은 까만 치마에 흰 저고리를 입었다. 세 배우는 인물의 특징을 살려 대사를 하며 시선이 대본을 향하고 있을 때도 표정 변화로 감정을 드러낸다. 영식이 봉필에게 뺨을 맞은 장면이 해설로 전해질 때는 영식이 한 손으로 뺨을 감싸고 딱한 표정으로 봉필을 물끄러미 바라본다. 멀리 있는 인물을 부르는 장면에서는 뒤쪽을 향해 외치듯 대사를 하고, 실제 소품 없이 광주리를 머리에 인 것처럼 행동으로 연기한다. 배우들은 대사에 맞게 동작을 더해 극에 활기를 불어넣는다. 공연 시간은 15분 남짓으로, 집중력을 유지하며 보기에도 적합하다. 교과서에서 김유정의 〈동백꽃〉을 접한 경우에는 이 작품을 더 친숙하게 여기기도 한다.

　'낭독극'이란 말을 처음 들어보는 아이들도 이 영상을 보면서 낭독극을 어떻게 하는지 감을 잡는다. 낭독극과 연극의 공통점과 차이점을 정리하며 앞으로 하게 될 활동에 대해 약간의 기대와 긴장을 느낀다.

　한만수 선생님의 지도로 인천대건고 연극반 학생들이 소설 〈웃는 동안〉(윤성희)을 낭독극으로 공연한 영상을 보는 것도 좋다. 극이 시작되면 흰색 셔츠와 검은 바지를 입은 세 명의 친구와 검은색 셔츠를 입은 '나'까지 네 명의 인물이 등장한다. '나'의 장례식에서 만난 친구들이 과거를 회상하면서 '나'의 죽음을 둘러싼 이야기를 전해주는데, 담담하고 따뜻한 원작소설의 느낌을 잘 표현했다. 장면에 어울리는 효과음과 음악을 비롯해서 냄비, 선글라스 같은 소품을 적절하게 활용한다. 해설을 따로 두지 않고 '나'의 내레이션으로 진행되는 점도 1인칭 소설을 각색하는 경우에는 눈여겨볼 만하다. 이 작품에는 배우들이 부분적으로 대본을 보지 않고 무대에서 움직이면서 연기하는 장면이 있다. 앞서 소개한 〈봄봄〉의 배우들이 자리에 앉은 채로 연기한 것과 달리 배우의 동선이 시각적인 요소로 활용된다.

〈봄봄〉은 '낭독'이 중심이 되는 낭독극이고, 〈웃는 동안〉은 '극'의 요소를 잘 보여주는 낭독극이다. 수업 목표와 학생들의 성향을 고려하여 어떤 낭독극을 만들 것인지 결정하고, 이에 따라 예시 작품을 감상하면 학생들이 더 실질적인 도움을 받을 수 있다.

낭독극 〈봄봄〉   낭독극 〈웃는 동안〉

활동을 위한 꿀팁!

> 낭독극은 소설을 영화나 뮤지컬로 재구성한 작품을 비교하거나 감상하는 수업과 연계해서 이루어질 수 있다. 학생들이 낭독극에 흥미를 가질 수 있도록 짧은 대본으로 입체낭독을 하면서 시작하는 것도 좋은 방법이다.

모둠 구성하기

모둠은 4명을 기준으로 구성하되 최대 6명이 넘지 않게 한다. 모둠원이 5명이면 해설을 제외하고 4명이 등장인물을 나누어 맡아 모둠원 전원이 배우로 출연하기에 적당하다. 인원이 많으면 모둠 안에서 소통이 원활하지 않고 모둠원 간의 역할 비중에 격차가 벌어져 갈등이 생길 우려가 있다.

낭독극 모둠장은 연출과 최종 대본 각색을 담당한다는 사실을 미리 공지한다. 모둠 활동에서 주도적인 역할을 해야 하기에 반 전체의 추천을 받아서 뽑는다. 본인의 뜻을 확인하고 동의하는 절차를 거쳐 원치 않는 학생이 억지로 모둠장을 맡는 일이 없도록 한다. 모둠장이 책임감을 가지고 있어야 모둠 활동이 매끄럽게 진행된다.

칠판에 추천받은 모둠장의 이름을 가나다순으로 쓰고 복도에 잠시 모이게 한다. 이때 모둠장들이 같이하고 싶은 친구를 한 명씩 정하되 자기와 성별이 달라야 한다는 조건을 둔다.

모둠장들은 개인 성향, 친소 관계 등을 고려해서 협업하고 싶은 친구를 선택한다. 그리고 이렇게 정해진 인원을 제외한 아이들은 성별을 고려해서 함께하고 싶은 모둠에 들어간다. 같이하고 싶은 모둠에 자기 이름을 쓰게 하되 시간을 짧게 제한하면 정신없는 통에 빠르게 모둠이 구성된다. 모둠 구성원에 대해 평가하려 드는 아이들이 있는데, 말이나 표정으로 드러내지 말자고 해도 허사가 되곤 한다. 시간을 오래 주지 않는 것은 이를 방지하려는 목적도 있다.

이 방법 외에도 모둠장을 제외한 나머지 인원은 제비뽑기로 모둠을 구성할 수도 있다. 반마다 이름 쓰기와 제비뽑기 중에 무엇을 택할지 학생들에게 선택권을 주는 것도 괜찮다. 모둠 조정을 원하는 경우에는 당사자 합의와 전체 모둠장 협의를 거치게 했다.

낭독극이 연극보다 상대적으로 쉽다고는 하지만 다 같이 무대에 서는 활동이라 준비가 만만치 않다. 반 전체가 하나의 작품으로 공연한다면 크고 작은 역할을 나누어 맡을 수 있지만, 모둠마다 한 작품씩 만

165

들어 무대에 올라야 하기에 각자의 역할을 다해야 할 뿐 아니라 모둠 내 협업도 매우 중요하다. 이 점을 염두에 두고 함께 공연을 만들고 싶은 친구들과 모둠을 구성하도록 안내한다. 자기가 속한 모둠만 챙기려 들기 쉽기에, 낭독극을 준비하는 우리 반 전체의 활동이 순조롭기를 바라는 마음으로 함께했으면 좋겠다는 당부를 덧붙인다.

모둠 활동을 하다 보면 협업 과정이 순조롭지 않을 때도 있다. 모둠 활동이 삐걱거리는 조짐이 보일 때 교사가 먼저 적극 개입하기보다는 지켜보고 기다려주는 여유도 필요하다. 학생들이 실패와 성공을 경험하며 배우는 안전한 공간이 바로 학교이기 때문이다. 애써 시도하는 마음, 잘되지 않을까 봐 걱정되고 불안한 마음, 답답하고 화나는 심정 등을 말로 표현하고 해소할 수 있게 돕는다. 교사가 해결해 줘야 한다는 마음을 내려놓으면 힘든 이야기를 더 잘 들어줄 수 있고 애도 덜 쓰인다. 불편한 마음을 비울 수 있게 돕고, 아이에게 여유가 생긴 걸 느끼면 친구들과 어떻게 이야기하면 좋을지 생각을 묻기도 하고, 조언을 구하면 의견을 말해준다. 그러다 보면 기운을 차리고 자기가 할 수 있는 일을 하게 된다. 갈등 상황에서 불거지는 문제를 해결하고 목표를 향해 길을 만들어가는 과정에서 배움이 생긴다.

2. 낭독할 작품 고르기

함께 책 읽기

낭독극을 계획했다면 모둠별로 소설을 읽고 각색하기 쉬운 단편소설집을 추천한다. 학생들이 서로의 질문에 답을 찾아가며 무리 없이 읽고 이해할 수 있는 작품이라야 공연으로 내용을 전달할 수 있다. 또한 학생들의 경험과 감수성, 사고 수준에서 다가가기 어렵지 않고 재미있게 읽을 만한 소설이 적당하다. 작품성이 뛰어난 청소년소설 가운데 수업 주제와 결을 같이하는 작품을 선택하면 더 좋다. 다섯 모둠일 때 8종 정도의 책을 준비하면 무난하다. 종류가 너무 적으면 학생들이 선택권이 없다고 여긴다. 분실이나 책을 빨리 읽고 다른 모둠 책을 궁금해하는 학생들을 고려해서 책은 모둠원 수보다 한 권 더 마련해 둔다.

모둠에서 책을 선정할 때는 모둠원 다수가 흥미를 갖는 책, 모두가 읽을 수 있는 책을 고르게 안내했다. 교사의 책 소개가 끝나면 각 모둠은 논의를 거쳐 읽고 싶은 책을 1, 2, 3순위까지 정한다. 원하는 책이 같을 때는 가위바위보를 해서 이긴 쪽이 승리의 기쁨을 누리는 대신 진 모둠에 책을 양보하는 방식으로 책을 선정한다. 선택이 몰려 경쟁이 치열하면 어떡하나 걱정하지만, 의외로 모둠별로 원하는 책이 제각각이라 가위바위보 한 번 하지 않고 책 선택이 쉽게 끝나는 반도 여럿이었다. 사람들이 다들 나와 같은 마음이겠거니 생각하기 쉬운데 사실은 그렇지 않다. 서로의 흥미나 관심사가 다르다는 걸 새삼 깨닫는다.

책 읽는 시간은 네 시간을 주었다. 모둠으로 모여 앉아 함께 책을 읽고 독서 기록을 한다. 한 권을 다 읽으려면 한 차시에 얼마나 읽어야 할지 살펴보고 모둠별로 상의해서 목표 분량을 정해두고 읽으면 서로 점검하며 읽는 효과가 생긴다. 단편소설집을 읽을 때는 순서를 정해놓고 읽기를 권했다. 함께 읽기로 한 작품부터 읽기 시작하면 읽기 속도가 느린 친구도 꼭 읽을 작품을 놓치지 않는다. 이렇게 하면 간혹 한 권을 다 읽지 못한 학생들이 있어도 이후에 낭독극을 할 작품을 고를 때 공통으로 읽은 작품으로 선정하기가 수월하다.

대개는 한 시간에 한 편 읽고 아래 양식에 따라 독서 일지를 쓴다. 책을 읽으면서 어떤 생각을 했는지 대화할 시간을 확보하지 못하면 각자 읽고 쓰는 개인 독서에 머물게 된다. 수업 시간에 소설에 관해 이야기를 주고받는 분위기가 자리 잡히면 협업에도 도움이 되므로, 수업이 끝나기 전에 모둠 대화 시간을 짧게라도 마련하기를 권하고 싶다.

독서 일지 쓰기

책 제목:　　　　　　　　　　　　　　저자명:

날짜	( )월 ( )일	분량	( )쪽 ~ ( )쪽
자기 점검 (○ 하기)	집중해서 책을 읽었나요? (예, 아니오)		
	적절한 분량을 읽었나요? (예, 아니오)		

내용 점검
1. 나에게 와닿거나 중요하게 느껴진 문장
2. 인물의 성격이나 특성이 나타나는 부분
3. 이해가 안 가거나 의문이 생긴 것
　(1~3 중 한두 가지에 대해 이유와 함께 쓰기)

낭독극 작품 선정하기

낭독극을 만들기 적합한 작품은 어떤 것일까? 주인공을 포함하여 4~5명의 인물이 등장하고, 학생들의 삶(세상)과 밀접한 이야기를 다루며, 메시지가 분명한 단편소설이 낭독극을 만들기에 알맞다. 학생들이 대본을 쓰려면 소설의 주요 장면에서 인물의 심리 상태를 세밀하게 묘사하는 작품보다 인물들의 대화가 나타나는 작품이 좋다. 섬세하고 아름다운 묘사가 돋보이는 소설은 낭독극으로 작품의 가치를 전달하기가 매우 어렵다. 뛰어난 소설이 영화로 만들어졌을 때 실망하는 경우를 떠올려 보자. 문어체 대사와 정교한 문장이 특징적인 소설을 그대로 영화로 만든다면 인물들의 대사가 어색하게 들릴 수 있다. 호흡이 느린 대화는 밋밋하고, 소설에서 느꼈던 매력은 온데간데없어지고 지루함만 남을 것이다.

학생들은 낭독극을 한다는 사실을 염두에 두고 책을 선정하고, 낭독극으로 표현하면 어떨지 상상하며 머릿속에 무대를 떠올리면서 소설을 읽었다. 마지막 독서 시간에는 어떤 작품을 선정할지 충분히 생각해 보게 한다. 각자 읽은 책에서 낭독극을 하고 싶은 작품을 한 편 골라 이유를 쓰고, 이 작품으로 낭독극을 할 때의 장점과 염려되는 점, 대처 방안을 작성한 다음에 모둠 토론을 거쳐 낭독극을 할 작품을 선정하게 했다.

좋은 걸 좋다고 잘 말해서 다른 사람의 동의를 얻으려면 준비가 필요하다. 내가 하고 싶은 작품을 고르고 내 생각을 뒷받침할 근거를 찾아 친구들에게 설득력 있게 말하는 것도 공부가 된다. 상기된 얼굴로

열띤 토론을 벌이는가 하면, 금세 의견이 모여 바로 작품을 낙점하고 맡을 등장인물을 결정하는 모둠도 있다.

- 〈뚱보균과 도넛〉을 낭독극으로 만들면 좋을 것 같아. 보는 사람들이 이해하기 쉬운 작품이라고 생각해. 그리고 깨달음을 주기 때문에 친구들에게 소개할 만한 가치가 있어.
- 이 소설은 주인공과 단짝 친구 유나 두 명이 이끌어가는 이야기라 나머지 인물들의 비중이 적은데 괜찮을까? 해설이 많아서 지루할 것 같기도 해.
- 상황이나 인물의 심리를 설명하는 부분을 줄이고 친구들이 공감할 수 있게 각색하면 될 것 같아.

활동을 위한 꿀팁!

> 이 시대를 살아가는 청소년들의 고민과 성장을 다루는 청소년 성장소설이 낭독극에 잘 어울린다. 우선 청소년 독자들이 크게 공감하며 읽는다. 가볍게 읽으면서 재미와 감동, 깨달음을 얻을 수 있고, 독서에 흥미가 없는 학생들도 친구들이 낭독극으로 보여주는 작품에는 관심을 보인다.

낭독극으로 만들기 좋은 작품

《열다섯, 그런 나이》에서는 〈악마를 주웠는데 말이야〉를 선택한 모둠이 가장 많았다. 키 153센티미터에 몸무게 40.3킬로그램, 깡마른 약골

찬솔이에게 '말하는 참새 악마'가 나타나
다른 사람으로 살아볼 기회를 세 번 준다.
단 "이번 생은 망했어!" 하고 말하면 영혼
을 가져가는 조건으로. 부러워하던 인물로
살아보니 그들도 나름의 고충이 있다는 걸
알게 된다는 내용이다.

　아이들은 스스로 못났다고 생각하며
다른 사람을 부러워한 경험을 떠올린다. 참
새 악마를 키 작은 친구로 받아주며 이번 생은 망할 일이 없을 것 같다
고 외치는 찬솔이에게 공감과 응원을 보내며 읽는다.

　〈앱을 설치하시겠습니까?〉는 모둠 과제와 카톡을 둘러싼 아이들
의 갈등을 소재로 하여 학생들의 생활과 맞닿아 있어 관심을 끈다. 1인
칭 소설이지만 인물들의 대화와 카톡 문자가 많아서 대본을 쓰기가 어
렵지 않고, 카톡 알림 효과음을 활용해서 관객의 몰입을 유도할 수도
있다.

　《푸른 머리카락》의 표제작 〈푸른 머
리카락〉은 자이밀리언과 지구인 사이에
서 태어난 소년과 지구인 소녀의 이야기
를 다룬다. 교사가 의도하지 않아도 학생
들이 지구인과 다른 종족 간의 차별을 인
식하고, 현실에서 마주치는 난민이나 이
주 노동자 같은 소수자의 처지에 이입하
며 작품을 읽는다. 소녀가 소년을 오해했

다가 서서히 사정을 이해하고 마음을 여는 이야기를 낭독극으로 옮기면 더 풋풋하게 다가온다. 학생들은 학원 로맨스만큼 몰입해서 보면서 작품의 메시지도 놓치지 않는다.

〈로이 서비스〉는 고인의 생전 모습과 똑같은 안드로이드와 일정 기간 함께 생활하며 '좋은 이별'을 할 수 있는 장례 서비스가 나타난 근미래를 다룬다. 로이 서비스는 죽은 사람을 그리워하는 가족을 돈벌이 수단으로 이용하는 것일까, 제대로 된 이별을 돕는 소중한 기회일까? 나라면 로이 서비스를 신청할 것인가? 가족과 죽음의 문제를 생각하게 하는 이 작품은 등장인물의 대화가 중심인 장면이 많아서 대본을 쓰기에 편하다.

〈두근두근 딜레마〉는 유전자 재배열이 일상화된 사회에서 '나'는 짝사랑하는 피아가 좋아하는 스타일로 성형하고 상대를 사랑에 빠지게 만드는 호르몬 약을 구한다. 소설은 '나'가 약을 쓸까 말까 고민하는 장면으로 끝나서 각색의 여지가 있다. '나'의 선택과 결과를 보여줌으로써 관객들에게 극을 통해 전하려는 바를 분명히 할 수도 있다.

《불량한 주스 가게》에서는 〈뚱보균과 도넛〉을 선택한 모둠이 많았다. 단짝 친구인 '나'와 유나는 맛있는 걸 마음껏 먹으며 즐겁게 지내던 중 '나'가 다이어트를 결심하면서 멀어진다. 사정상 다이어트를 할 수 없었던 유나가 급식에 뚱보균을 넣었다고 해서 소동이 벌어지는 이야기다. 외모가 중시되는 요즘 시대를 살아가면서 다른 사람의 말에 상처받거나 스스로 자존감이 떨어진 적이 있었던 아이들은 나 자신을 사랑하자는 이 작품의 메시지에 크게 공감한다.

표제작 〈불량한 주스 가게〉는 엄마 대신 주스 가게에서 일하며 차츰 달라지는 건호가 주인공이다. 노는 친구들과 어울려 센 척하며 살던 건호는 엄마가 여행을 핑계로 수술한다는 사실을 알고 자기 모습이 겉만 그럴싸하고 맛은 형편없는 불량 사과 같다는 걸 깨닫는다. 2011년 출간 당시의 시대상이 반영된 소설이라 현재 상황에 맞게 각색하면 친구들이 더 공감하는 작품으로 만들 수 있다.

〈올빼미 채널링을 하다〉는 텔레파시처럼 다른 사람의 마음을 읽는 채널링을 배우려는 유성이의 이야기다. 유성이는 스스로 말귀가 어두워 소통이 잘 안 된다고 생각했지만, 사실 자기가 다른 사람을 유심히 관찰하고 경청하는 사람이라는 걸 알게 된다. 광활한 우주가 자기 내면에 들어 있다는 유성이의 대사가 학생들에게 깊은 인상을 남긴다.

《별 별 사이》는 표지 그림이 귀엽고 손바닥만 한 앙증맞은 크기에 두께도 얇다. 긴 책 읽기를 부담스러워하는 아이들에게 건네기에 아주 맞춤하다.

〈이상한 미래의 사춘기〉는 돈을 내고 감정 에너지 파장을 쐬서 감정을 조절할 수 있는 세상을 배경으로 한다. 사춘기의 변화무쌍한 감정을 이용하면 자가 발전으로 세금을 줄일 수 있어서 가족들은 예지의 사춘기가 빨리 오기를 바란다. 사춘기를 신선한 시각으로 흥미롭게 표현하며 갱년기 엄마와 사춘기 딸의 신경전을 유쾌하게 그려서 많은 학생이 재미있게 읽는다. 또 감정 에너지 파장을 이용하는 문제에 대해서도 생각하게 된다.

〈그냥 그런 체질이라서〉는 좋아하는 친구 앞에서 코로 불을 뿜는 사건 때문에 열린 가족회의 이야기다. 그것도 조상님 중에 용을 납치한 공주가 있는 드래곤 혼혈 가족. 짝사랑이라는 친근한 소재에다 가족들의 말싸움이 유머러스하게 이어진다. 이 소설은 인물들의 대화로 소설이 진행되어 낭독극으로 만들 때 각색의 부담이 적다.

《곰의 부탁》(진형민)에는 성소수자 청소년이 등장하는 〈곰의 부탁〉, 콘돔으로 불거진 은비와 영찬의 갈등을 그린 〈12시 5분 전〉, 배달 아르바이트를 하는 청소년이 주인공인 〈헬멧〉, 토끼를 키웠던 자매의 쓸쓸한 이야기 〈언니네 집〉, 난민을 소재로 한 〈람부탄〉까지 다양한 작품이 실려 있다.

위에서 소개한 책 외에도 헬스 중독, 덕후, 줄임말, 중고 거래, 성인인증 다섯 가지 소재를 다룬 《열다섯, 다를 나이》도 시의성 있는 작품들이라 추천하고 싶다. 조우리의 《사과의 사생활》은 여자 청소년의 성적 욕망을 건강하게 풀어낸 표제작이 흥미를 끈다. 그리고 산업체 현장 실습생의 죽음과 VR 프로그램을 그려낸 〈에버 어게인〉, 교실 내 권력관계에서 소외된 소년 K의 이야기인 〈껍데기는 하나도 없다〉도 낭독극을 하기에 알맞은 작품이다.

낭독극으로 만들기 어려운 작품

소설을 살려서 재미있는 극이 되기도 하지만, 반대의 경우도 있다.《국립존엄보장센터》는 읽으면서 질문을 떠올리고 깊이 있는 대화를 나누며 SF소설의 재미를 맛보기 좋은 책이다. 표제작인 〈국립존엄보장센터〉에서는 생존세를 내지 못해 국립존엄보장센터에서 죽음을 맞게 된 할머니를 보며 '국립존엄보장센터는 진정으로 존엄을 보장하는가?', '존엄한 죽음은 무엇인가?', '어떻게 인간의 존엄성을 지킬 수 있을까?' 등을 고민하게 된다. 〈메멘토 모리, 죽음을 기억하라〉는 불로불사의 약 이터니티가 개발된 세상에서 약을 복용하지 않고 자연스러운 삶을 선택한 주인공을 통해 삶의 목적과 용기에 대해 생각하게 한다.

두 작품 모두 질문으로 작품을 탐구하고 토론하며 소설을 매개로 여럿이 생각을 넓고 깊게 펼치기 좋지만, 낭독극으로 구현하기는 쉽지 않다. 관객들에게 작품이 전하려는 메시지를 흥미롭게 보여주려면 각색을 잘해야 한다. 〈국립존엄보장센터〉는 할머니의 눈에 비친 인물의 모습이나 행동을 묘사하거나 할머니 자신의 심정을 표현하는 부분이 많고, 강당에 노인들을 모아두고 안내하는 센터 직원의 대사가 한 페이지를 넘는다. 〈메멘토 모리, 죽음을 기억하라〉는 소녀에게 들려주는 노인의 이야기가 주가 되는데, 소설 내용을 그대로 활용하면 한 사람의 대사가 너무 길어진다. 이렇게 되면 극이 지루하게 늘어지기 십상이다. 학생들이 재미있게 읽으면서 생각한 바를 낭독극으로 전달하려면 노인의 과거 이야기를 한 사람의 대사로 처리하지 않고 한 장면씩 대화로 재구성해야 한다. 이 경우 모둠 토의 시간에 각색에 관해 구체적인 사항을 논의하고 각자 맡은 부분의 각색 방향을 명확히 잡으려면 충분한 시간이 주어져야 하고, 극 형식에 대한 이해도 역시 높아야 한다.

흥미로운 설정, 극적인 반전이 있는 김동식 작가의 초단편소설은 학생들에게 인기가 높다. 《인생박물관》은 인간의 선한 마음이 빛나는 해피 엔딩 소설집이라 감동이 있는 낭독극을 만들 수 있을 것 같아 추천 도서 목록에 넣었다. 돈이 급해 동창회에 나온 인물이 벌금으로 만 원을 빼앗길 처지에 놓였다가 친구의 재치 있는 배려로 위기를 모면하는 〈벌금 만 원〉, 절망적인 상황 앞에 자살하기로 마음먹은 청년이 여러 사람을 만나면서 아직 세상이 살 만하다고 느끼게 되는 〈천사의 변장〉처럼 재미와 감동이 있는 작품이 여러 편 실려 있다.

그러나 학생들은 추천 도서 중에 가장 판형이 크고 두꺼운 책에 부담을 느꼈고, 소수의 모둠만 이 책을 선택했다. 길이가 짧기에 낭독극 공연 시간 10분에 맞춰 각색하기 어렵다고 생각했다고 한다. 많은 작품이 수록되어 있거나 전체 분량이 긴 책을 추천할 때는 책 소개 시간에 각색할 만한 작품을 함께 알려주면 학생들의 선택에 도움이 될 것이다.

3. 낭독극으로 각색하기

작품 분석하기

대본으로 각색하기 전에 낭독극으로 만들 소설에 관해 모둠에서 같이 분석한다. 모둠원 전체가 소설을 꼼꼼하게 읽고 작품에 대한 이해를 공유해야 개인 대본 쓰기를 할 때 어려움이 덜하고, 개인 대본을 모아 전체 대본을 완성할 때 일관성이 있다. 무엇보다 소설 속 인물을 나름대로 해석하고 이해해야 관객들의 마음에 와닿게 낭독극으로 보여줄 수 있다. 작품을 충분히 탐구하고 토의를 거쳐야 안정적으로 각색 작업이 시작된다. 소설을 잘 읽은 학생은 자기가 이해한 바를 말로 전달하며 구체화할 수 있고, 그렇지 못한 학생은 혼자서는 이해하기 어려웠던 부분을 친구들의 설명을 듣고 깨닫기도 한다. 여럿이 생각을 나누면 참여하는 사람들이 제각기 얻는 게 있다.

먼저 '주요 내용 정리하기'부터 시작한다. 타이머로 시간을 정해두고 모둠원이 돌아가면서 한 줄씩 쓰는 방법으로 정리해도 괜찮다. 모둠별로 작품이 달라서, 공연 예고편처럼 가볍게 발표해도 서로의 작품에 호기심과 기대감을 갖게 한다. 다만 수업 시간이 여의치 않다면 모둠의 인물 분석 시간을 최대한 주는 방향으로 진행한다.

학생들은 관심 있는 인물을 한 명씩 맡아서 그 인물이 어떤 상황에 놓여 있는지 알아보고 소설에 나오는 말과 행동을 찾아보면서 뇌 구조 그리기와 인물 소개 글쓰기를 한다. 모둠 내에서 서로 도움말을 주고받으며 소설과 인물을 더 깊이 이해하면서 낭독극에서 각자가 맡을 인물을 구체적으로 상상해 보는 시간이다. 중요한 선택의 이면을 들여다보는 것부터 가치관이나 성격 등 인물에 관해 다각도로 살펴보는 활동이 가능하다. 낭독극 인물 캐스팅이 끝난 모둠에서는 각자 맡을 인물을 분석하기도 했다. 이때 '해설'을 맡은 학생은 중요한 인물이나 가장 마음에 드는 인물을 선택했다.

작가가 이 소설을 통해 독자들에게 전하고자 하는 생각이 무엇인지도 함께 이야기 나누고 정리해서 쓴다. 낭독극을 통해 어떤 메시지를 전할 것인가를 모둠원이 합의하는 과정이기도 하다. 이 작품으로 대본을 쓸 때 어떤 점에 중점을 두고 살펴야 할지도 생각해 보게 했다.

장면 선정하기

주요 장면을 선정하는 시간에는 모둠 토의를 하며 낭독극으로 발표할 장면을 4~5개로 추린다. 학생들은 내용의 흐름과 소설의 분량을 고려하여 무임승차가 발생하지 않도록 적절하게 나눈다.

주요 장면에 나타난 인물의 심리를 같이 분석하며, 각자 이 부분을 맡았을 때 어떤 점을 잘 표현해야 할지 토의한다. 또한 소설 내용의 일부를 새롭게 각색할 부분이 있는지 함께 생각해 본다. 예를 들어, 많은 인물이 등장하는 작품은 각색 과정에서 어떤 인물을 뺄 것인지 협의해야 서로 다른 설정으로 오류가 생기지 않는다. 결말 부분을 맡은 학생이 원작소설과 다르게 쓰고 싶을 때도 모둠원들과 충분히 의견을 나눠야 한다.

예를 들어, 어떤 모둠에서는 초단편소설 〈자살하러 가는 길에〉와 〈그의 일대기〉를 자연스럽게 연결해서 하나의 이야기처럼 구성했다. 〈악마를 주웠는데 말이야〉를 선정한 모둠은 낭독극 시간이 길어질 것 같다고 판단해서 악마가 찬솔에게 주는 기회를 두 번으로 줄였다.

학생들은 교과서에 실린 〈완득이〉 뮤지컬 대본을 역할을 나누어 읽으며 재미를 느껴보고, 뮤지컬 영상을 감상하면서 소설과 뮤지컬 대본, 실제 뮤지컬 작품을 비교해 보았다. 그 경험을 떠올리며 협의하여 장면의 흐름이 자연스럽게 연결되는지 살펴보고 각 장면의 대본을 쓸 사람을 정했다.

모둠 전원이 대본을 쓰고 배우를 맡는 것을 원칙으로 하고, 필요에 따라 역할 비중을 고려하여 음악(음향), 배경 화면 PPT, 소품 등을 맡는다. 장면별로 각자 잘할 수 있는 부분을 맡으면 전체 대본 책임자인 모둠장의 부담을 좀 덜 수 있다. 이때 대본 쓰기에 어려움을 느끼는 친구에게 선택의 기회를 먼저 주는 것도 한 방법이다. 서로 독려하는 분위기에서는 개인 과제를 성실하게 하지 않던 학생도 교사와 친구들에게 도움을 요청하며 좀 더 책임감 있는 태도를 보여준다.

낭독극 개인 대본 쓰기

낭독극으로 발표할 장면을 나눈 대로 각자 하나씩 맡아 대본으로 각색해서 쓴다. 자신이 쓰는 대본이 낭독극에 없어서는 안 되는 필수 조각이라고 강조하며 책임감을 갖고 대본을 쓰도록 독려했다. 여럿이 협업해서 대본을 완성해야 하기에 적어도 자기 몫을 해야겠다는 마음가짐이 중요하다.

우선 각자 자기 몫을 다할 수 있게 소설 각색 방법을 구체적으로 알려주어야 한다. 순수 창작이 아니라 단편소설의 내용을 기반으로 쓰는 거라 아주 어렵지는 않다.

먼저 해설, 대사, 지시문이 무엇인지 정확히 이해하고 있는지 점검한다. 소설과 대본을 비교해 보면서 해설, 대사, 지시문이 어떻게 표현되는지 확인한다.

- **해설**: 시공간적 배경, 무대 장치, 등장인물의 등장과 퇴장을 설명한다. 장면 연결을 자연스럽게 설명한다.
- **지시문**: 인물의 심리, 표정, 동작, 말투, 분위기 등을 지시한다.
- **대사**: 등장인물이 하는 말. 대화, 독백(혼잣말), 방백(관객에게 하는 말)

5장
멀리 밝아오는 아침. 밤새 거리를 방황한 완득이가 집으로 돌아온다.
완득, 교회에 다녀오던 똥주를 발견한다.
똥주, 당황해서는 자기 집 옥탑방 안으로 도망친다. **[해설]**

완득: (문고리를 마구 흔들며) **[지시문]** 문 열어요! **[대사]**
똥주: 못 열어!
완득: 빨리 안 열어요! 왜 가르쳐줬어요? 왜 가르쳐줬냐고요!
똥주: 내가 안 가르쳐줬어!
완득: 그럼 어떻게 알고 왔어요?
똥주: 내가 어떻게 알아! 난 우리 집밖에 안 가르쳐줬어!

소설을 어떻게 각색하면 좋을까? 이 질문은 다시 말하면 '소설에서 무엇을 남기고 무엇을 빼고 무엇을 더해야 할까?'라는 뜻이다. 소설을 그대로 옮겨 쓰지 않고 모둠의 아이디어로 색깔을 입혀서 새롭게 쓰는 것이 각색이다. 원작소설을 살리되 긴 내용을 그대로 쓰면 안 된다. 연극이 등장인물의 대사와 행동으로 모든 사건을 보여주듯이, 낭독극도 인물의 대사가 중심이 되어야 한다.

그런데 대본 쓰기를 시작한 학생들은 이렇게 하소연한다.

"다 중요한 것 같아요. 그대로 다 쓰면 안 돼요?"

소설의 문장을 덜어내는 것은 학생들에게 어려운 일이다. 하지만 대본을 쓰기 위해서는 소설의 핵심 메시지를 이해하고, 각 장면에서 전달해야 할 것이 무엇인지 결정해야 한다. 더 나은 선택을 하기 위해서 학생들은 소설을 몇 번이고 다시 읽는다.

– 이 장면에서 인물은 어떤 표정을 지었을까?
– 어떤 목소리로 무슨 말을 했을까?

1인칭 소설은 자신의 심리나 상황을 묘사하는 부분이 많은데, 이런 부분을 적절히 생략하고 압축해야 지루하지 않다. 관객의 집중력을 생각하면 해설은 간결한 문장으로 써야 한다. 소설 속 장면을 상상하며 눈앞에 대화를 주고받는 인물을 세워두고 그들의 입에서 나올 만한 대사로 바꿔 쓴다. 그래야 극의 생동감이 생긴다. 학생들은 중요한 부분을 고르고 대사를 구성하며 '인물이 되어보기'를 반복하게 된다.

낭독극에서는 인물의 대사, 즉 말이 관객에게 전달된다는 사실이 너무 당연하지만, 대본 쓰기 첫 시간에는 몇 번씩 강조한다. 그러면 대사를 쓸 자리에 이모티콘이나 'ㅋㅋㅋ' 같은 표현을 썼던 학생들이 차츰 언어로 표현하려고 노력한다. 이렇게 대본을 직접 쓰면서 소설과 극의 차이를 더 선명하게 깨닫는다.

해설이나 한 사람의 대사가 석 줄 이상 되지 않게 쓰도록 당부했다. 낭독이 익숙하지 않은 상황에서 한 사람의 대사가 길어지면 극이 지루해지기 때문이다.

아이들은 맡은 부분을 몇 번씩 다시 읽으면서 살려 쓸 부분과 삭제할 부분을 가려내고 서술된 내용을 인물의 대사로 바꿔 썼다. 이 과정에서 소설을 꼼꼼하게 읽고 사건을 인물의 대사와 행동으로 전달하려고 노력한다. 또 소설을 읽지 않은 친구들이 내용을 이해할 수 있을지 생각하면서 쓴다.

개인 대본 쓰기

자살하러 가는 그의 일대기

각색	서술 내용을 앵커의 뉴스 멘트로 바꿔 씀

해설: 사내의 집, 사내가 의자에 앉아 등받이에 몸을 기댄 채 TV에서 흘러나오는 소리를 넋 없이 듣는다.

앵커: 지난 10월 9일, 대구에서 음주운전으로 한 가정을 무너뜨린 피의자가 오늘 아침 교도소에 송치되었습니다. 음주운전의 형벌에 대해 여러 의견이 나오고 있습니다.

사내: (허탈한 목소리로 몸에 힘을 빼고) …… 뭐가 이렇게 허무해.

TV 화면 너머로 고개를 푹 숙인 피의자가 보인다.

사내: 이게 진짜 끝이라고? 난…… 이렇게 힘든데.

개인 대본은 일차적으로 수행평가 활동지에 손글씨로 쓴다. 손으로 글을 쓰면 자연히 몇 번이고 머릿속으로 정리하는 시간을 거치기 때문이다. 대본 초고가 완성되면 2차로 구글 과제에 다시 쓰는데, 손으로 써놓은 대본을 읽으면서 옮겨 쓸 때 자연히 고쳐쓰기가 된다. 대본을 다시 읽어보면서, 쓸 때는 괜찮다고 생각한 부분에서 어색한 점을 발견하기 때문이다. 고칠 부분을 찾아낸 아이를 칭찬하면 다른 아이들도 틀린 걸 부끄러워하지 않고 잘 찾아 고친다. 주로 해설의 시점이 오락가락하거나 대사가 부자연스러운 걸 고쳐 쓴다.

2차 쓰기가 끝나면 웅얼웅얼하지 않고 정확하게 소리 내어 읽는다. 제대로 읽지 않고 혼자 중얼거리듯 읽어서는 실제 낭독과 느낌이 다를 뿐더러 소요 시간도 예상과 차이 난다고 말해주면 대본을 읽는 학생들의 발음이 좀 더 또렷해진다. 휴대전화 스톱워치로 개인 대본 분량이 2분 이상 되는지 확인하고 제출한다.

활동을 위한 꿀팁!

소설의 대사는 일상 언어와 다른 느낌을 줄 때가 있다. 문어체로 쓰인 대사는 대화 형식이긴 하지만 실제로 소리 내서 말하면 어딘지 모르게 어색하게 들린다.

대사는 서로 주고받기 편하게 입말로 바꿨는지 꼭 점검한다.

낭독극 모둠 대본 완성하기

개인 대본을 수합하여 전체 대본을 만드는 과정이다. 개인 대본 제출이 늦어진 학생들이 있으면 전체 대본에 구멍이 난다. 개인 대본이 시급한 아이들이 많은 반은 각자 대본을 마무리할 시간을 더 주어야 한다. 대본을 먼저 끝낸 아이들은 삼각 명패에 넣을 인물 이름표를 만들게 했다. 인물의 특징뿐 아니라 맡은 사람까지 잘 드러나는 이름표가 만들어졌다. 어떤 캐릭터인지 짐작할 수 있게 그림을 그려 넣거나 대사를 쓴 모둠, 큰 글자로 또박또박 쓰고 입체감을 살려 가독성을 높인 모둠, 각자 자기 이름표를 묵묵히 만드는 모둠 등 이름표 하나에도 아이들의 특징이 보여서 재미있다.

〈자살하러 가는 그의 일대기〉 모둠의 이름표

    학생들은 수업 시간에 크롬북을 가져와서 모둠원들과 함께 대본을 읽고 검토한다. 앞뒤 장면이 자연스럽게 연결되는지, 중요한 부분이 빠지거나 내용이 왜곡되지 않았는지 확인한다. 장면을 연결하는 해설 분량이 많으면 줄이고 불필요한 지시문은 삭제한다. 등장인물 소개를 덧붙여 전체 대본을 완성한다.

    모둠장에게 구글 문서 사본을 만들어 공유하는 방법을 알려주면 모둠원들이 동시에 작업하기가 편하다. 구글 클래스룸 공지 사항에 모둠장이 댓글로 대본 공유 문서 주소를 올리면 모둠원들이 쉽게 들어온다. 수업 시간에 함께 아이디어를 모아 수정하고, 최종적으로 모둠장이 전체 대본을 다듬어 교사에게 메일로 완성 대본을 제출한다. 모둠원 수만큼 대본을 인쇄해서 나눠주는 것까지 모둠장이 책임진다.

등장인물 소개
자살하러 가는 그의 일대기

등장인물	인물 소개, 맡은 사람 이름 같이 쓰기

- 김남우(배○○): 자살을 결심하지만, 과거의 자신을 돌아보며 낙천적으로 변하게 된 중년 남성
- 승객(김○○): 욱하는 성격도 있지만 상대방을 배려하는 기차 승객

- 택시 기사(정○○): 인상이 험악하고 입이 거칠지만, 인정 많은 중년의 택시 운전사
- 모텔 카운터 직원(김○○): 모텔 손님들을 눈여겨보며 남우에게 사실을 알려주는 카운터 직원
- 모임부원 1(김○○), 2(정○○), 3(김○○): 과거의 자기 행동을 후회하고 서로 아픔을 공감해 주는 김남우의 10대, 20대, 40대

활동을 위한 꿀팁!

최종 대본에서 확인해야 할 내용

- 해설, 대사, 지시문으로 대본 형식을 갖추었는가?

- 충분한 분량으로 대본을 썼는가? (10분 내외)

- 작품 전체, 인물의 상황과 심리를 고려하여 썼는가?

- 대본을 소리 내어 읽으며 자연스럽게 고쳐 썼는가?

4. 소설이 극이 되는 순간

낭독 연습하기

낭독극 공연 시간은 10~15분이 적당하다. 먼저 처음부터 끝까지 인물의 특징을 살려 실감 나게 대본을 읽으며 스톱워치로 시간을 체크한다. 모둠 연습 전에 미리 자기 대사를 소리 내서 읽어보고 오면 대본 읽기가 순조롭게 진행된다. 정확한 발음, 자연스러운 어조로 인물의 감정을 살릴 수 있을 때까지 되풀이해서 읽으며 연습해야 한다. 관객 앞에 서면 부끄러운 마음에 얼른 자기 대사를 끝내고 싶은 마음이 들 수도 있는데, 그럴 경우에는 말의 속도가 빨라지거나 전달력이 떨어진다. 친구들과 호흡을 맞춰 함께 읽는 연습을 충분히 해야 안정감이 생긴다. 여러 번 읽어도 자꾸 틀리거나 입에 잘 붙지 않는 대사는 꼭 고쳐야 실수하지 않는다.

음악이나 효과음 또는 소품을 활용할 계획이라면 언제, 어떤 방식으로 할지도 협의해서 대본에 표시한다. 낭독극은 청각적 요소가 중요하기 때문에 장면에 어울리는 음악을 사용하면 세련된 느낌을 줄 수 있다. 또 효과음을 적절하게 활용해도 극의 완성도가 높아진다. 다만 효과음은 타이밍을 맞추지 못하거나 분위기 형성에 도움이 되지 않는 경우에는 오히려 관객의 몰입을 깨뜨리기 때문에 준비가 철저해야 한다. 교실에서 공연할 때는 컴퓨터를 이용하지 않고 휴대전화에 미리 준비해 두었다가 마이크에 대고 틀기만 해도 충분하다.

낭독극에서는 대사로 인물의 감정을 전달해야 한다. 낭독 연습을 하면서 대사의 리듬이나 호흡을 생각하며 어디서 끊어 읽을지, 어떤 어조로 읽어야 할지 메모한다. 두 명의 인물을 맡았다면 이름표를 두 개 만들어 명패를 앞뒤로 사용하면 목소리만으로 인물을 차별화해야 한다는 부담을 덜 수 있다.

낭독극 공연하기

낭독극 공연 전에 미리 자리 배치를 한다. 관객석은 무대와 약간 거리를 두고 반원형으로 모둠별로 앉을 수 있게 만들었다. 무대가 되는 곳에 책상을 나란히 붙이고 자리마다 독서등을 달고 삼각 명패를 세웠다. 책상 대신 보면대를 놓으면 시선이 높아져서 표정 연기가 잘 보인다. 불을 끄고 블라인드를 내린 채 무대 책상에만 은은한 조명이 빛나는 교실은 평소와 달리 비밀스럽고 따뜻한 공간이 된다. 학생들이 국어교과실에 들어오기 전에 자리를 만들어놓았더니, 문을 열고 들어오는 아이들 눈이 동그래졌다.

학생: 선생님, 왜 이렇게까지 하세요?

교사: 나는 진심으로 준비합니다. 여러분도 멋있게 해내겠죠? 하하.

공연할 모둠이 떨림과 설렘을 안고 무대에 자리하면 이 시간은 온전히 그 모둠 차지다. 모두가 돌아가며 주인공이 되는 시간. 소설을 읽

고 대본을 만들어 공연하는 과정이 쉽지 않았지만, 서로에게 기대어 함께 무대에 올랐다.

인사를 시작으로 각자 맡은 인물에 관해 짧게 소개하고, 모둠장이 작품의 감상 포인트를 이야기한 후에 본 공연을 시작한다. 1인 3역을 맡아 목소리를 그럴듯하게 바꿔가며 천연덕스럽게 연기해서 웃음을 준 친구, 격한 감정 표현을 실감 나는 목소리로 생생하게 전한 친구, 아나운서 같은 또랑또랑한 발음으로 해설을 맡아 한 친구들이 호평을 받는다. 무엇보다 평소에 빛을 내지 못하던 친구들도 주인공이 되어 반짝반짝 빛나는 장면이 좋았다.

학생들은 친구들의 낭독극을 감상하면서 심사위원이 되어 좋은 점과 아쉬운 점을 기록한다. 공연을 보면서 좋은 점에 관해 몇 사람의 심사평을 들었는데, 사전에 아쉬운 점은 말하지 않게 했다. 공연 중 실수나 부족했던 점은 공연자들이 가장 잘 안다. 서로의 수고를 알아주며 칭찬을 주고받는 시간으로 마무리하고 싶었다.

- 전체적으로 발음이 좋았어요. 인공지능의 단점과 더불어 각자 자기답게 살라는 인생의 교훈을 주었어요.

- 해설보다 대화가 더 많아서 이야기 흐름에 따라가기 쉬워서 잘 몰입하여 즐길 수 있었습니다.

- 책을 읽지 않았는데도 영화 한 편을 본 것처럼 기억에 남는 작품입니다.

우리들의 낭독극 공연과 심사

심사 기준

• 말투와 어조를 살려 인물을 실감 나게 표현했는가?
• 낭독극이 하나의 작품으로서 완결성을 갖추고 있는가?
• 모둠원들이 적절한 역할을 맡아 조화롭게 참여하는가?

순서	작품 제목	좋은 점	아쉬운 점
1	☆☆☆☆☆		
2	☆☆☆☆☆		
3	☆☆☆☆☆		
4	☆☆☆☆☆		
최우수 연기상/ 선정 이유			
최우수 작품상/ 선정 이유			

평가하기

개인 활동과 모둠 활동을 모두 평가한다. 독서 과정(독서 일지 쓰기)과 낭독극 대본 쓰기는 개인별로, 낭독극 공연은 모둠별 평가로 안내했다. 다만 낭독극 공연은 각자 맡은 역할의 수행 정도를 개인 점수로, 극 전체의 완성도는 모둠 점수로 나누어 평가하여 합산하는 방식을 택했다. 같은 모둠이라도 활동 내용에 따라 점수에 다소나마 차이를 두면 누군가의 실수로 같이 점수가 떨어질까 봐 걱정하는 아이는 약간 안심시키고, 모둠에 기대어 가려는 아이는 제 몫을 할 의욕이 나게 할 수 있다.

독서 과정은 성실하게 책을 읽고 일지를 쓰면 충분히 만점을 받는다. 두 번째 독서 시간에 그 반 아이의 독서 일지를 하나 보면서 어떤 점이 눈에 띄는지 묻고 답하며 독서 일지 쓰는 법을 익히면, 줄거리만 대강 쓰던 아이도 한 번쯤 생각하며 써보려 한다.

낭독극 대본을 쓸 때는 모두에게 교사의 도움 가능 횟수를 공지하고 시작하는 게 편하다. 불안한 마음으로 습관적으로 교사를 찾는 아이들은 교사의 도움이 꼭 필요한 부분인지 스스로 점검하며 질문하게 되고, 교사는 어려움을 겪는 아이들을 살펴봐 줄 시간이 생긴다. 공통적으로 요청하는 내용이 있으면 전체를 대상으로 설명한다.

낭독극을 무사히 마친 학생들에게 모두 만점을 주고 싶지만, 어쩔 수 없이 점수를 매길 수밖에 없다. 평가 기준표는 낭독극 수업 첫 시간에 미리 공개한다. 평가가 최종 목표가 아니라 이 기준에 따라 학생들이 더 성장하기를 바라는 마음에서다.

평가 기준표는 다음과 같다. 교사가 점수를 매기는 용도로 쓸 수도 있지만, 학생들이 활동을 잘하고 있는지 스스로 점검하는 기준으로 활용하면 더 의미가 있겠다.

낭독극 평가 기준

평가 요소	성취 수준			
	A 뛰어남	B 달성함	C 조금만 더	D 힘을 내
독서 과정	□ 수업 시간 책 읽기에 집중하고 책을 꾸준하게 끝까지 다 읽는다.	□ 수업 시간 책 읽기에 대체로 집중하고 책을 끝까지 읽는다.	□ 수업 시간 책 읽기에 간혹 집중하지 못하고 추가 시간에 책을 읽는다.	□ 수업 시간에 주의 산만하여 교사의 지속적인 지도가 필요하다.
	□ 독서 일지를 빠짐없이 작성하며 내용의 깊이와 완성도가 매우 높다.	□ 독서 일지를 거의 빠짐없이 작성하며 내용의 완성도가 대체로 높다.	□ 독서 일지를 일부만 작성하거나 내용의 완성도가 부족하다.	□ 독서 일지를 거의 작성하지 않거나 내용이 매우 빈약하다.
낭독극 대본 쓰기	□ 작품의 주제를 깊이 있게 이해하고 새로운 상상과 가치를 더해 낭독극으로 재구성했다.	□ 작품의 주제를 이해하고 새로운 생각을 보태 낭독극 대본으로 재구성했다.	□ 작품의 내용과 관련하여 낭독극 대본을 부분적으로 표현했다.	□ 낭독극 대본을 일부 작성했으나 작품의 내용과 관련성이 떨어진다.
낭독극 공연	□ 낭독극의 특성을 이해하고 말투와 어조를 통해 인물의 특성을 효과적으로 전달했다.	□ 낭독극의 특성을 이해하고 말투와 어조를 통해 인물의 특성을 전달했다.	□ 말투와 어조를 통해 인물의 특성을 일부 전달했다.	□ 말투와 어조가 공연에 적절하지 않아 인물의 특성을 전달하지 못했다.
	□ 낭독극에서 자신이 맡은 역할을 충실하게 수행하고 전체 극의 완성도를 높였다.	□ 낭독극에서 자신이 맡은 역할을 대체로 성실하게 수행했다.	□ 낭독극에서 자신이 맡은 역할을 부분적으로 수행했다.	□ 낭독극에서 자신이 맡은 역할을 상당 부분 수행하지 않았다.

5. 성찰하기

공연이 끝나고 나면 쉬는 시간마다 아이들의 이야기를 많이 듣게 된다. 패스트푸드점에 모여서 친구들과 깔깔대며 열심히 준비했다는 이야기, 결석한 친구와 소통하느라 애쓴 이야기, 공연 당일에 준비한 음악을 깜빡 잊고 못 틀어서 아쉬웠던 마음까지…… 감정적인 부분은 말로 풀면 시원하다.

여러 차시에 걸친 프로젝트를 마무리할 때는 자기 활동을 찬찬히 돌아보는 글을 써야 자기 이해가 깊어진다.

> 교사: 여러분, 이제 대단원의 막이 내렸습니다. 모둠 친구들과 단편소설집을 읽고 소설 속 인물에 대해 분석하고, 대본 쓰기라는 길고 긴 터널을 지나 마침내 한 편의 극을 완성하기까지 각자의 자리에서 애썼어요. 대본 외우기와 연기 부담을 덜어도 예술 창작자의 자리에 서는 건 어려운 일입니다. 조명이 꺼진 자리에서 낭독극을 준비했던 시간을 생각해 봐요. 그리고 소설을 읽는 독자, 공연을 보는 관객의 위치에서 한 발 나아가 친구들과 함께 무대에 오른 경험이 나에게 남긴 의미를 돌아보려 합니다.

학생들은 개인 대본 쓰기와 낭독극 공연을 중심으로 자기가 맡은 역할, 대본을 쓸 때 어려웠던 점과 이를 해결하려는 노력, 대본을 쓸 때 중점을 둔 부분, 낭독극에서 '나(우리)'가 잘한 것 등을 돌이켜 본다. 아래의 글은 학생들이 쓴 자기 성찰 글쓰기의 일부다.

내가 맡은 부분은 전체 대본에서 제일 첫 번째 내용이었다. 그래서 각각의 인물에 대한 특징을 보는 사람이 빨리 이해할 수 있도록 스토리를 구상하는 데 어려움이 있었다. 그렇기에 최대한 제삼자라고 생각하면서 대본을 썼다. 대본을 쓸 때도 첫 번째 내용인 만큼 필요한 정보를 넣으려 했고 등장인물들만의 개성을 살리려고 노력했다.

내가 낭독극에서 맡은 부분은 결말이었다. 해설을 최소화하려니 어려웠지만 자잘한 대사들을 모아 하나의 해설로 정리하니 훨씬 깔끔해 보였다. 내 의도가 대본에 그대로 표현되어 뿌듯했다. 낭독극은 귀로만 듣는 연극이라서 어휘나 목소리의 크기를 어떻게 해야 할지 고민을 많이 했고, 어떻게 표현해야 가장 이해가 잘 될지를 중점에 두었던 것 같다.

모든 공연이 끝난 뒤에 최우수 작품상과 우수 연기상 결과를 집계해서 작은 상품(간식)과 같이 주었다. 미리캔버스에서 트로피 이미지를 만들어 상품에 붙여주었는데, 그걸 고이 떼서 공책 표지에 붙이고는 자랑스럽게 보여주는 귀여운 아이도 있었다.
'국어 시간에 어떤 수업이 가장 좋았나요?' 하는 수업 설문에 아이들은 이렇게 답했다.

- 낭독극을 할 때 가장 좋았어요. 내가 만든 대본으로 연기를 했다는 것이 뿌듯했습니다.

- 친구들과 낭독극을 준비하며 함께하는 시간이 좋았어요. 다른 모둠의 낭독극을 들으면서 친구들의 새로운 모습을 보는 것도 의미 있었어요.
- 발표할 때 친구들의 반응을 보면서 뿌듯하고 즐거웠어요.

'한 학기 한 권 읽기'가 교육과정에 들어오면서 수업 시간에 책을 읽고 다양한 독서 활동을 하는 것이 당연해졌다. 수업과 평가를 세밀하게 계획할수록 책을 읽는 시간보다 서평을 잘 쓰고, 구술평가 질문에 논리적으로 답변하는 데 무게가 실렸다. 아이들은 어렵고 힘들지만 뿌듯하다고 말했다. 분명 배움은 있었다. 그런데 그만큼 재미있었는지 물으면 자신 있게 답하지 못하겠다.

국어사전에서 '재미'를 찾으면 '아기자기하게 즐거운 느낌이나 감정'이라는 뜻이 첫 줄에 나온다. 낭독극을 통해 소설 읽기가 재미있는 공부라는 걸 더 많은 학생이 알았으면 했다. 낭독극은 유쾌하다. 좋은 소설을 친구들과 같이 읽는 즐거움이 있고, 골똘히 대본을 쓰며 창작의 재미를 맛본다. 공들여 준비한 작품을 선보이며 보람을 느끼고, 작가, 배우, 관객의 자리를 넘나들며 '나'와 '우리'를 재발견하는 기쁨이 있다.

인물 분석 과정에서 친구들과 머리를 맞대고 토의하며 인간에 대한 이해가 깊어지고, 대본을 쓰며 소설 속 문장을 하나하나 다시 읽는다. 건성으로 읽으면 알 수 없는 것을 찾아내는 즐거움이 따른다. 다른 사람으로 분한 내 목소리에 귀 기울이는 친구들 앞에서 모든 아이들이 돌아가며 주인공이 된다. 무대에서 목소리가 퍼지는 시간은 온전히 한 사람의 것이니까.

특별하거나 뛰어난 재주가 있어야만 빛나는 사람이 되는 게 아니다. 초롱초롱한 눈으로 나를 바라보는 친구들 앞에서 아이들은 저마다 가진 빛으로 반짝인다. 책과 친구를 곁에 두고 서로 돕는 힘을 키우는 시간이 한 겹 한 겹 쌓여 책 읽는 기쁨을 놓지 않는 독자로 살아가면 좋겠다.

〈악마를 주웠는데 말이야〉 낭독극 대본 일부

등장인물

고양이: 은아를 지키는 수호천사

주은아: 투포환 선수인 찬솔의 짝사랑 상대

한찬솔: 은아를 짝사랑 중인 아싸 주인공

악마: 한찬솔의 영혼을 먹으려 하는 악마 후보생

친구 1: 학교 친구 1

친구 2: 학교 친구 2

오빠: 유도선수인 은아 오빠

엄마: 찬솔의 엄마

학교 쉬는 시간, 아이들이 시끌벅적하다. 찬솔은 책상에 엎드려 있다.

찬솔: (고개를 들며) 안녕하세요. 저는 한찬솔입니다. 저는 학교에서 흔히 말하는 아싸입니다. 한찬솔이라는 이름의 뜻은 소나무처럼 크게 자라라는 뜻인데…… (한숨을 쉬며) 키가 크기는커녕 작고 빼빼 마른 체형에 성격도 소심해요. 아무래도 이번 생은 망한 것

같네요.

친구 1 야, 한찬솔! 이리 와 봐!

찬솔: 어…… 응.

찬솔이 친구들 사이로 간다. 그곳에 찬솔이 짝사랑하는 은아가 보인다.

찬솔: (신나는 목소리로) 아, 은아는 제가 짝사랑하는 여자애예요. 은아
  는 정말 완벽해요. 친구도 많고 운동도 잘해요. 무려 투포환 선수
  라고요. 물론 아싸인 제가 인싸 중의 인싸인 은아를 좋아하는 건
  말도 안 되지만…… 아무리 생각해도 이번 생은 망이네요. 망!

친구 1: 야, 한찬솔! 멍 때리지 말고 이리 와서 주은아랑 팔씨름 해봐.

찬솔: (놀란 목소리로) 어…… 은아랑?

친구들: (수군거리며) 아무리 깡말랐어도 남잔데…… 여자는 이기겠지.

친구 1: 자, 시작!

5초도 안 돼서 은아가 이긴다. 주변에서 비웃음 소리가 들린다.

은아: (장난스럽게) 남자보다 힘센 여자한테 맞아볼래?

아이들이 다 도망간다. 밖에 갑자기 비가 온다.

찬솔: (혼잣말로) 아…… 우산 안 가져왔는데!

하교 시간. 아이들이 하나둘씩 집에 간다. 저 멀리 은아가 보인다.

찬솔: 어, 은아야!

은아: 응? 왜?

찬솔: (어색한 말투로) 어…… 잘 가. 내일 봐!

은아: (살짝 웃으며) 어! 너도!

찬솔: (혼잣말로) 은아가 내 인사를 받아줬어!

혼자 신나 하던 찬솔 뒤로 친구들이 온다.

친구 1: (비꼬듯이) 역시 깡마른 멸치 '깡멸'이다. 여자한테도 지냐?

친구 2: (찬솔을 툭 치며) 야, 봐봐. 툭 쳐도 날아갈 것 같잖아. 흐흐.

찬솔: (어색한 웃음을 지으며) 하하…….

친구들이 다 우산을 쓰고 하교한다.

찬솔: (통화음을 들으며 짜증 난 말투로) 아, 왜 엄마는 전화를 안 받는 거
야!

찬솔은 잠시 망설이다 비를 맞으며 집으로 뛰어간다.

홀딱 젖은 상태로 집에 도착한다.

찬솔: 엄마! 왜 전화도 안 받아? 비 쫄딱 맞았잖아!

집에는 아무도 없다. 찬솔, 책가방을 방 안에 던져놓고 침대에 눕는다.

찬솔: 은아는 내 이름을 알기나 할까?

침대에 누워 멍 때리는 찬솔. 그때 갑자기 창문에서 쿵 하고 큰 소리가
난다.

찬솔: (깜짝 놀라며) 뭐야? 이게 무슨 소리야! (창문 앞에서) 이게 뭐야!
　　　참새?

찬솔은 참새를 수건 위에 두고 안절부절못하다가 잠이 든다.
외출했던 엄마가 돌아온다.

엄마: (크게 화내며) 한찬솔! 이게 뭐야? 거실에 물이 다 떨어졌잖아!

찬솔은 깜짝 놀라며 잠에서 깬다. 거실은 물바다가 되어 있다.

찬솔: (한숨을 내쉬며) 일어나자마자 잔소리를 듣다니, 역시 이번 생은
　　　망했어!

악마: 그럼 망하지 않은 삶을 살아보는 것은 어때?

깜짝 놀라는 찬솔. 수건 속에서 참새가 얼굴을 내민다.

악마: 나를 구해줬으니 소원을 들어주겠다, 이 말이야! 아, 먼저 내 소

개를 하지. 난 카임의 셋째 아들이야. 카임이란 새의 날개를 단 위

대한 악마지. 새의 말은 물론이고 다른 동물의 말도 할 줄 안다고.

찬솔: 그럼 너도 악마라는 뜻이네?

악마: 정확하게 말하면 아직은 악마 후보생이야. 어쨌든 악마도 은혜는

갚는 법이야. 나를 믿어.

박지원에서 황순원으로

한 학기
한 작가 읽기

최인영

한 해 또는 한 학기 동안 한 작가만 꾸준히 읽은 사례를 세 가지 소개
한다. 돌이켜 생각해 보면 참으로 무모한 시도였다. 하지만 그 과정
에서 학생과 교사에게 쌓이는 게 많았고, 그게 서로를 성장시켰다.

수업 개요

교육과정에 '한 학기 한 권 읽기'가 들어온다는 얘기를 듣고 그게 가능하겠냐고 고개를 가로저었던 적이 있다. 각 영역의 대표로 파견되어 해당 영역의 손익을 대변해야 하는 연구진들이 어떤 영역에도 속하지 않은 이 문제에 관심을 둘 것 같지 않았기 때문이다.

막상 한 권 읽기가 반영된 교육과정을 받아 들고는 참 놀라웠다. 그걸 위해 많은 분이 치밀한 작전을 세우고 끈질기게 노력했다는 걸 그때는 몰랐다. 막연히 이런 생각은 했다. 오히려 어떤 영역에도 속하지 않았기에 가능했던 건 아닐까? 한 권 읽기는 영역과 영역 사이, 그 치열한 투쟁의 '경계에서 피어난 꽃'이라고 여겼다. 어쨌거나 고래 싸움 틈바구니에서 용케 살아남았으니, 참으로 기특했다.

그 뒤로 교육과정이 한 차례 바뀌었지만, '한 학기 한 권 읽기'는 여전히 논란 중이다. 이게 국어교육에 제대로 뿌리 내리려면 다양하게 변주되어야 한다고 생각한다. '한 학기 한 권 읽기'에 곁가지 하나를 보탠다는 마음으로 '한 학기 한 작가 읽기' 사례를 소개하고자 한다.

2015년	동아리	소설 인물 탐구반	[읽기] 황순원 단편 43편 [쓰기] 주제 탐구 논문
2016년	방과후	《열하일기》 강독반	[읽기] 《열하일기》 전체 [쓰기] 개인 문집 작성
2018년	방과후	황순원 소설 읽기반	[읽기] 황순원 단편 32편 [쓰기] 소논문 작성

세 가지 사례의 공통점이 있다. 읽고 쓰기를 더불어 했다는 점이다. 시작은 2015년이었다. 그때 고등학교 1학년 학생 다섯 명과 '소설 인물 탐구반'이라는 정규 동아리를 만들었다. 황순원 작가의 단편소설 43편을 함께 읽고 토론하며 〈황순원 소설에 나타난 인간성 양상에 관한 연구〉라는 논문을 썼다. 처음에는 '이게 될까?' 싶었는데…… 됐다. 자신감이 생겼다.

2016년에는 고등학교 2학년 학생을 대상으로 《열하일기》 강독반'이라는 방과후 수업 강좌를 열었다. 한 학기 동안 20차시에 걸쳐《열하일기》를 처음부터 끝까지 다 읽었다. 틈틈이 연암 박지원의 다른 글도 덤으로 제공했다. 마지막에는 학생 개인마다 문집으로 엮도록 했다.

2018년에는 고등학교 2학년 여름방학 방과후 수업 강좌로 '황순원 소설 읽기반'을 개설했다. 100분씩 10차시로 황순원 단편소설 32편을 읽고 각자 주제를 정해서 소논문을 작성하도록 설계했다. 그때만 하더라도 학생들에게 소논문 작성을 권장하는 분위기라서 할 수 있었다.

세 가지 수업 사례는 서로 비슷한 흐름이었다. 여기에서는 최근 사례인 2018년 수업을 중심에 두고 2016년 사례와 2015년 사례를 덧붙여서 정리했다.

한계는 있다. 정규수업에서는 시도하지 못한 사례라는 점이다. 여지가 없지는 않다. 이 방법을 활용해서 어떤 고등학교에서는 '고전 읽기'나 '주제 탐구' 과목으로, 어떤 중학교에서는 '자유학기제' 수업으로 다양하게 재구성할 수 있겠다고 기대해 본다. 물론 여기서 소개한 그대로 동아리 활동이나 방과후 수업 강좌도 얼마든지 가능하다.

황순원, 박지원뿐만 아니라 다룰 수 있는 작가는 얼마든지 많다. 소설가는 물론 시인이라도 좋다. 더 나아가 '한 학기 한 작가 읽기'를 넘어서 '한 학기 한 주제 읽기'로 확장할 수도 있겠다. 수업을 설계하는 교사의 상상력만큼 다채로운 수업으로 펼칠 수 있다. 이처럼 다양하게 진화해야 '한 학기 한 권 읽기'는 더욱 굳건하게 자리를 잡게 될 것이다.

1. 방과후 수업 – 황순원 소설 읽기반

고등학교 2학년 여름방학 방과후 수업으로 '황순원 소설 읽기반'을 열었다. 열흘 동안 하루에 두 시간씩, 모두 20시간 동안 황순원 작가의 소설만 읽는 독한 강좌였다. 수강 신청을 할 때 '날마다 소설을 반드시 읽어 오겠다.'라는 각서를 함께 제출하도록 했다. 이 무모한 강좌에 누가 신청하랴 싶었는데, 의외로 20명이나 지원했다. 10명씩 두 강좌로 나눠서 수업했다. 한 차시 수업 얼개는 이랬다.

수업 전	모두	소설(한 시간에 네 작품) 읽기 ⇒ 질문거리, 토론 주제 생각
	발제자	발제문 작성 ⇒ 발표(한 시간에 네 명)
수업 중	사회자	토론 주제를 정해서 토론 진행
	기록자	토론 내용 기록 ⇒ 정리해서 카페에 올리기
수업 후	모두	짧은 소감문을 써서 카페에 올리기

수업 설계

열흘이라고 하지만 실제로 소설을 읽을 수 있는 날은 여드레였다. 첫날은 수업을 어떻게 진행할지 꼼꼼하게 안내했고, 마지막 날에는 정리하는 시간이 필요했기 때문이다. 소설은 모두 32편을 뽑아서 하루에 4편씩 배치하고 학생들이 저마다 해야 할 역할도 골고루 나눴다. 첫날에 바로 수업을 시작할 수 있도록 이 계획표는 여름방학 전에 미리 배부했다.

강좌		작품	발제	사회	기록
1강		도입 – 수업 안내	–	–	–
2강	1	거리의 부사	학생 ①	학생 ⑤	학생 ⑥
	2	돼지계	학생 ②		
	3	갈대	학생 ③		
	4	닭제	학생 ④		
3강	5	별	학생 ⑦	학생 ①	학생 ②
	6	산골아이	학생 ⑧		
	7	그늘	학생 ⑨		
	8	저녁놀	학생 ⑩		
4강	9	기러기	학생 ③	학생 ⑦	학생 ⑧
	10	황노인	학생 ④		
	11	세레나데	학생 ⑤		
	12	노새	학생 ⑥		
5강	13	맹산 할머니	학생 ⑨	학생 ③	학생 ④
	14	물 한 모금	학생 ⑩		
	15	담배 한 대 피울 동안	학생 ①		
	16	솔메 마을에 생긴 일	학생 ②		
6강	17	메리 크리스마스	학생 ⑤	학생 ⑨	학생 ⑩
	18	어둠 속에 찍힌 판화	학생 ⑥		
	19	이리도	학생 ⑦		
	20	몰이꾼	학생 ⑧		
7강	21	불가사리	학생 ①	학생 ⑥	학생 ⑤
	22	잃어버린 사람들	학생 ②		
	23	비바리	학생 ③		
	24	소리	학생 ④		
8강	25	링반데룽	학생 ⑦	학생 ②	학생 ①
	26	모든 영광은	학생 ⑧		
	27	너와 나만의 시간	학생 ⑨		
	28	내 고향 사람들	학생 ⑩		
9강	29	송아지	학생 ③	학생 ⑧	학생 ⑦
	30	그래도 우리끼리는	학생 ④		
	31	온기 있는 파편	학생 ⑤		
	32	수컷 퇴화설	학생 ⑥		
10강		정리 – 소논문 작성법	–	–	–

이 수업의 성패는 학생들이 얼마나 꼼꼼하게 소설을 읽어 오는가에 달렸다. 수강 신청 단계에서 각서를 받지만 그 효력은 오래 가지 않는다. 수업하는 동안에도 수시로 당부하지만 그것만으로는 부족하다. 학생들이 소설을 읽도록 유인하는 가장 강력한 힘은 역시 '삼미'였다. 우선 소설이 재미있어야 하고, 수업 진행에 흥미를 잃지 말아야 하고, 무엇보다 학생들 스스로 그 수업이 의미 있다고 느껴야 한다. 그렇게 하려면 수업을 치밀하게 기획해야 한다.

수업 전 – 발제문 작성하기

하루에 소설 네 편은 모든 학생이 다 읽어야 한다. 하지만 발제문은 한 작품에 한 명만 작성했다. 학생들에게 발제는 낯선 방식의 글쓰기다. 수업 첫 시간에는 발제문 작성하는 방법을 꼼꼼하게 안내했다. 그때 안내한 내용은 다음과 같다.

① 분량: A4 1~2쪽
② 내용
ⅰ) 사실적 독해: 소설의 인물, 배경, 줄거리 등을 요약
ⅱ) 추론적, 비판적, 창의적 독해: 글에 대한 자기 생각
③ 구성
• 위의 ⅰ)과 ⅱ)를 잘 엮어서 한 편의 완결된 글로 작성
• 내용에 따라 문단을 적절히 나눌 것

④ 제목

- 발제문의 내용을 핵심적으로 드러내는 참신한 제목
- '〈소나기〉를 읽고', '〈소나기〉 발제문' 등은 좋은 제목이 아님.
- 〈소나기〉를 읽고 느낀 점이 무엇인지 알맹이가 담겨야 함.

⑤ 제출

- 수업하는 날 새벽 6시 이전, 전자우편으로 교사에게 제출
- 교사가 학생 수(20명)만큼 복사해서 수업 시간에 배부

⑥ 발표: 발제자가 수업 시간에 간단히 발표

아무리 꼼꼼하게 설명해도 한번 보여주는 것보다 못하다. 예시 작품을 보여주면 학생들이 금방 알아차린다. 그때 학생들이 썼던 발제문 가운데 세 편을 골라서 이 글 뒤에 실었다. 마음껏 활용해도 된다고 허락을 받은 글들이다.

열 명씩 두 강좌라고 했는데, 발제문은 각각 20부씩 인쇄했다. 먼저 그 강좌에서 작성한 발제문으로 수업을 진행하고, 수업을 마칠 때는 다른 강좌에서 작성한 발제문을 참고로 배부했다. 한 작품에 대해서 발제문 둘을 비교해 볼 수 있어서 수업이 더 풍성해지는 느낌이었다. 묘한 경쟁심 때문인지 학생들이 발제문을 더 열심히 쓰는 자극제도 됐다.

수업에서, 사회자의 역할

수업에서는 교사 개입을 최소화하고 사회자가 주도한다.

① 발제

② 질문

ⅰ) 발제 내용에서 궁금한 점 ⇒ 발제자가 답변

ⅱ) 소설 내용에서 궁금한 점 ⇒ 아는 학생이 답변

③ 토론 주제 선정

ⅰ) 각자 돌아가며 토론 주제를 하나씩 발표

ⅱ) 그 가운데 1~2개를 선정

④ 토론

ⅰ) 사회자 주도로 원탁 토론

ⅱ) 교사의 마무리

　한 차시 수업(100분)에서 네 작품을 다뤄야 하기에 시간이 넉넉하지 않다. 그래서 발제(①)와 질문(②)은 작품마다 따로 하고 토론(③, ④)은 네 작품을 아울러 진행했다.

　경험으로 보아 학생들은 수업 단계 가운데 토론 주제를 선정하는 것을 가장 어려워한다. 열 명이 돌아가며 토론하고 싶은 주제를 말하고 그 가운데 한두 개를 골라야 하는데, 단순히 한두 개를 뽑는 방식이라면 나머지 질문은 버려야 한다. 그렇게 해서는 의미 있는 토론으로 깊어질 수가 없다. 열 개의 토론 주제를 두루 아우를 수 있는 '고차원적인 주제'를 도출하면 토론 분위기가 확 살아난다. 그런데 그게 말처럼 쉽지 않다. 이 단계에서는 교사가 적극적으로 개입해서 거들어주는 게 좋다. 어떻게 생각하면 토론 주제를 정하는 과정 자체가 이미 충분히 의미 있는 토론이다.

토론의 성패를 좌우하는 열쇠는 둘이다. 첫째, 사회자가 꼼꼼하게 준비해야 한다. 이런 수업에서는 사회자 역할이 정말 중요한데, 사회자가 소설 내용을 정확히 알지 못하면 우왕좌왕하느라 수업이 갈팡질팡하기 십상이다. 소설을 발제자보다도 더 꼼꼼하게 읽어 와야 친구들의 발언이 어떤 맥락인지 감을 잡아서 토론을 효율적으로 이끌어갈 수 있다. 이건 기회가 있을 때마다 거듭 강조했다. 특히 수업을 마치고 돌아갈 때 다음 시간 사회자를 불러서 손가락 걸고 약속을 받았다.

둘째는 모든 학생이 빠짐없이 소설을 읽어 와야 한다. 날마다 소설 네 편을 읽어야 하는 일정이라 학생들이 제대로 잘 따라올 수 있을까 걱정했는데 의외로 악착같이 따라왔다. 강좌를 개설하고 신청받는 단계에서 "날마다 소설 네 편을 읽을 자신이 없으면 아예 신청하지도 마라."라고 겁을 무척 많이 줬는데 그게 통했던 모양이다. 단단히 각오한 학생들이 모였기에 서로에게 자극이 되어 소설 읽기를 게을리할 수 없었던 게 아닌가 싶다.

학생들이 모두 소설을 꼼꼼하게 읽어 와서 그런지 주고받는 얘기의 깊이와 높이가 정말 놀라웠다. 토론이 무르익으면 나도 슬쩍 끼어들었는데, 내 깜냥을 훌쩍 뛰어넘는 얘기를 하고는 나 스스로 놀라기도 했다. 혼자 소설을 읽을 때는 생각지도 못했던 말들이 학생들이 있는 자리에서는 술술 나왔다.

그건 아마 학생들도 비슷하지 않았을까? 토론하면서 '와! 내가 이런 말을 했다니!'라며 깜짝깜짝 놀라지 않았을까? 그런 경험이 한두 번 쌓이면 학생들은 더 몰입해서 소설을 읽게 된다. 이렇게 되면 소설을 읽어 오지 않는 학생이 거의 없다. 몰입이 몰입을 낳는다.

그런 '놀라움'을 위해서는 교사가 토론에 처음부터 발을 담그면 안 된다. 학생들이 토론하는 걸 지켜보면 뭔가 하고 싶은 말이 생겨서 입이 근질거린다. 그때 참아야 한다. 교사가 섣불리 입을 떼면 학생들이 서둘러 입을 닫기 때문이다. 소설 내용, 학생들 얘기, 교사의 머리에 있던 배경지식, 이런 게 한데 모여 핵융합을 일으킬 때가 있다. 그렇게 되면 작두를 타듯, 방언이 터지듯, 나도 모르게 말이 술술 나온다. 그렇게 무르익을 때까지 기다려야 한다.

수업에서, 기록자의 역할

기록자는 토론 내용을 꼼꼼하게 기록한다. 주로 노트북을 활용하는데, 수업 중에는 빠르게 기록만 하고 수업이 끝나고 문장을 다듬어서 카페에 올리는 방식이다.

수업에서는 토론 장면을 녹음만 하고 그걸 다시 녹취하려는 학생이 있다. 절대 그렇게 하지 못하도록 했다. 첫째는 녹취에 너무 많은 힘과 시간이 들기 때문이고, 둘째는 그렇게 하면 글이 너무 길어지기 때문이다. 토론문이 너무 길어지지 않도록 핵심을 요약해서 정리하는 법을 잘 안내해야 한다.

그런 맥락에서 종이에 적었다가 나중에 다시 정리하는 방식도, 인공지능을 기반으로 한 자동 녹취 기법도 그리 바람직하지는 않다. 전자는 위의 첫 번째 이유(힘과 시간)로, 후자는 두 번째 이유(분량)로 문제가 있기 때문이다.

한 차시 수업을 마치고

수업을 마치면 각자 쓴 글을 인터넷 카페에 올린다. 요즘은 카페뿐 아니라 다른 도구도 많다고 알고 있다. 상황에 맞게 활용하면 된다. 이때 파일명을 지정해 주면 나중에 파일을 내려받아서 순서대로 정렬하기 편하다.

구분	파일명
발제문	01강(0723)_소설 제목_발제_○○○(발제자 이름).hwp
토론문	01강(0723)_소설 제목_토론_○○○(기록자 이름).hwp
소감문	01강(0723)_후기_○○○(각자 이름).hwp

발제자가 처음 작성한 발제문 초안은 교사에게 전자우편으로 보내고, 그걸 출력해서 수업 시간에 함께 읽는다. 그런데 수업에서 함께 토론하다 보면 초안에서 오류를 발견할 때가 많다. 발제자는 그걸 반영해서 발제문을 다듬어서 카페에 올린다.

토론문 역시 마찬가지다. 앞서 설명했듯이 수업 시간에는 빠르게 기록하고, 수업이 끝나면 문장을 다듬어서 올리면 된다.

소감문은 각자 써서 올려야 하는데, 이게 좀 괴롭다. 학생들은 따로 시간을 내서 소감문을 멋지게 써서 올리고 싶어 한다. 하지만 그렇게 해서는 열에 아홉은 결국 올리지 못한다. 소감문은 분량이나 수준이 아니라 '시간'이 관건이다. 쉬는 시간 또는 하교하기 전 자투리 시간을 활용해서 '즉시' 써서 올려야 한다. 수업 상황을 고려해서 "날마다 몇 시

몇 분까지!"라고 확실하게 못을 박아야 한다. 수업마다 글을 써 올려야 해서 힘든 게 아니다. 그때그때 바로 쓰지 않고 미루기 때문에 괴로움을 겪게 된다.

10차시 수업을 마치고

10차시(20시간) 수업을 모두 마치면 저마다 소논문으로 엮도록 했다. 이 수업을 했던 게 2018년인데, 그때만 하더라도 소논문 쓰기 활동을 권하는 분위기였다. 하지만 지금은 그렇지 않다. 소논문 쓰기가 아니라면, 한 작가를 깊게 읽고 그걸 어떤 활동으로 연결할 것인가? 그건 융통성을 갖고 선택해야 한다.

소논문을 권하던 때이기는 했지만, 그렇다고 학생들이 소논문을 쉽게 쓸 수 있는 건 아니었다. 학생들에게 처음 소논문 얘기를 꺼냈더니 다들 화들짝 놀랐다. 하지만 학생들 염려와 달리 소논문을 쓰는 일은 그리 어렵지 않다. 한 작가의 작품을 깊게 읽으며 쌓인 자료가 넉넉했기 때문이다.

소논문 작성에서 가장 중요하고 어려운 단계는 주제를 찾는 일이다. 황순원 소설을 읽으며 각자 주제를 고르도록 했는데, 이 방법을 잘 안내해야 한다.

• 수업 때 토론했던 주제들 가운데 흥미로운 걸 골라라.
• 자기 진로와 관련이 있으면 더 좋다.

• 우리 사회의 문제와 관련해서 의미 있는 주제면 금상첨화다.

전체 수업을 마치고 주제를 고르려고 하면 잘 떠오르지 않는다. 각자 주제를 선정해야 한다는 건 수업 첫 시간에 안내하고 수업하면서 수시로 확인해야 한다.

"소논문 주제 정한 학생 있나요?"
"오! 어떤 주제를 골랐어요?"
"아! 그 주제는 이렇게 살짝 바꾸면 더 좋겠네요."

이렇게 한두 명 시범을 보이면 다른 학생들도 더 열심히 고민한다. 2~9차시 수업에서 주제 하나만 잘 고르면 성공이다. 교사가 잊지 않고 수업 때마다 꾸준히 자극하는 게 관건이다.

주제를 골랐으면 다음 단계는 비교적 수월하다. 그 주제가 잘 드러난 작품을 3~5편씩 고른다. 그 작품에 대한 해설(발제문)은 이미 카페에 있다. 수업 시간의 토론 결과를 반영해서 다듬었기에 내용도 그리 나쁘지 않다. 그걸 알맹이로 삼고 앞뒤로 서론, 결론을 덧붙이면 소논문이 뚝딱 완성이다.

• 서론: 어떤 주제를 골랐나? 그 주제가 왜 중요한가?
• 본론: 황순원 소설에서는 그 주제를 어떻게 다루고 있나?
 - 작품 1
 - 작품 2

– 작품 3

     ⋮

• 결론: 요약 및 제언. 이 연구를 하면서 배우고 깨달은 점은?

마지막 10차시 수업에서는 100분 동안 소논문 얘기로 꽉 채웠다. '소논문 중간 발표'인 셈이다. 학생마다 어떤 주제에 어떤 작품을 골랐는지, 서론과 결론은 어떤 방향으로 쓸 건지 발표했다. 친구들과 교사의 조언을 듣고 소논문 계획을 확정했다.

이렇게 소논문 계획까지는 모두 순조롭게 작성했지만, 그걸로 실제 소논문을 완성한 학생은 가물에 콩 나듯 드물었다. 계획을 멋지게 세웠더라도 그걸 글로 구체화하는 일에는 더 많은 시간과 노력이 들기 때문이다. 그러기에는 여름방학이 너무 짧았다.

소논문을 제대로 완성하려면 별도로 강좌를 개설해서 후속 지도가 필요하겠다는 생각이 들었다. 하지만 그 정도의 수준 높은 글쓰기가 필요치 않은 학생이 대부분이고, 논문 계획을 세워보는 것만으로도 교육적 의미는 충분한 것 같아서 거기서 멈췄다. 더구나 요즘에는 소논문의 값어치가 달라졌으니 굳이 그걸 고집할 까닭이 없다.

황순원 전공자 특강

강좌 마지막 날에는 황순원 소설로 학위를 받으신 선생님을 학교로 모셔서 특강을 열었다. 오전에는 10차시 수업으로 '소논문 중간 발표'를 하고, 그날 오후에 방과후 수업과는 별도로 특강을 듣고 싶어 하는 학생들을 따로 모았다.

드디어 특강 시간. 황순원 소설로 쓴 학위논문을 아이들 숫자만큼 갖고 오셨다. 그것도 딱딱한 표지였다. 깜짝 놀라서 쳐다봤더니 이렇게 말씀하셨다.

"읽어주는 사람이 없어서 집에서 먼지만 뒤집어쓰고 있는 논문입니다. 이 아이들은 황순원 작가의 소설을 32편이나 꼼꼼하게 읽었다니, 제가 어디 가서 이렇게 고급 독자들을 만나겠어요? 이 아이들이야말로 제 논문의 최고 독자들일 겁니다. 제 논문이 오늘 임자 만난 거죠."

생전 처음 논문이란 걸 받아 들고, 특강을 시작하기도 전에 학생들은 이미 크게 감동했다. 예상했던 것처럼 특강은 무척 밀도 있었다. 학생들의 질문은 날카로웠고, 선생님의 답변은 능수능란했다. 오가는 문답이 현란한 무술 영화처럼 합(合)이 잘 맞았다. 강의를 들은 학생들도, 강의하신 선생님도 벅찬 만남이었다.

학생 발제문

학생 발제문 가운데 셋을 골랐다. 앞서 밝혔듯이 학생들이 초안을 쓰고, 수업 시간에 토론을 거쳐 다듬은 완성본이다. 학생들과 이런 수업을 계획할 때 예시 작품으로 활용해도 좋겠다.

'부사'로 살아간다는 것
작품 01 〈거리의 부사〉를 읽고

이○완(2학년)

나는 지금까지 황순원의 소설을 네 편 읽어보았다. 특히 〈소나기〉는 내가 처음 읽어본 한국문학으로 아직도 기억에 생생하게 남아 있다. 그 작가가 쓴 작품이라고 해서, 이번에 읽게 될 소설은 어떠한 인상을 줄지 무척 궁금했다.

〈거리의 부사〉에는 승구라는 인물이 주인공으로 등장한다. 승구는 동경 유학생으로, 자기 고향이 조선이라는 사실과 그것을 부정하고 싶은 생각이 겹쳐 혼란을 겪는 인물이다. 세수하러 내려갈 때마다 늘 마음이 조마조마한데, 결국 승구의 정체가 드러나던 날 집주인은 시골에 있던 남동생이 올라오기로 했다며 방을 빼달라고 한다.

소설에는 승구의 친구들도 나오는데, 그 가운데 훈세라는 친구가 갑자기 승구를 방문한다. 훈세는 승구의 또 다른 친구인 지운을 찾아가 그의 물건을 훔친 뒤 사라지고, 이어서 승구를 찾아온 것이다. 이번에도 훈세는 승구의 물건을 훔쳐 도망간다. 소설의 마지막 부분에는 이러한 문장이 나온다.

그러나 승구는 머지않아 올 추위를 오직 막을 망토와 사전이 없어졌다는 아쉬움보다는 훈세가 자기에게서 떠났다는 사실이 기껍다.

훈세는 이 소설에서 어떤 역할일까? 나는 훈세가 승구의 두려움, 불편함 등 부정적인 감정을 드러내는 인물이라고 생각했다. 승구는 불안과 욕망이 공존하는 인물이다. 승구에게 훈세의 등장은 잊고 싶은 조선을 기억 속에서 꺼내게 했을 것이다. 비록 자신의 물건을 훔쳤더라도, 훈세가 자기 곁을 떠났기 때문에 승구는 기꺼워한 것 같다.

이 소설을 읽고 처음 든 생각은 '어렵다'였다. 내용을 이해하기 힘들었을 뿐만 아니라 작가가 무슨 말을 하려는지 알 수가 없었다. 나는 내용보다 제목에 더 관심을 가졌다. 제목에서 '부사'가 무엇을 의미하는지가 궁금했다. '부사'는 문장에서 주성분이 아니다. 작가는 승구를 '주어'가 아닌 '부사어'에 비유했다. 거리를 떠돌아다니는 인물을 나타내려고 한 것 같다. 사람을 문법 용어인 '부사'에 비유하여 인물의 상태를 보여준 것이다.

소설을 읽으며 내가 우리 학교에 입학할 때가 생각났다. 중학교에서 아는 친구 한 명 없이 고등학교에 온 나는 처음에 많이 외로웠다. 낯가림도 심하고, 사소한 일부터 걱정하는 소심한 성격이기에 바뀐 환경에 적응하는 일은 어려웠다. 새로운 학원에 갈 때도 전날부터 온갖 걱정이 가득하여 심장이 뛰는 나에게, 낯선 동네에 있는 낯선 학교에 적응하는 일은 쉽지 않았다. 여중을 졸업해서 3년 만에 남학생들과 같은 학교에서 지내야 하는 것도 어색했고, 입학식을 했던 별관 강당이 너무 낡고 어두침침해서 무섭기도 했다. 마치 일제강점기의 동경 유학생 승구가 느꼈던 외로움이나 불안함과 비슷했다.

다행히 짧은 시간에 빨리 적응해서 이제는 즐겁게 학교에 다니지만, 그때를 생각하면 그 감정이 생생하게 되살아나는 느낌이다. 나는 승구에 비하면 훨씬 나은 상황인데도 이런데, 나라를 빼앗기고 타지에서 유학하는 승구는 어땠을지 생각해 보게 되었다.

문학 시간에 〈만세전〉과 〈고향〉을 배울 때, 유학을 다녀오며 학문적 지식을 쌓았으나 독립을 위해 적극적인 자세를 취하지 않는 지식인들을 보며 '그들이 배운 학문이 무슨 의미가 있나?'라고 생각했던 적이 있다. 그들도 아마 나와 같은 생각을 하지 않았을까? '내가 왜 조선에서 태어났나?' 하는 생각부터 '난 우리나라의 독립을 위해 아무것도 할 수 없단 말인가?'라는 생각까지. 이런 여러 생각들이 그들을 더 불안하게 만들었을 것이다. 작가는 승구를 통해 그런 불안한 존재를 보여주었다고 생각한다.

문장에서 있어도 되고 없어도 되는 '부사'라 생각하며 살아갈 때, 그는 주체적으로 생각하고 선택하고 행동하기 힘들 것이다. 〈소나기〉라는 아름다운 단편의 작가로만 알던 황순원의 등단작 〈거리의 부사〉는 이렇게 불안한 존재를 그리며 시작되었다.

어두울수록 강해지는

작품 18 〈어둠 속에 찍힌 판화〉를 읽고

전○린(2학년)

아이들은 낮에 다 팔지 못한 신문을 팔고 돌아와서 한구석에 박혀 벌써 잠이 들었건만, 아이들의 아버지인 주인공은 잠이 오지 않았다. 그들이 누운 곳은 피난길, 대구에서 어렵게 셋방을 얻을 수 있었다. 비록 전기는 들어오지 않으나 그런대로 깨끗한 작은 방이다. 요즘 들어 어둠 속에 있을 때면 무엇인가에 쫓기는 듯한 기분이 들고, 심지어는 길거리에서 아이들이 외치는 소리까지도 무섭게 느껴지는 그였다. 그렇게 누워 있는데 안댁네가 찾아와 잠깐 주인 사내의 방에 들 것을 권한다.

옷을 입고 찾은 안방에는 아이가 아랫목에 잠들어 있고, 사십 대로 보이는 얼굴이 약간 검은 주인 사내가 소반을 앞에 놓고 기다리고 있다. 인사를 나눈 그들은 막걸리를 마시며 이야기를 시작한다. 그러다가 주인 사내는 이야기 주제를 '사냥'으로 바꾼다. 그가 얘기한 곰을 잡는 법이나 꿩 잡는 법은 무척 생생했다. 주인 사내가 말을 끊은 틈을 타 주인공이 "댁은 요새두 사냥 나가십니까?"라며 물었다. 주인 사내는 무척 당황해하며 첫 술자리는 그렇게 마무리된다.

이삼일 뒤 그와 주인 사내는 다시 술자리에 마주 앉았다. 도중에 술이 떨어지자, 주인 사내는 안댁네에게 멀리 가서 술을 사 올 것을 청하고 또다시 이야기가 시작됐다. 주인 사내는 그들의 아이가 동서로부터 얻어서 기르는 아이라는 말을 꺼낸다. 사연은 이러했다.

6년 전, 아내는 결혼한 지 십여 년이 지나 처음으로 임신한다. 대구에서 이름난 포수였던 주인 사내는 산모에게 좋다는 노루나 사슴의 피를 아내에게 먹이기로 결심한다. 그는 아내를 데리고 사냥을 떠났는데, 노루를 잡고 보니 새끼를 밴 어미였다. 노루는 애처로운 비명을 질렀지만, 주인 사내는 태아를 위한다는 명목으로 아내에게 노루 피를 마시게 한다. 집에 오고 나서 아내는 갑자기 피를 토하며 유산을 했고, 그 뒤로도 두 번이나 임신했지만 모두 다섯 달 아니면 여섯 달 만에 유산하고 말았다. 그 뒤에 사냥을 그만두라는 아내의 말을 듣지 않자, 아내는 주인 사내의 총과 사냥 도구를 없애버린다.

주인 사내는 아내 몰래 숨겨두었던 사냥 총알을 사랑스럽게 어루만지며 보여주고, 이후 안댁네가 돌아오자 화들짝 놀란 그가 총알을 숨기기 위해 어둠 속을 더듬는 장면으로 소설은 끝이 난다.

나는 작품을 읽는 동안 제목의 의미를 계속해서 곱씹어 보았다. 판화는 판에 새겨서 찍어낸 그림을 말한다. 주인 사내가 사냥 총알이 든 남색 상자를 숨기는 모습이 판화처럼 떠올랐다는 것은, 마치 순간적인 장면을 카메라로 포착하거나 드라마가 끝날 때 화면이 정지하는 것처럼, 그의 머릿속에 강렬하게 남았다는 증거일 것이다.

그렇다면 왜 하필 이 모습이 강렬한 인상을 준걸까? 아마 그의 모습에서 강한 욕망을 읽었기 때문일 터이다. 주인 사내가 빼앗기지 않으려고 했던 것은 단순히 소중한 '물건'이 아니라 자신의 과거이자 욕망에 대한 집착이었다. 우리는 모두 무엇인가를 하고자 하는 저마다의 욕구가 있으며, 이런 욕구들은 개인을 구성하는 중요한 요소가 된다. 따라서 이 욕구를 빼앗긴다면 개인은 정체성을 상실할 것이며, 이는 곧 삶의 이유가 사라짐을 의미한다고도 생각할 수 있을 것 같다.

또 '어둠'은 주로 부정적인 소재로 여겨지는 경우가 많은데, 주인공의 상황을 잘 반영하고 있다. 전쟁 상황 속에서 전깃불이 들어오지 않는 셋방에 살면서 아이들이 신문팔이하는 걸 지켜볼 수밖에 없었던 주인공의 삶이 '어둠'의 이미지로 형상화되었다. 환한 곳에서는 잘 드러내지 못했던 인간의 욕구, 즉 삶에 대한 집착을 숨김이나 꾸밈없이 드러낼 수 있는 공간을 '어둠'이라고 본다면, 힘든 상황에서도 삶에 대한 의지를 잃지 않는 생명력 있는 공간이라고 할 수도 있지 않을까?

하지만 역설적으로 생명에 대한 의지는 다른 생명을 빼앗는 비극으로 이어진다. 주인 사내는 태아에 좋다는 이유로 새끼를 임신한 노루를 죽인다. '나의 자식'을 위해 '남의 자식'을 죽인 것이다. 이 소설의 시대적 배경은 한국전쟁이다. 작가는 무고한 사람들을 희생시키면서까지 정치적 목표를 달성하려던 당시 상황을 비판하고 있다는 생각이 들었다.

어둠 속에서 판화를 찍게 되면 잘 찍혔는지 잘못 찍혔는지 알 수가 없다. 빛이 들어온 후에야 결과물을 볼 수 있다. 주인 사내의 사냥도, 우리 민족의 전쟁도, 어둠 속의 판화와 같은 게 아닐까?

군중이라는 방패

작품 20 〈몰이꾼〉을 읽고

오○택(2학년)

소설은 청계천에서 무언가 돈 될 만한 것들을 찾는 거리의 아이들이 나오면서 시작된다. 이 아이들은 집이 없어 누더기를 걸치고 검게 탄 모양새이다. 아이들은 개천 밑에서 사기그릇 같은 것을 줍다가 하수구 구멍을 발견하고 들어간다. 지나가던 중년 신사가 그걸 보고 갑자기 무언가 생각이 난 듯이 아이들에게 혼을 내며 소리친다. 그러자 구멍에 들어간 세 명의 아이 중 두 명이 놀라서 도망친다. 하지만 한 아이가 나오지 못한다.

중년 신사는 자전거를 타고 지나가던 사람에게 혼잣말로 "저 깍쟁이 놈들이 저기 저 서양 사람들이 들어 있는 집을 노리구 그러거든." 하며 본인 생각대로 아이들에 대해 얘기한다. 무슨 일인지 궁금해하는 사람들이 점점 모이자, 자전거 타던 사람은 중년 신사가 했던 이야기를 자신만 알고 있는 사실인 듯 자랑스럽게 사람들에게 얘기해 준다.

그러자 사람들은 그간 있었던 아이들의 소매치기나 도둑질 이야기를 하면서 점점 하수구 속 아이에게 반감을 갖게 된다. 그리고 몇몇 청년들은 하수구 안에 있는 아이에게 위협을 가하며 나오라고 소리친다. 그래도 아이는 나오지 않자 사람들은 아이가 나오게 하려고 건물로 들어가 한꺼번에 물을 쏟아지게 한다. 그 물에 아이의 누더기가 쓸려 내려온다.

중년 신사는 이미 가버린 뒤라 자전거 사내는 본인만이 이 일을 처음부터 알고 있다고 생각해서 아이가 옷이 짐이 돼서 벗어버렸을 거라며 아는 체를 하며 아이가 나오기만을 기다린다. 그러다가 어디서 나왔는지 어떤 아이가 떠내려온 누더기를 가지고 도망친다. 하지만 결국 청년에게 붙잡혀 파출소로 끌려갈 뻔하지만, 누더기를 버리고 도망친다.

그때 하수구에서는 피가 섞인 물이 나온다. 하지만 사람들은 아이가 다쳐서 위험할 거라는 생각은커녕 아이가 나오지 않으려고 버티다가 손발톱에서 나온 피일 거라며 간악한 놈이라고 말한다. 이래도 나오지 않자 이제는 사람들이 문득 아이가 끝까지 나오지 않았으면 좋겠다는 데에 흥미를 붙인다. 그러나 결국 사람들의 기대와는 달리 아이는 떠내려왔다. 한갓 검부러기 모양처럼 죽은 채로.

이 소설을 읽으며 군중심리와 여론몰이의 무서움에 대해 다시 한번 생각해 보았다. 소설에서 거리의 아이들은 개천에 떨어진 사기그릇 조각 같은 것들을 주우며 돈 될 만한 것들을 찾고 있었다. 그러다가 하수구 구멍을 발견하고 안으로 들어갔다. 아이들에 대해 명백히 드러난 사실은 이것뿐이었다. 중년 신사가 서양 사람들의 집을 노리고 하수구에 들어갔다고 얘기한 것과 그 자리에 사람들이 말한 도둑질 얘기는 추측일 뿐이다. 그렇지만 많은 사람이 모이며 이 소문들은 당연한 사실이 되고, 이는 다시 아이들에 대한 증오로 바뀌었다. 그러면서 이 많은 어른이 하수구 구멍에 혼자 있는 어린아이에게 욕을 하며 위협하고, 심지어는 총으로 쏜다는 얘기까지 한다.

우리도 잘못된 여론몰이로 확실하지 않은 사실을 갖고 약자에게 비난을 쏟아놓는 일이 허다하다. 그리고 그 상황에서 군중심리로 인한 익명성과 무책임성으로 인해 중년 신사처럼 사실도 아닌 얘기를 해놓고 자신은 그 상황에서 빠져나오기도 한다. 이러면서 사람들은 점점 감정적으로 변하고 억지를 쓰며 상황을 여론의 생각대로만 해석하려고 한다. 마치 물속에서 아이의 옷이 나오고 피가 흘러내려도 아이가 위험하다는 생각보다는 나오지 않으려고 버티는 독한 아이라고 몰아붙이는 것처럼 말이다. 그리고 마지막에 사람들은 아이가 나오기를 바랐다가 끝까지 버티기를 바란다. 이렇게 여론에 영향을 받아서 아무런 근거도 없이 생각이 쉽게 바뀌는 경우도 많다. 그렇지만 이미 아이는 죽은 뒤다.

과거 텔레비전 프로그램에서 '공공장소에서 몇 명의 사람들이 하늘을 보면 사람들이 따라 보게 될까?'라는 주제로 실험한 적이 있다. 과연 몇 명이 필요했을까? 단 세 명이면 충분했다. 사람들은 이처럼 군중심리에 영향을 받는 약한 존재이다.

많은 사람 속에 묻혀 내가 어떤 판단을 하는지 흐려져 소설에서처럼 어리석은 선택을 해서는 안 된다. 군중을 방패 삼아 어린아이를 죽게 만들어서는 안 될 것이다.

2. 방과후 수업 – 《열하일기》 강독반

'황순원 소설 읽기반'의 앞선 형태는 2016년 2학기에 방과후 수업으로 개설한 '《열하일기》 강독반'이었다. 그 강좌를 개설한 이유는 하나였다. 어려운 강좌를 열어서 수업을 없애려는 얄팍한 꼼수였다. 내 예상과 달리 규정 인원 이상으로 학생들의 신청이 몰렸다. 더구나 제법 똑똑한 학생들이 모이는 바람에 무척 재미있게 한 학기를 꾸렸다. 학생들 덕분에 나도 많이 배웠다.

수업의 틀은 '황순원 소설 읽기반'과 거의 같았다. 《열하일기》 전체를 20차시로 나눠서 읽고 시간마다 발제자, 사회자, 기록자가 역할을 맡아서 진행했다.

전체 20시간의 수업을 마치면 개인 문집을 만들도록 했다. 카페에 올라온 발제문, 토론문과 더불어 각 수업에서 각자 쓴 소감문을 모으면 그대로 한 권의 개인 문집이 된다.

《열하일기》 번역본이 몇 가지 있는데, 그 가운데 고미숙 선생님 번역본을 골랐다. 가격도 적당하고, 무엇보다 옮긴이가 왕성하게 활동하고 계셨기에 매력적이었다. 수업 첫 시간에는 《열하일기》와 박지원을 소개하는 고미숙 선생님 영상도 몇 개 같이 봤다. 학생들은 한 학기 동안 《열하일기》를 열심히 읽더니 고미숙 선생님을 만나고 싶어 했다. 겨울방학(1월)에 남산 기슭에 자리 잡은 고미숙 선생님 연구실로 찾아갔다. 선생님께서도 무척 재미가 있으셨는지 면담은 네 시간 넘게 이어졌고, 면담이 끝나고 나서는 저녁까지 사주셨다.

다음에 제시한 자료는 첫 번째 강독 수업에서 작성한 발제문과 토론문, 그리고 소감문 가운데 하나다. 자료가 좀 길기는 하지만 전체 수업의 흐름을 살펴보기에 좋아서 그대로 싣는다.

1. 발제문 – 박지원, 그가 걸어간 길

김○상(2학년)

연암 박지원은 다들 알다시피, 그 유명한《열하일기》를 작성한 인물이다. 우리는 교과서에 나온 〈일야구도하기〉, 〈통곡할 만한 자리〉 등을 통해《열하일기》를 부분적으로 공부했다. 앞으로《열하일기》 전체를 배우게 될 텐데, 그 전에 연암 박지원이라는 인물을 한번 알아보자.

박지원은 노론의 명문가 박사유의 막내로 태어났다. 책에 나와 있는 초상화를 보면 알겠지만, 덩치도 매우 크고 얼굴도 마치 장군처럼 생겼다. 사실 나는 지금까지 박지원이 굉장히 날씬하고 문인처럼 생긴 줄 알고 있었다. 이황이나 이이의 얼굴처럼. 장군 같은 외모처럼, 박지원은 양기가 매우 세서 그의 목소리만 듣고도 귀신이 도망갈 정도였다고 한다.

이렇듯이 내가 평소에 생각하고 있던 박지원의 모습과 실제의 모습이 매우 달랐는데, 내가 이런 괴리감에서 빠져나오기도 전에 한 가지 더 놀라운 사실을 알게 되었다. 바로 박지원이 젊은 시절에 우울증에 걸렸다는 것이다. 우울증에 걸린 이유는 잘 나와 있지는 않지만, 박지원이 그 우울증을 극복한 방법은 잘 나와 있다.

먼저 박지원은 거리로 나와서 다양한 사람들과 만난다. 이야기꾼, 도사, 건달 등 많은 사람을 만나서 그들과 인생에 관한 이야기를 나누고, 그 사람들과 인생 친구가 된다. 당시 양반들의 허례허식에 질린 박지원에게, 이런 다양한 사람들과의 만남은 그가 인생을 살아가는 데 중요한 버팀목이 되지 않았나 생각이 들었다.

박지원에게는 또 다른 친구들도 있었다. 박제가, 이덕무, 홍대용, 정철조, 백동수 등이다. 명분을 중시하며 청을 배척하자고 주장하던 당시 대다수 양반과는 다르게, 이들은 북학파의 중심인물이었다. 박지원은 이런 친구들과 함께 세상의 이치를 논하면서 자연스럽게 북학파에 대한 지식을 키워나간다.

그러던 중 청에 대한 지식을 직접 눈으로 보고 배울 수 있는 절호의 기회가 찾아온다. 연경(북경)으로 떠나는 사신단에 동행하게 된 것이다. 나는 지금까지 사신단이 아주 소수 인원이라고 생각하고 있었다. 그런데 알고 보니 적어도 수십 명, 많게는 수백 명에 이르는 대규모여서 삼방으로 나뉘어 움직였다고 한다. 이 책에서는 연행의 주요 인물들을 포함해 다양한 인물을 소개하고 있었는데, 이 등장인물들이 어떻게 에피소드를 만들어 나갈지 기대가 됐다.

이렇게 청나라에서 돌아온 후에 《열하일기》를 쓴 박지원은 흔한 말로 정조에게 찍혔다. 그런데 조금 이상하다. 정조는 지금의 우리에게 개혁적인 군주로 알려지지 않았나? 그런데 정조는 문체반정을 통해 당시 유행하던 패관문체, 즉 박지원의 《열하일기》 같은 작품들을 억누르려는 모습을 보인다. 책에서는 "박지원이 말과 사물들의 웅성거림을 세상에 전달한 전령사였을 뿐"이라는 구절이 나오는데, 박지원이 단순히 청의 발전된 문물을 받아들이자고 말하는 실학자였는지, 조선의 사상을 어지럽히는 사상가였는지는 한번 생각해 봐야 할 문제란 생각이 들었다.

그리고 한 가지 더 궁금해서 이야기하고 싶은 부분은 《일성록》에 나타난 정조와 박명원의 대화다. 사신단의 출발은 분명 5월 25일이다. 하지만 정조와 박명원의 대화에서 "이 더운 날씨에 잘 갈 수 있겠느냐?", "요동 벌판은 때마침 장마철" 등과 같이 여름을 나타내는 말들, 그리고 결정적으로 "한 달 사흘쯤 걸려 8월 13일 이전에는 그곳에 도착할 수 있을 것 같습니다."라는 말이 나온다. 내 이해력이 나빠서 잘 이해하지 못하는 것인지, 아니면 7월에 출발해 놓고 잘못 표기한 것인지, 그것도 궁금하다는 생각이 들었다.

연암 박지원은 당시 조선의 사상과는 확연하게 다른 것을 주장한 인물이다. 만약 우리 앞에 두 가지 길이 있다고 가정해 보자. 하나는 잘 포장된 길이다. 자동차도 그 길로 빠르게 지나가고, 사람들도 대부분 그 포장도로로 다닌다. 그야말로 안전이 보장된 탄탄대로다. 그 오른쪽에는 산길이 있다. 오랫동안 이용되지 않은 게 티가 나는 듯 입구부터 나무가 무성하다. 그 안으로 들어가면 맹수가 나올지 절벽이 나올지 아무도 모른다. 이런 상황에서 자신 있게 산길로 나아간 사람, 그 사람이 바로 연암 박지원이다. 박지원의 이런 패기 넘치는 모습과 도전적인 모습은 결국 조선의 새로운 발전 가능성을 제시하는 성과를 이뤘다.

　나는 이런 박지원을 현대인의 관점에서 배울 점이 많다고 느꼈다. 예를 들어, 현대인들이 가장 선호하는 배우자의 직업은 교사 같은 공무원이라고 한다. 또한 청소년들의 직업 선호 역시 교사가 가장 높다고 한다. 그 이유는 바로 안정성이다. 물론 남을 가르치는 게 정말 좋아서 교사를 선택하는 사람도 많을 것이다. 하지만 청소년들이 가장 좋아하는 직장이 5년째 국가 기관이라고 하니, 새삼 사람들이 정말 안정적인 것을 좋아한다는 것을 느꼈다.

　나는 다른 사람들에게 이미 정한 인생의 직업을 바꾸라는 말을 하고 싶지는 않다. 내게는 그런 자격도 없다. 하지만 박지원의 모습에서 보았듯이, 산길로 한 번 가보는 것도 인생의 좋은 경험이 되지 않을까? 그 산길로의 한 걸음이, 후에 어떤 모습으로 나타나게 될지는 아무도 모른다. 어쩌면 우리가 상상도 못 했던 세계로 이끌어 줄지도 모른다.

2. 토론문 – 박지원, 너는 얼마나 알고 있니?

정리: 이○리(2학년)

사회자: 오늘부터 《열하일기》 강독을 시작하겠습니다. 첫 토론에서 사회를 맡게 되어 영광입니다. 그럼, 발제에 이어서 발제나 책의 내용에 대해 궁금한 점은 서로 묻고 답해주세요.

25쪽에 있는 《일성록》 부분에서 날짜가 안 맞는 문제

· 책의 내용을 보면 5월 25일에 출발했는데 벌써 무덥다는 표현도 나오고, 한 달 나흘이 지나면 8월 13일에 도착한다는 표현이 나온다. 날짜가 잘 안 맞는 것 같다.

· 5월 25일인데 왜 벌써 더울까? 음력이라서 그런 게 아닐까? 옛날에는 오뉴월 무더위라는 말이 있었는데, 음력으로 오월이나 유월이면 한여름이었다.

· 한 달 나흘 동안 부지런히 가면 8월 13일에 도착한다는 표현은, 요동 들판을 지나는 시간만 얘기한 게 아닐까? 그 부분에 보면 지금 요동은 장마라 땅이 질척거려서 이동하기가 힘들다는 표현이 나오는데, 그러한 요동 들판을 한 달 나흘 동안 부지런히 간다는 의미가 아닐까?

연암은 왜 우울증에 걸렸을까?

· 이번에 글을 읽으면서 깜짝 놀랐던 내용은 연암이 우울증에 걸렸

었다는 점이야. 그걸 고치기 위해서 다양한 사람들을 만났다고 하는데, 우울증에 걸린 이유는 나와 있지 않아. 왜 박지원 같은 사람이 우울증에 걸렸을까?

· 집에만 있어서?

· 왜 집에만 있었냐고? 능력도 있었던 사람이고 집안도 좋았는데 왜 벼슬도 안 하고 집에만 있었을까?

· 양반이 싫어서?

· 그러니까 왜? 왜 양반이 싫어?

· 그건 책에 나와 있는데…… 벼슬하는 것도 싫고, 그래서 과거 시험도 보지 않았다고.

· 그러니까 왜 그런 게 싫었냐고?

· 뜻이 안 맞았나 보지 뭐.

· 지난 시간에 봤던 고미숙 선생님 강연 영상에서도 보면, 원래 그런 걸 체질적으로 싫어했던 것 같아. 그러다 보니 그랬던 게 아닐까?

사회자: 오늘은 첫 시간이라 읽을 범위가 조금밖에 안 되고, 그래서 질문할 내용도 많지 않은 것 같습니다. 그럼, 토론으로 넘어가겠습니다. 발제나 책의 내용 가운데 함께 토론하면 좋겠다고 생각하는 주제를 말씀해 주세요.

교사: 질문을 제대로 하려면 먼저 책을 제대로 읽어야 합니다. 책을 제대로 읽으려면 어떻게 해야 할까요? 꼼꼼하게 읽

어야 합니다. 읽으면서 궁금한 것이나 이해가 안 되는 부분, 중요하다고 생각하는 부분에는 밑줄을 치세요. 그리고 책을 읽으며 떠오르는 생각들을 군데군데 메모하세요. 기억하지 말고 기록하세요. 기억은 사라져도 기록은 남습니다.

연암은 단순한 실학자였나? 아니면 질서를 어지럽힌 사상가였나?

· 박지원이 단순히 청의 발전된 문물을 받아들이자고 주장한 실학자였는지, 조선의 질서를 어지럽히는 사상가였는지에 대해서 토론해 보면 어떨까?

· 토론해 볼 만한 주제라고 생각해.

· 근데 전자랑 후자랑 같은 맥락 아니야? 무슨 차이야?

· 전자는 박지원을 긍정적으로 본 거고 후자는 부정적으로 본 것 같아. 구체적으로, 현대의 우리 대다수는 박지원을 전자의 입장으로 생각하지만, 당시 정조나 양반들 눈에는 후자로 보였겠지.

· 동의해. 정조와 박지원은 모두 '개혁'을 주장하지만, 그 개혁의 성격이 서로 달랐어. 정조는 세종의 시절로 돌아가자는 의미의 개혁이었던 반면 박지원은 아예 우리나라에 새로운 문물을 들여오자는 개혁이었지.

· 나는 박지원이 시대를 어지럽힌 사상가라고 생각해. 정조의 눈에는 나라가 어지러워 보였기 때문에 우리가 가지고 있는 것을 바탕으로 새롭게 질서를 잡으려고 했어. 군주로서 올바른 일을 했다고

생각해. 근데 박지원은 청의 문물을 받아들이자는 주장을 하면서 기존의 질서를 오히려 허물려고 했잖아.

사회자: 박지원이 긍정적 인물이라고 생각하시는 분 있으신가요?

- 나! 우리나라는 항상 약자 입장이었다고 생각해. 항상 강자의 도움을 받고 살아왔잖아. 박지원은 우리나라의 역사를 돌이켜보며 적절한 시기에 기회를 잡는 게 중요하다고 생각했던 게 아닐까. 조선이 청나라에서 선진 문물을 수용하는 게 나라를 위해서는 좋은 기회였다고 판단한 거지.

- 나도! 박지원은 사람들의 알 권리를 충족시켰어. 당시 조선인 대다수는 직접 청나라에 가보지 못했으니까, 위에서 주입받은 대로 청나라를 무조건 배척했을 거야. 오랑캐라고. 그런데 박지원의 책으로 인해서 청나라를 더 사실에 가깝게 인식할 수 있었다고 생각해.

지금 우리 사회에 박지원이 있다면 어떤 주장을 펼쳤을까?

- 당시 박지원이 "오랑캐면 어때? 조선이 발전하는 데 도움이 되면 그만이지."라고 주장했는데, 만약 지금 우리 가운데 누군가가 "민족이 뭐가 중요해."라고 말한다면 어떨까?

- 일제강점기에 '식민지 근대화론'이나 "우리나라 발전을 위해 미국의 주로 편입되자."라거나, 그런 수위일 수도.

- 세계화를 위해 "한국어를 버리자. 영어를 공용화하자. 그래야 나라

가 발전한다." 이런 주장과도 같은 맥락으로 볼 수 있지 않을까?

• 그러고 보니 당시 박지원의 주장이 얼마나 위험해 보였을지 조금 이해가 되네. 정조의 생각도 어느 정도 이해가 되고.

교사: 박지원은 목숨을 걸고 자기주장을 펼친 겁니다. 실제로 박지원을 죽이려고 했죠. 박지원을 왜 그렇게 싫어했느냐? 당시 '사대주의'를 좀 알아야 해요.

사대주의의 '사'가 '섬길 사'이고 '대'가 '큰 대'입니다. 큰 걸 섬기는 거죠. 조선이 명나라를 섬기는 거예요. 문제는, 명나라는 이미 망한 지 100년이 넘었어요. 그래서 명을 섬기던 사대주의가 "우리가 명나라를 다시 살리자." 이런 식으로 갔어요. 물론, 실패했죠.

그러면서 그 흐름이 '대의명분'으로 이어졌습니다. 명나라가 가지고 있던 그 명분이 조선으로 왔다고 여긴 거죠. 그때 '소중화주의' 개념이 생겨난 겁니다. 명나라가 없으니, 조선이 이제 중화라는 겁니다. 명이 잃어버린 그 질서를 조선이 세워야 한다는 거죠. 명나라를 되살릴 수 없으니, 그 질서, 대의명분이라도 되살리자! 그래서 정조가 정약용과 함께 규칙을 정비한 것이죠. 중화의 질서를 회복하려고.

사실 정조가 임금으로서 권력을 행사할 수 있었던 건 '중화주의'를 따랐기에 가능했던 겁니다. 그런 명분을 내세워야 양반 사대부를 설득할 수 있으니까. 그런데 박지원이 그걸 정면으로 거부한 거예요. 정조로서는 어땠겠어요?

사회자: 이렇게 사대주의가 보편화됐던 시대에 박지원의 《열하일기》가 어떻게 그렇게 열풍이었을까요?

· 그러게. 지금으로 치면 "대한민국을 일본으로 편입시키자!" 뭐 이런 과격한 주장이었을 텐데.

· 모르겠어.

사회자: 시간이 다 됐습니다. 오늘 토론은 여기까지입니다. 마지막 질문은 오늘 해결하지 못했는데, 우리가 앞으로 《열하일기》를 읽으면서 계속 해답을 찾아야 할 숙제라는 생각이 듭니다. 토론에 열심히 참여해 주셔서 감사합니다.

교사: 그 숙제 좋네요. 앞으로 책을 읽으면서 그 질문을 염두에 두고 답을 찾아봅시다. 이런 게 바로 추론적 독서죠. 고생했어요.

3. 소감문 – 파란 하늘 아래 버려진 보석, 미련한 조선

구○환(2학년)

굉장히 설레는《열하일기》방과후 수업 첫 시간이었다. 이 수업은 정해진 분량의 책을 읽고, 발제자의 발제를 듣고, 주제를 정해서 사회자의 진행 아래 자유롭게 원탁토의를 하는 방식으로 진행되었다.

사회자가 토의를 시작했을 때 막 설렜다. 어떤 사람과 어떤 말을 주고받을지, 어떤 다양한 이야기들이 나올지 궁금했다. 익숙한 얼굴들과 편안한 분위기. 내가 잘할 수 있을까 하는 걱정과 첫 수업이라는 부담보다는 이 시간만큼은 자유롭게 즐길 수 있겠다는 안도감이 들었다.

첫 시간, 책의 내용은 비교적 가벼웠다. 연암 박지원의 생애, 용모, 평소 행동, 생각 등에 관한 내용이었다. 이상이의 발제는 놀라웠다. 많지도 않은 분량을 읽고 상당히 긴 발제문을 썼기 때문이다. 그리고 무엇보다 흥미로운 토의 주제를 생각해 냈기 때문이다. 이상이의 훌륭한 발제에 감탄하며 한편으로 내 발제 시간이 조금 걱정스럽기도 했다. 덕분에 더 좋은 토의 주제를 찾아야겠다는 목적도 생겼다.

이번 토의의 중심 내용은 박지원과 정조 이 둘 사이의 관계에 대한 것이었다. 크게 정리하자면 '정조가 박지원을 꺼렸던 이유가 뭔가? 그 시대와 현대에 박지원을 보는 평가는 어떤 점에서 다른가?' 이 정도라고 할 수 있다. 나도 책을 읽으며 이와 비슷한 의문을 품었다. 정조가 박지원을 꺼린 이유는 수업을 통해 명쾌하게 알 수 있었다. 요약하자면 정조는 옛것을 지속하며 질서를 바로잡는 것이 목표였다면, 박지원은 새로운 것을 받아들여 기존의 질서를 무너뜨려야 한다고 생각했다. 서로 다른 방향의 혁신이다. 무엇이 더 좋고 나쁜지는 개개인의 차이일 것이다.

난 박지원을 지지한다. 정조를 보아하니 '온고지신'이란 사자성어가 떠올랐다. 하지만 옛것이 항상 좋으란 법이 있나? 고쳐야 할 것은 제때 고쳐야 후에 문제가 생기지 않는다. 또 아무리 오랑캐라도 배울 건 배우고 본받을 건 본받아야 한다. 뿌리가 부분부분 썩어가는데도 우리 것만 고집해서는 나라가 발전할 수 없다.

책을 읽으며, 그리고 친구들과 토의하며 가장 안타까운 부분은 이것이었다. 바로 청에 대한 당시 조선의 인식이다. 더러운 오랑캐들이라고 거들떠보지도 않는 조선 사회의 모습이다. 실상은 다른데도 말이다. 영화 〈광해〉에서도 이런 대사가 나온다. "조선의 왕이라면 어찌 청나라를 섬기느냐?"

이전부터 뿌리 깊숙이 박힌 청에 대한 인식은 박지원이 걸려 넘어진 걸림돌이 되었고 조선 발전의 발목을 잡았다. 명분만을 중요시하는 조선의 모습이 안타까웠다. 명분으로 눈을 가리고 앞을 보지 못하는 상황이었다.

박지원이 조선의 질서를 어지럽히는 사상가였다면 《열하일기》가 베스트셀러가 되어 수많은 사람을 매료시킨 힘은 무엇일까? 단지 선동을 잘해서일까? 앞으로 《열하일기》를 읽으며 탐구해야 할 과제다.

수업 한 시간은 너무도 빠르게 지나갔다. 말 몇 마디 주고받으니까 수업 끝나는 종이 쳤다. 조금 더 활발하게 활동했으면 하는 아쉬움이 남긴 했다. 첫 시간이라 그런지 다들 조금(?) 조용했고 활발한 의사소통이 이뤄지지는 않았다. 다들 점차 익숙해지면 때로는 웃으며 때로는 열광적으로 토의하는 모습이 그려진다. 앞으로가 기대된다.

《열하일기》강독반! 후회 없는 선택이었다.

3. 동아리 – 소설 인물 탐구반

다섯 손가락

황순원 작가의 작품을 학교에 처음 들여온 계기는 2015년 정규 동아리 활동이었다. '소설 인물 탐구반'이라는 이름으로 동아리를 개설했다. 황순원 작가의 단편소설 104편을 읽고 거기에 나타난 '인간성 양상'을 탐구하겠노라 거창하게 포부를 밝혔더니 1학년 다섯 명이 모였다.

> 엄지: 누가 봐도 '똑' 소리가 나는 여학생으로 말도 글도 무척 재빠르다.
> 검지: 문학을 무척 좋아하고 글도 잘 쓰는 여학생으로 신중하고 차분하다.
> 중지: 우리 반 남학생인데, 문학을 좋아하고 가수 유재하를 좋아해서 다른 친구들과는 어울리기 힘들어한다.
> 약지: 우리 반 남학생인데, 가위바위보에 져서 우리 동아리에 들어오게 되었다.
> 소지: 두터운 뿔테 안경 뒤에 속내를 꼭꼭 숨긴 여학생으로 머리 위로 물음표가 둥둥 떠다니는 만화 캐릭터가 연상된다.

너무나도 성향이 다른 다섯 아이를 보며, 나는 손바닥이 되고 싶다고 생각했다. 생김새도 모두 다르고 가리키는 방향도 제각각 다르지만, 다섯 손가락은 손바닥에 붙어서 제 역할을 한다. 다섯 손가락이 손바닥에 의지해서 자유자재로 움직일 때 그 손이 만들어내는 창의성은 참으로 놀랍다. 그런 동아리가 되면 좋겠다고 어렴풋이 소망했다.

읽을 작품 고르기

황순원 작가가 쓴 단편소설은 모두 104편이다. 전집이 있어서 작품은 어렵지 않게 구했다. 그런데 그걸 모두 읽을 수는 없어서 일부(43편)만 추려서 읽었다.

제1권 늪(4편)

거리의 부사/ 돼지계/ 갈대/ 닭제

제2권 기러기(11편)

별/ 산골아이/ 그늘/ 저녁놀/ 기러기/ 황노인/ 세레나데/ 노새/ 맹산 할머니/ 물 한 모금/ 독 짓는 늙은이

제3권 목넘이 마을의 개(3편)

담배 한 대 피울 동안/ 아버지/ 목넘이 마을의 개

제4권 곡예사(5편)

솔메 마을에 생긴 일/ 메리 크리스마스/ 어둠 속에 찍힌 판화/ 곡예사/ 이리도

제5권 학(3편)

소나기/ 학/ 몰이꾼

제6권 잃어버린 사람들(4편)

불가사리/ 잃어버린 사람들/ 비바리/ 소리

제7권 너와 나만의 시간(6편)

링반데룽/ 모든 영광은/ 너와 나만의 시간/ 내 고향 사람들/ 송아지/ 그래도 우리끼리는

제9권 탈(7편)

소리 그림자/ 온기 있는 파편/ 어머니가 있는 유월의 대화/ 수컷 퇴화설/ 차라리 내 목을/ 마지막 잔/ 나무와 돌, 그리고

작품 읽고 토론하기

동아리 시간마다 읽어 올 분량과 저마다 발제할 작품을 정해줬다. 처음에는 발제하는 방법을 몰라서 헤매던 학생들이 어느새 토론까지 능숙하게 할 정도로 쑥쑥 성장했다. 엄지가 먼저 툭툭 치고 나가면 검지가 소설에서 근거를 찾아 뒷받침했다. 거기까지는 예상한 대로였다. 그런데 중지와 약지의 반응은 전혀 예상 밖이었다. 엄지와 검지의 기세에 눌리지 않고 하고 싶은 말을 했다. 비록 느릿느릿 낮은 목소리였고, 때로는 말하던 중에 엄지가 답답하다며 말머리를 가로챌 때도 많았지만, 그래도 둘은 주눅 들지 않았다. 평소 교실에서는 다른 친구들과 말을 제대로 섞지 않던 중지와 약지였기에 토론에서 보여주는 모습은 무척 의외였다.

말도 글도 재빠른 여학생 두 명, 정반대 성향의 남학생 두 명, 처음부터 끝까지 존재감이 없었던 여학생 한 명, 이들 다섯 손가락이 빚어

내는 묘한 조화는 그저 신기하기만 했다. 서로 전혀 어울리지 않는 조합이었는데, 그렇게 삐걱거리면서도 꽤 진지하게 토론했다.

이 동아리 활동을 기획하고 설계한 건 교사였다. 그렇지만 이런 아이들이 모여서 이렇게 토론을 이어간 건 우연의 결과였다. 그런데 또 생각해 보면, 이런 아이들이 아니어도 괜찮았을 것 같다. 그들 나름대로 새로운 조합을 만들어 뭔가를 티격태격 만들어내지 않았을까?

논문으로 엮기

일 년 동안 그렇게 지지고 볶더니 결국 소논문 한 편을 완성했다. 결정적인 계기는 1권《늪》의 네 작품을 끝내고 2권인《기러기》로 접어들 무렵이었다. 1권(늪)을 대표하는 작품인 〈거리의 부사〉에는 일본에서 유학하는 조선인 청년이 주인공으로 등장한다. 어쩌면 당시 소설을 쓰던 황순원의 분신이라 할 수 있는 인물이다. 나이도 비슷했다. 그래서인지 1권에는 작가의 당대 번뇌를 다룬 작품이 많았다.

그러다 2권(기러기)으로 넘어오면서 〈별〉과 〈산골아이〉 두 작품을 만났다. 둘 다 어린아이가 주인공이다. 〈거리의 부사〉에 등장하는 주인공이 작가 황순원의 분신이었다면, 두 작품의 주인공은 그때 함께 작품을 읽던 학생들의 분신일 수도 있겠다고 생각했다. 그만큼 학생들은 두 작품에 강렬하게 몰입했다.

학생들과 작품을 읽을 때는 미처 생각하지 못했는데, 나중에 황순원의 문학 세계를 돌이켜 보다가 "어쩌면 이 두 작품이 황순원 문학의 출발점이 아니었을까?"라는 얘기가 나왔다. 그래서 그런지 우리가 함께 읽은 43편 가운데 무려 11편이 2권에 몰려 있었다. 물론 의도치 않은 우연이었다. 뭘 알고 그렇게 한 건 아니었다. 하지만 무의식중에도 이 시기가 무척 중요하다고 감각적으로 느끼지 않았을까 싶다.

〈별〉과 〈산골아이〉 두 작품을 읽으며 학생들은 가장 먼저 '성장'이라는 열쇠를 찾았다. 그러면서 '성장 이전에 뭐가 있을까?'를 붙들고 함께 고민했다. 그러다 '억압'을 찾아냈다. 다섯 손가락 가운데 누구의 입이었는지는 기억나지 않으나, 그 단어가 툭 튀어나왔을 때 교실에 잠깐 정적이 흘렀다. 그러고 모두가 '아!' 탄식했다.

그 뒤로는 쉬웠다. 황순원의 소설을 더 읽으며 '억압-성장' 뒤에 두 단계를 더했다. 그렇게 해서 완성한 논문의 차례는 이렇다.

I. 서론

　1. 탐구의 필요성과 목적

　2. 탐구의 주제 및 내용

　3. 탐구 방법 및 과정

II. 억압: 청소년기의 억압과 그 해소

　1. 산골아이: 어른이 되기 위해 넘어야 할 두 가지

　2. 별: 오이디푸스콤플렉스

　3. 황순원 소설에 나타난 억압의 작용

황순원 소설에 나타난 인간성 양상

본론에 해당하는 Ⅱ장부터 Ⅴ장까지는 인생의 흐름이다. 학생들은 황순원 소설에 나타난 다양한 인물들을 나이로 분류하여 인생을 네 시기로 나누고 각각을 대표할 핵심어를 골랐다. 그리고 그 특징을 가장 잘 보여주는 작품들을 골라서 분석했다. 더불어 전체를 관통할 수 있는 무언가를 찾으려고 했다. 그렇게 해서 얻은 결론 가운데 일부를 그대로 인용한다.

사람의 일생을 보면, 정신이 미성숙할 때는 자신을 보호하기 위해 '억압'을 이용하고 그것을 받아들일 준비가 되면 억압을 깨고 나와 '성장'한다. 성장 후에는 삶의 태도에 '변화'가 나타나게 되고 그렇게 조금씩 우리는 '늙음'과 마주하게 된다.

어찌 보면 이 모든 과정은 '성장'이라는 아름다운 주제의 분류 항목인 것으로 느껴질 수도 있으나, 실상 그 각각의 과정을 들여다보면 한 발짝 나아가는 것에 대한 큰 시련과 고통이 따른다. 그리고 그 과정에서 고통을 이겨내지 못하면 아름다운 인생을 삐딱하게, 어긋나게 부정적인 시선으로 바라보게 된다. 그렇게 느낀 부조리함은 앞서 서론에서 말한 여러 사회문제의 형식으로 표출된다.

황순원은 그 모든 과정에서 우리에게 필요한 것은 따뜻한 시선으로 바라봐 주는 '배려'라고 말하고 있다. 그 사람이 한 과정에 있어 겪고 있을 고통과 아픔에 공감하며 다음 단계로 나아갈 때까지 말없이 참고 기다려주는 마음이 바로 '배려'이다.

더 나아가 그런 깨달음을 현대의 사회문제에 적용했다. 역시 논문의 결론 부분이다.

> 황순원이 이 작품들을 썼을 당시에 있던 전쟁이나 굶주림의 고통 등은 현재 우리 사회에서는 조금 동떨어진 일이다. 하지만 그때에는 없던 '입시 전쟁', '취업난', '독거노인' 등의 문제가 새로 생겨나 그때만큼이나 삶은 팍팍하고 세상은 고달픈 곳이 되었다. 하지만 그럼에도 우리가 삶이 살 만하다고 느끼는 것은 주변 사람들의 '따뜻한 배려'가 있기 때문이 아닐까? 그러한 관점에서 보아, 우리가 현 사회의 문제들을 해결하기 위해서는 정책이나 법도 필요하지만, 그에 우선하여 황순원이 세상을 바라본 관점처럼 사람을 따뜻하게 바라봐 주는 '배려'가 가장 필요한 게 아닐까?

처음 이 동아리를 개설할 때는 이렇게까지 성공적인(?) 결말을 꿈꾼 것은 아니었다. 하지만 교사의 어수룩한 기획과 다섯 손가락의 티격태격이 한 해 동안 쌓여서 열매를 맺었다.

그 과정에서 학생들도 많이 성장했겠지만, 교사도 그에 못지않게 성장했다. 학생들에게 "꿈은 이뤄진다!"라고 목청을 높이곤 했는데, 그걸 교사 자신이 경험했기 때문이다. 이 자신감은 이후 다른 수업을 기획할 때도 든든한 밑천이 되었다. 교사의 기획이 완벽하지 않아도 된다. 아이들이 생각처럼 왕성하게 활동하지 못해도 괜찮다. 아름다운 열매를 맺지 못해도 상관없다. 과정과 결과가 어떻든, 그 경험을 통해 학생과 교사는 자기 깜냥대로 배우고 성장한다.

'억압-성장-변화-늙음'이라는 네 단계는 교사의 삶에도 오롯이 적용된다고 느꼈다. 앞에서 인용한 논문의 결론을 이렇게 바꿔도 말이 된다. '늙음'을 '성숙'으로만 바꿨다.

교사의 일생을 보면, 미숙할 때는 자신을 보호하기 위해 '억압'을 이용하고 그것을 받아들일 준비가 되면 억압을 깨고 나와 '성장'한다. 성장 후에는 교사로서의 삶에 '변화'가 나타나게 되고 그렇게 조금씩 교사는 '성숙'하게 된다.

학생들과 함께 황순원 소설을 읽었던 일 년이라는 시간은 교사인 내게도 참으로 소중한 경험이었다.

4. 한 작가만 읽었더니

여기서 소개한 세 가지 수업 사례에서는 한 해 또는 한 학기 동안 한 작가만 꾸준히 읽었다. 돌이켜 생각해 보면 무모하고 지독했다. 그런데 그렇게 하면 뭐가 좋을까? 뭔가 쌓이는 게 있다.

먼저, 작가의 일생이 쌓인다. 특히 황순원처럼 오랜 시기에 걸쳐 작품을 창작한 작가라면 더욱 그렇다. 앞서 제시한 작품 목록은 시대순이다. 황순원 작가의 일생이 고스란히 담긴 셈이다. 초기 작품에는 일제강점기와 한국전쟁의 격랑이 휘몰아치고, 후기 작품에는 나이 들어가는 자신을 바라보는 관조가 묻어난다. 작가의 일생을 우리는 한 해 동안 지켜본 셈이다. 작가의 숨결을 더 생생하게 느낄 수 있었다. 후기 작품에 얼핏얼핏 묻어나는 주저함과 망설임을 조금은 더 깊이 이해하게 되었다. 고등학교 1학년이 노년의 정서를 가슴으로 받아들이는 일이 쉽지는 않았을 텐데, 그때는 그게 됐다. 한 작가를 꾸준히 읽었기 때문에 가능했을 것이다.

둘째, 독자에게 쌓인다. 대학 1학년 여름방학 때 조정래 작가의 장편소설 《태백산맥》을 읽었다. 경상도에서 자란 탓에 전라도 사투리가 입에 붙지를 않았다. 처음 한 권을 읽는데 사흘인가 걸렸다. 그렇게 몇 권을 읽으며 사투리가 입에 붙으니 점점 속도가 빨라졌다. 마지막에는 하루에 두 권을 읽었다. 그러고 났더니 내 입에서도 전라도 사투리가 튀어나왔다. 학생들이 황순원 작가의 작품을 읽는 일도 비슷했다. 처음에는 무척 더디고 서툴렀다. 그런데 읽은 작품의 수가 늘어갈수록 속도는 빨라졌다. 작가가 왜 그렇게 얘기하는지, 인물이 왜 그렇게 행동하는지, 조금은 더 쉽게 알아차렸다. 토론은 점점 더 깊어졌다. 쌓인 게 많아졌기 때문이다.

셋째, 교사에게도 쌓인다. 개인적으로 좋아하는 작가가 셋이다. 시로는 백석이요 소설로는 황순원이다. 거기에 박지원이 더해진다. 그 가운데 박지원과 황순원으로 '한 작가 읽기'를 한 셈이다. 이런 작가의 작품을 혼자 읽기는 버겁다. 날마다 수업 준비에 급급한데 진득하니 한 작가의 책을 붙잡고 있을 용기가 나지 않기 때문이다. 하지만 수업을 빙자해서 좋아하는 작가의 작품을 한 학기 또는 한 해 동안 긴 호흡으로 만날 수 있으니, 그것만으로도 좋았다. 또 학생들과 함께 읽으면 평소에 내가 생각하지 못했던 얘기가 샘솟듯 펑펑 솟구치기도 한다. 학생들과 함께하는 시간 동안 교사에게도 쌓이는 게 있기 때문이다.

황순원이나 박지원이 아니라도 좋다. 소설이 아니라 시라도 좋다. 꾸준히 읽으면 뭔가 쌓이는 게 있고, 그게 학생과 교사를 성장시킨다고 믿는다.

사소한 질문에서 시작하는

역사적 맥락으로
소설 깊게 읽기

김지운

어느 순간 소설 수업을 너무 관성적으로 하고 있지는 않나 의심하게 되었다. 남들이 읽는 방식대로 수박 겉핥기에 그치고 있는 것은 아닐까? 소설의 달콤한 속살을 맛보려면 어떻게 해야 하나? 이런 고민 끝에 한 겹 한 겹 파고 들어가 소설을 두껍게 읽는 수업을 구상했다.

수업 개요

이 수업은 기본적으로 재미있는 수업이라고 보기는 어렵다. 이 책의 다른 교사들이 제시하고 있는 수업들과는 약간 결이 다르다고도 할 수 있다. '재밌는 소설을 읽고, 흥미를 끄는 활동을 자연스럽게 따라가다 보니 소설의 의미를 깨닫게 되었네!'라는 느낌을 주는 수업은 아닌 셈이다.

이 수업은 '좀 더 깊이 들어가 보면 안 될까?' 혹은 '우리가 지금 알고 있는 것이 다일까?'라는 어쩌면 꼰대 같은 마인드에서 시작하는 수업이라고 표현하는 것이 더욱 적절한 듯하다. '지금까지 수업 시간에 다룬 소설들에 대한 해석이 놓치고 있는 것은 무엇인가?'라는 의문에서 시작해, 그동안 무심코 지나쳤던 사소한 의문점들이 어떤 중요한 의미를 지니는지 탐색하여, 현재와는 다른 시대에 대한 이해를 넓히는 수업이라고 정리할 수 있겠다.

그런데 한 시대를 이해하는 새로운 질문들을 발견하기 위해서는 소설을 조금은 '두껍게' 읽을 필요가 있다. 클리포드 기어츠라는 사회학자는 자신이 쉽게 이해할 수 없는 다른 사회의 문화적 맥락을 설명하기 위해서는 '두꺼운 묘사(thick description)'가 필요하다고 말했다. 한 사회의 질서를 파악하기 위해서는 문화적, 정치적, 사회적, 경제적 맥락 등을 두루두루 겹쳐 '두껍게' 이해하고 서술해야 한다는 말이다. 외부자의 관점에서 피상적으로 보았을 때는 지극히 비합리적으로 보이는 행위들도, '두꺼운 묘사'를 통해 그 사회를 지탱하는 중요한 원칙들을 따르고 있음을 드러냈기 때문이다.

그런데 '소설 읽기'에도 이 말이 어느 정도 의미 있는 개념이라는 생각이 든다. 특히 오늘날의 삶과 상당히 동떨어진 시대를 배경으로 하는 소설들을 이해하기 위해서는 분명 등장인물들이 살아가던 그 사회의 맥락을 정확하게 파악해야 하고, 그러기 위해서는 당시 시대상을 '두껍게' 이해할 필요가 있기 때문이다.

학생들이야 두말할 필요도 없겠지만, 시간이 지나면 지날수록 교사들 또한 소설 속 등장인물들의 행동과 사고방식이 오늘날의 감성과 논리로는 해석될 수 없는 영역에 있다고 느끼기 십상이다. 그런데 다들 느끼고 있겠지만 '귀찮음'이라는 강력한 장애물이 있으니, 작품을 두껍게 읽어내려고 노력하기보다는 '작품 요약 및 해설'이라는 명목으로 유통되는 '얄팍한' 읽기에 점점 더 의존하게 된다.

하지만 소설의 세계는 그렇게 단순하지 않으며, 시간이 지나면 지날수록, 새로운 독자를 많이 만나면 만날수록 또 다른 해석 가능성을 열고 있음을 간과해서는 안 된다. 그래서 한 겹 한 겹 더욱 깊이 소설을 읽어가는 수업이 필요한데, 이와 같은 고민을 바탕으로 기획했던 수업 구성을 간략하게 정리하면 다음과 같다.

단계	수업 내용
1	얇게 읽기 – 작품 읽기 및 이해를 위한 기본적 질문 토의
2	약간 두껍게 읽기 – 작가 및 문학사적 맥락 이해를 위한 질문 토의
3	아주 두껍게 읽기 – 사소한 듯하지만 중요한 질문 제시
4	넓게 읽기 – 역사적 맥락에 대한 확장된 이해

1단계인 '얇게 읽기'에서는 작품 소개를 거의 최소한으로 진행한다. 이 수업의 기본적인 목표는 '깨달음'의 즐거움을 주는 것이다. 아무런 정보 없이 시작하여, 조금씩 조금씩 소설이 보여주는 세계 속으로 들어가, 소설 속에 펼쳐진 삶을 충분히 이해하는 것이 목표이기 때문이다. 1단계에서는 작품을 읽는 과정에서 필요한 기본적인 정보, 예를 들어 모르는 단어 설명 같은 것만 제공하고, 작품 자체의 내용 파악에 초점을 맞춘다. 시대적 맥락을 굳이 고려하지 않고 등장인물의 관계, 사건의 맥락, 기본적인 갈등 구조 등을 정리하고 파악한다.

2단계인 '약간 두껍게 읽기'에서는 작품과 관련해서 흔히 알고 있는 문학사적 맥락이나 중요한 작가적 사실들을 제시하여 작품 탐구를 진행한다. 작가와 관련된 시대적 상황이나 문학사에서 평가하는 형식적 특징 혹은 개괄적인 역사적 맥락 등에 관련된 정보를 제공하고 토의한다. 일반적인 소설 수업이라면 이 정도에서 수업이 마무리되는 것이 보통이다.

3단계인 '아주 두껍게 읽기'에서는 '사소한 듯하지만 가장 문제적인 질문' 하나를 제시하고 이를 집중적으로 토의하게 한다. 그냥 막연하게 생각했던 소설의 역사적·사회적 배경에 대해 좀 더 깊이 사고할 수 있는 질문 하나를 의도적으로 제시한다. 대부분 이런 질문들은 별생각 없이 넘어갈 수도 있는 질문이지만, 어떤 경우에 그 질문은 지금까지의 해석을 모두 뒤집을 수 있는 파괴력을 가진 질문일 수도 있다. 이 질문에 대한 해답을 찾아가는 과정에서 학생들은 그 시대의 삶으로 깊이 들어가는 경험을 할 수 있도록 수업을 이끌어 간다.

4단계인 '넓게 읽기'에서는 마지막 질문의 답을 찾는 과정에서 고민했던 당시 시대적 맥락을 다양한 자료를 통해 확인하고 해석하는 활동을 진행한다. 이 단계에서는 문학 수업을 넘어 역사, 정치, 사회, 경제 등 다양한 분야로 관심이 확대되는 지적 경험을 제공하기 위해 노력한다. 특히 이런 탐구 활동의 경우 대부분 오늘날의 사회적 문제들과 연관되는 주제들이 도출될 가능성이 크기 때문에 학생들의 탐구 활동의 폭도 넓어지고, 현실적으로 보았을 때 특기 사항 기록에도 많은 도움이 된다.

　　여기까지 수업의 흐름을 개략적으로 설명해 보았지만, 이 수업이 어떻게 진행되는지 딱 손에 잡히는 느낌은 아닐 거라고 생각한다. 그리고 '아니 대부분 다 이렇게 수업을 진행하지 않나?'라는 생각이 들 수도 있다. 그러니 차차 수업 사례들을 설명하면서 수업 경험을 좀 더 구체적으로 공유해 보도록 하자.

1. 역사적 맥락을 따져 묻는 수업의 이유

쉬운 소설만 읽고 싶은 유혹

이른바 '현대소설'을 수업할 때 문득 이런 생각이 들었다. 과연 일제강점기 소설을 진짜 '현대'소설로 볼 수 있을까? 물론 문학사적 논리에 따른다면, 일제강점기 소설은 고전소설과는 표기 방식이나 갈래에 따른 형식이 확실히 다르니 최근에 발표된 소설들과 좀 더 가깝게 분류하는 것이 옳다. 하지만 형식을 넘어 내용 측면, 다시 말해서 소설 속에 묘사된 삶의 모습들을 따져보면 이야기는 달라진다. 1920년대 소설도 이미 100년 전의 소설이 된 상황이니, 일제강점기 소설 또한 고전소설만큼 학생들에게는 멀게 느껴질 수도 있을 것이다. 전체 인구의 80% 이상이 농업에 종사하던 시대를 과연 학생들은 쉽게 이해할 수 있을까? 약간 과장하자면 조선 후기를 배경으로 한 〈옷소매 붉은 끝동〉, 개화기 배경의 〈미스터 션샤인〉, 일제강점기 배경인 〈암살〉 모두 옛날이야기라는 점에서 학생들은 비슷비슷하다고 느낄 수도 있다.

그러다 보니 시대적 맥락을 굳이 설명할 필요가 없는 최근 소설을 다루는 것이 문학교육의 측면에서는 좀 더 효율적인 접근 방식이라는 생각도 든다. 작품 속 맥락으로 별다른 어려움 없이 자연스럽게 들어가 인물의 상황을 이해하고 충분히 고민할 수 있다는 측면에서 그렇다. 물론 교육과정의 압력으로 인해 선택의 폭이 좁기는 하지만, 학생들의 활발한 참여를 전제로 교사가 자유롭게 작품을 고를 수 있다면 요즘 발표된 소설이 가독성이나 수업 활동의 측면에서 좋은 선택지가 될 수 있다.

'타자에 대한 이해'로써 소설 읽기

현실적으로 판단했을 때 교과서에는 최근작보다 시간의 먼지가 뽀얗게 내려앉은 작품들이 이미 많이 실려 있다는 점은 차치하더라도, 근본적으로 고민했을 때 문학을 통해 '타자에 대한 이해'를 넓히고자 한다면 우리와 시공간적으로 멀리 떨어진 소설들을 제대로 이해하려는 노력을 기울일 필요가 있다.

앞서 지적한 바 있듯이, 해방 이전 일제강점기에 발표된 소설들의 경우 당연히 시대적·문화적 배경에 대한 탐구가 필수적이다. 하지만 해방 이후 전쟁의 후유증에 시달리던 시기인 1950~60년대 소설이나, 산업화와 이촌향도로 빠르게 변모하던 1970~80년대 소설들 또한 시대적 배경에 대한 교육적 탐색이 필요한 상황이 되었다. 〈응답하라 1988〉 세대였던 50~60대 교사들이 아닌 이상 1970~80년대 소설도 먼 나라 이야기같이 들리는 것이 사실이기 때문이다.

그러니 특별히 최근 소설들, 예를 들어 발표된 지 10년이 채 되지 않은 작품들을 선정하지 않는 이상 '학생들을 현재와 다른 시공간으로 어떻게 끌고 들어갈 것인가?'라는 고민을 할 수밖에 없다. 그리고 이런 소설들을 어떻게 읽을 것인지에 대한 고민은 시간이 흘러 점점 더 멀어지면 멀어질수록 더욱 심각한 고민이 될 수밖에 없을 것이다.

그렇다고 해서 이와 같은 작품들을 읽는 일이 불편하고 힘겨운 일인 것만은 아니다. 우리로부터 멀리 떨어진 시공간에서 온 작품들이 때로는 생각과 감정을 공감할 수 있는 존재를 더 많이 만날 가능성을 열어주며, 현재 우리가 직면하고 있는 공동체의 문제들이 왜 발생했는지를 알려주는 실마리를 제공할 수도 있다.

물론 오늘날 직접적으로 대면하는 타자들에 대한 고민을 심화시키는 활동이 교육적으로 더 가치가 있다고 판단할 수 있다. 하지만 문학이 제공하는 경험의 영역은 그보다는 훨씬 크고 넓다고 생각한다. 그렇기에 문학이라는 간접 경험을 통해 타자를 이해하는 계기를 마련한다고 하면, 상대적으로 이해하기 쉬운 타자만을 입맛에 맞게 고르는 것도 썩 바람직한 소설 읽기의 방식은 아닌 듯하다.

사소한 질문에서 출발하는 소설 읽기

그렇다면 문제는 그 방법이다. 소설이 놓인 역사적·시대적 상황에 대한 배경지식을 일방적으로 제공하는 것으로는 이런 소설들을 읽는 흥미를 유지하기 어렵다. 예를 들어, 최서해의 〈탈출기〉 같은 작품에는 '일제의 탄압으로 인해 간도로 넘어가 가난으로 인한 극한의 고통을 겪은 뒤 가족을 버리고 탈출한 한 인물의 이야기'라고 간단하게 요약·정리하기 어려운 복잡한 장면들이 많이 숨어 있다.

간도 정착 과정에서 조선인들은 과연 어떤 경험을 겪었는지, 중국인들과 조선인들의 관계는 어떠했는지, 탈출한 주인공은 어떤 삶을 살았는지 등과 같은 질문들에 대한 답은 생각보다 다양한 연구 과제를 제시한다. 실제로 이 소설을 수업하는 과정에서 〈탈출기〉의 주인공이 탈출 이후에 가입한 '××단'이 어떤 조직일까?'라는 질문을 놓고 이야기를 나누었다. 그러다가 '만약 이 단체가 '의열단'이라고 가정한다면, 일제강점기를 다룬 영화 같은 곳에서 그 모습을 찾을 수 있지 않을까?' 하는 질문에까지 이르게 되었다. 최근 일제강점기를 배경으로 한 영화나 드라마가 많이 있으니 충분히 생각해 볼 만한 내용이었다. 그렇게 생각을 이어가다 보니 〈탈출기〉의 주인공은 영화 〈암살〉에서 의열단장으로 등장한 조승우 배우의 뒤를 따르던 경호원들 중 하나가 되었거나, 혹은 영화 〈밀정〉에서 폭파 작전을 수행하던 공유 배우가 되었을 수도 있겠다는 답을 내린 적도 있었다.

그래서 오늘날의 관점에서 쉽게 이해하기 어려운 사소한 의문들, 그 당시의 맥락을 충분히 이해하지 않고서는 감정과 행동의 의미를 제대로 읽어낼 수 없는 질문으로부터 출발하는 소설 수업을 구상했다. '그냥 그때는 그랬나 보다.'라고 안이하게 지나칠 수도 있는 의문들을 포착하고 질문으로 제시하여 해결하는 과정을 통해 당시의 시대상을 좀 더 섬세하게 이해할 수 있었기 때문이다.

예를 들어, 1980년대 중반에 발표된 양귀자의 〈원미동 시인〉 같은 작품을 살펴보자. 이 작품은 40년 정도밖에(?) 시간이 지나지 않은 소설이지만, 무지막지한 폭력을 당하는 주인공이나 그 주인공에게 가해지는 폭력을 방관하는 주변 사람들의 모습을 오늘날의 관점에서 쉽게 이해하기 어려운 작품이다. 수업 시간에 처음 이 소설을 읽고 토론했을 때 학생들은 좀처럼 소설 속 등장인물들의 행동을 이해하기 어려워했다.

그도 그럴 법한 것이, 사실 이 장면을 정확하게 이해하기 위해서는 1980년대에 운동권 대학생들을 교화의 목적으로 군대에 강제 입영시킨 뒤 특별 관리(?)하고, 제대 이후에도 국가 권력의 감시하에 두었던 '녹화 사업' 같은 국가 권력의 횡포를 명확하게 파악해야만 한다. 따라서 '왜 주인공은 무자비한 폭력에 저항하지 않으며, 주변인들은 방관하는 태도를 보이는가?'라는 질문이 필수적이며, 이 질문에 대한 해답을 찾는 과정에서 당시 시대상이 자연스럽게 건져 올려질 수 있다.

그러면 이런 질문들을 어떻게 발견할 수 있는지 궁금할 것이다. 사실 작품 자체를 여러 번 꼼꼼히 읽기만 한다고 해서 질문이 자연스럽게 생겨나지는 않았다. 기존의 틀을 깨는 새로운 질문들은 작품을 새롭게 해석하고 비평한 글들을 접했을 때 생겨날 가능성이 컸기 때문이다. 특히 작품과 관련된 주요 논문들을 포괄적으로 훑어가다 보면 그동안 간과해 왔던 어떤 문제들을 집중적으로 탐색하는 연구를 심심치 않게 발견할 수 있다.

보통 인터넷이라는 편리한 자료 저장소가 있으니, 거기에 담긴 엄청나게 많은 해석을 찾아 잘 정리해서 설명해 주는 것만으로도 충분히 소설 수업을 채울 수 있다고 생각하기 쉽다. 하지만 그런 자료들은 동어반복적인 경우가 많으며, 심지어 잘못된 해석을 앵무새처럼 반복하는 경우도 많다. 한국문학사를 장식하는 수많은 작품에 대한 연구는 지금도 끊임없이 생산되고 있으니, 조금 번거롭더라도 새롭게 등장하고 있는 연구들을 참고하다 보면 번뜩이는 질문들이 자연스럽게 생겨날 수 있지 않을까 한다.

황동규의 〈즐거운 편지〉에 나온 표현처럼, 사실 우리가 문학교육이라는 장에서 주로 다루고 있는 소설들에는 '오랫동안 전해오던 그 사소함'으로 우리를 기다리는 질문들이 꽤 많이 숨어 있다. 문학 시간에 꽤 빈번히 소환되었던 소설들, 예를 들어 박지원의 〈광문자전〉, 현진건의 〈고향〉, 김유정의 〈금 따는 콩밭〉과 같이 널리 알려진 작품들을 다룰 때도 그 소설이 품고 있는 중요한 의문들을 명료하게 설명하지 않은 채 지나치는 경우가 많았다. 그래서 이 글에서는 우선 세 작품의 수업 사례를 구체적으로 소개할 예정이다.

2. 그녀는 왜 춤을 추었을까? - 박지원, 〈광문자전〉

[1단계] 얇게 읽기 - 착한 사람 광문이

〈광문자전(廣文者傳)〉은 실존 인물인 '광문'이라는 거지의 삶을 새롭게 조명하여 극적으로 구성한 작품이다. 그야말로 조선 후기 사회에서 가장 밑바닥 신분이라고 볼 수 있는 '거지'였던 주인공이 진실한 태도로 사람들을 대하면서 그 인품을 인정받았으며, 그런 성품이 널리 알려져 신뢰를 얻고 다른 사람들에게도 영향을 미치는 과정이 흥미롭게 전개되는, 짧지만 인상적인 작품이다. 이 작품에서는 주인공 '광문'의 인상적인 면모를 보여주는 다양한 사건들이 꼬리를 물고 전개된다. 다른 이들의 오해를 받으면서도 모두가 외면한 어린 거지의 시체를 혼자서 묻어주었던 마음 씀씀이나, 도둑으로 누명을 쓰고 의심을 받았으면서도 자신을 굳이 변호하지 않았던 떳떳한 모습 등이 광문이라는 인물의 성품을 구체적으로 드러내고 있다.

처음에 학생들은 특별한 배경지식 없이 이 작품을 읽고 토의를 진행한다. 물론 이 작품은 조선 후기를 배경으로 한 연암 박지원이라는 유명한 작가의 소설이기 때문에 이미 작품과 작가에 대해 여러 가지 경로로 접한 학생들이 있을 수 있다. 그렇지만 이 단계에서는 그런 지식들을 어느 정도 배제한 채 (토의를 진행시키면 당연히 완벽하게 배제되지는 않지만) 광문의 행적과 품성을 중심으로 학습할 수 있는 질문들을 먼저 배치한다.

예를 들어, 다음과 같은 질문이다.

1. 다음 행동을 통해 광문의 성격을 추측해 보자.

- 남들이 내다 버린 어린 거지의 시체를 묻어줌.
- 약국 주인이 돈을 훔쳤다는 의심을 했음에도 변명하지 않음.
- 다른 사람의 싸움에 개입하여 우스꽝스러운 모습으로 싸움을 말림.
- 몸을 치장하거나 집을 장만하는 일에 신경을 쓰지 않음.

2. 광문의 성품이 널리 알려진 과정을 정리해 보자.
3. 광문에 대한 평가는 어떻게 바뀌었는지 서술해 보자.

이와 같은 질문을 파악하는 과정에서 학생들은 '광문'이라는 인물에 집중하게 되고, 광문의 착하고 올곧은 성품이 그에게 복으로 돌아왔다는 결론을 내릴 수 있게 된다. 즉 '착하게 살자'라는 훈훈한 교훈을 얻게 된다는 말이다.

그렇지만 이 작품의 작가가 박지원이라는 사실과 그가 발표한 다른 작품을 알고 있는 사람은 이런 해석에 또 다른 맥락이 개입한다는 사실을 알게 된다. 미리 이 작품을 예습하거나 대충이라고 들어본 학생들은 '박지원'이라는 작가와 '〈양반전〉, 〈호질〉, 《열하일기》, 실학……어쩌구' 하고 이어지는 맥락들을 꺼내곤 했다. 따라서 이 작가의 세계관을 통해 작품을 이해하는 것이 조금 더 깊이 들어가는 소설 읽기의 두 번째 단계가 된다.

[2단계] 약간 두껍게 읽기 – 양반보다 훌륭한 광문이

《열하일기》로 유명한 조선 후기의 작가 연암 박지원은 소설 작품을 본격적으로 쓰기 전인 20세 무렵에 절을 찾아다니며 과거 준비에 전념했다고 한다. 형식에 얽매이지 않는 그의 독특한 문체에서 알 수 있듯이, 과거 공부가 그에게 잘 맞을 리가 없었다. 불면증을 동반한 심한 우울증을 경험하면서 그는 괴로운 나날들을 보내게 된다. 고통스러운 나날을 견디기 위한 나름의 해결책으로 시정(市井)의 기이한 인물들이나 사건들에 대한 소문을 전해주는 이야기꾼들을 불러다가 그들의 이야기를 들으며 시간을 보내곤 했다. 그때 전해 들었던 이야기 속 주인공들이 너무나 인상적이었기에, 박지원은 이들의 이야기를 전(傳)의 양식을 통해 담아두기로 한다. 그 결과 탄생한 작품이 바로《방경각외전》이다.

원래《방경각외전》에는 모두 9편의 작품이 실려 있었다고 한다. 그중 두 편은 제대로 전해지지 않았고, 나머지 7편이 지금까지 온전히 전해지고 있다. 그 7편은 〈마장전〉, 〈예덕선생전〉, 〈민옹전〉, 〈양반전〉, 〈김신선전〉, 〈광문자전〉, 〈우상전〉이다. 이 작품들의 주인공 중에는 유교적 전통의 관점에서 보았을 때 전으로 기록하기 곤란한 인물들이 많았다. 거간꾼, 거지, 떠돌이, 역관, 똥 치우는 농사꾼 등의 하층민들이 주인공으로 등장했기 때문이다.

박지원이 이런 인물들의 전을 군이 서술한 이유는 〈양반전〉에서 노골적으로 드러나 있듯이, 기존 양반 사대부들의 횡포와 타락상을 날카롭게 비판하고자 함으로 보인다. 미천한 신분이지만 세상을 올곧게 살아가는 이들의 삶을 대비적으로 드러내어 세상을 지배하고 있는 자들의 부정적인 면모를 극적으로 드러내고자 했다. 이런 맥락에서 보면 '광문'이 훌륭한 인물로 등장하는 것 또한 작가 박지원의 문학적 책략이라고 볼 수 있다. 그래서 학생들에게는 이런 질문을 제시한다.

4. 다음은 〈광문자전〉이 실려 있는 다른 작품의 일부이다. 작가 박지원이 '광문'을 이렇게 묘사한 이유를 생각해 보자.

하느님이 백성을 내니, 그 백성은 넷이다. 네 가지 백성 가운데는 선비가 가장 귀하고, 거기서도 양반이라 불리면 이익이 엄청나다. 농사 장사 아니 하고, 문사 대강 공부하여, 크게 되면 문과 급제, 작게 되면 진사로세. 문과 급제 홍패라면 두 자 길이가 못 넘는데 온갖 물건 구비되니 이게 바로 돈 전대(錢臺)요, 서른에야 진사 되어 첫 벼슬에 발 디디도 이름난 음관 되어 웅남행*으로 섬겨진다. 일산(日傘) 바람에 귀가 희고 설렁줄에 배 처지며, 방 안에 널린 귀걸이 예쁜 기생 몫이 되고 뜨락에 흘린 곡식 두루미의 모이로다. 궁한 선비 시골 살면 나름대로 횡포 부려 이웃 소로 밭을 갈고 일꾼 뺏어 김을 맨들 누가 나를 거역하리. 네 놈 코에 잿물 붓고, 상투 잡아 도리질하고, 귀밑 나룻 다 뽑아도 감히 원망 못 하니라.

*웅남행(雄南行): 조상 덕으로 거저 얻어 하는 높은 벼슬

학생들은 이 질문에 대답하는 과정에서 연암 박지원이 광문이라는

인물을 굳이 주인공으로 제시한 또 다른 이유, 즉 '타락한 양반에 대한 통렬한 풍자'라는 주제의식을 충분히 이해하게 된다.

[3단계] 아주 두껍게 읽기 – 그녀는 왜 춤을 추었을까?

이 정도까지만 해석하더라도 작가와 작품에 대한 나름대로 충실한 해석을 했다고 생각한다. 하지만 이 소설에는 사소하지만 사소하지 않은 질문 하나가 내재해 있다. 다음 장면을 한번 살펴보자.

> 서울 안에 이름난 기생들이 아무리 곱고 아름다워도 광문이 도와주지 않으면 그 값이 한 푼어치도 못 나갔다. 예전에 궁중의 우림아, 여러 궁전의 별감, 부마도위의 청지기들이 옷소매를 늘어뜨리고 운심의 집을 찾아간 적이 있었다. 운심은 이름난 기생인데, 대청에서 손님들이 술자리를 벌이고 거문고를 타면서 운심이더러 춤을 추라고 재촉을 해도 운심은 일부러 미적거리며 선뜻 추지를 않았다. 밤이 되자 광문이 운심의 집에 나타나 대청 아래에서 어슬렁거리다가 마침내 자리에 나아가 스스로 높은 자리에 앉았다. 비록 해진 옷을 입었으나 행동은 조금도 거리낌이 없고 의기가 양양했다. 눈가는 짓무르고 눈곱이 끼었으며, 취한 척 트림을 해 대고, 헝클어진 머리로 뒷상투를 틀었다. 모두들 놀라서 눈짓을 하며 쫓아내려고 했으나 광문은 더욱 앞으로 나아가 무릎을 치며 곡조에 맞춰 콧노래를 불렀다. 그제서야 운심이 곧바로 일어나 옷을 갈아입고 광문에게 바치듯이 칼춤을 한바탕 추었다. 그리하여 모인 사람들이

모두 즐겁게 놀았을 뿐 아니라 광문과 벗을 맺고서 헤어졌다.

- 김수업 글·김경희 그림,《박지원의 한문 소설》, 휴머니스트.

여기서 학생들에게 '그녀(운심)는 왜 춤을 추었을까?'라는 질문 하나를 던져보았다. 권력깨나 쥐고 흔든다는 이들에게도 절대 굽히지 않았던 도도한 기생 운심이 자존심을 꺾고 '광문에게 바치듯이' 춤을 추는 상황을 쉽게 이해하기 어려웠기 때문이다. 그러고 보면 장안의 이름난 기생들이 모두 광문의 도움이 필요하다거나, 권력자들이 모인 술자리에 미천한 신분과 누추한 몰골의 광문이 끼어들거나, 그리고 그 권력자들이 기꺼이 광문과 벗을 맺고서 헤어졌다는 것도 다 이해하기 어려운 장면들이다. 사람이 착하고 순진하다고 해서 이 모든 일이 쉽사리 이루어질 수는 없다. 따라서 이 질문은 '광문이 도대체 어떤 사람인가?'라는 질문으로 자연스럽게 이어진다.

사실 〈광문자전〉만으로는 이 질문에 대한 대답을 찾기 어렵다. 〈광문자전〉의 뒷부분에는 〈서광문전후〉라는 일종의 후기 같은 글이 덧붙여져 있다. 거기에 나온 광문은 〈광문자전〉의 순진한 모습과는 사뭇 다르다.

광문이 옥에서 놓여나오자 노소 없이 구경을 나가 서울의 저자가 여러 날 텅텅 빌 지경이었다. 광문이 표철주를 보고 말했다.

"네가 사람 잘 때리던 표망동이 아니냐. 이제는 늙어서 별수 없구나."

망동이 표철주의 별호이다. 이어서 근황을 이야기하며 서로 위로했다. 광문이 묻는다.

"영성군과 풍원군은 무양하시냐?"

"이미 다 돌아가셨단다."

"김군경이는 지금 무슨 구실을 다니느냐?"

"용호영의 장교로 다니지."

"그 녀석 미남자였거든. 몸은 좀 뚱뚱했지만 기생을 끼고 담장을 뛰어넘고 돈 쓰기를 똥과 흙처럼 했지. 이제 귀한 사람이 되어서 만나볼 수도 없겠구나."

     - 강명관,《조선의 뒷골목 풍경》, 푸른역사, 276-277쪽에서 재인용.

인용문에 등장하는 '표철주'라는 인물이 심상치 않다. 그는 조선 후기에 일종의 조폭 집단을 일컫던 '검계(劍契)'의 일원으로 유명했던 인물이다. 착하기만 한 줄 알았던 광문이 검계의 일원으로 악명 높았던 인물과 스스럼없는 대화를 나누는 장면은 약간의 놀라움을 준다. 또한 여기서 말하는 '영성군'은 암행어사로 유명한 박문수이며, '풍원군'은 영의정까지 올랐던 조현명을 이른다. 다시 말해서 이들은 권력의 핵심에 있던 인물들의 안부를 서로 묻고 있는 것이다. 물론 이들의 대화가 일종의 허풍일 수도 있지만, 표철주가 과거 영조가 연잉군이던 시절 동궁 경호를 담당했던 별감이었던 것을 감안하면 허풍이 아니었을 수도 있다.

그렇다면 '광문', 즉 '달문'의 정체는 비천한 거지지만 착하고 올바른 사람 정도에 머무는 인물은 아니었다고 판단하는 것이 적절하다. 물론 시작은 종로 저잣거리에서 빌어먹던 거지였겠지만, 이후에는 사람들의 신망을 바탕으로 '거지왕 김춘삼' 정도의 막후 실력자로 성장했다고 보는 게 좀 더 타당한 해석이지 않을까.

그렇다면 앞서 던진 질문의 답을 찾을 수 있게 된다. 광문이 보통 사람들은 쉽게 범접하기 어려운 나름 거물급 인사가 되었다고 이해하면, 운심이 광문을 보고 춤을 춘 것도, 손님들이 광문과 어울려 놀면서 기꺼워한 것도 자연스럽게 설명되기 때문이다. 그리고 이런 두꺼운 해석을 통해 조선 후기 사회를 뒤흔들었던 암흑가의 정체를 알 수 있게 되며, 암흑가의 인물들과 가까이 교류하면서도 자신의 올곧은 성품을 잃지 않았던 광문을 좀 더 정확히 파악할 수 있게 된다.

[4단계] 넓게 읽기 – 조선 후기 뒷골목 풍경과 호랑이 처녀

'그녀는 왜 춤을 추었을까?'라는 마지막 질문의 답은 〈서광문전후〉를 다루는 과정에서 그 답을 찾을 수 있었다. 광문은 그냥 착하기만 한 인물은 아니었던 것이다. 주변 사람들이 함부로 할 수 없는 일종의 강력한 카리스마를 가진 인물이라고 보는 것이 옳다. 그리고 이를 통해 학생들은 거지 출신의 광문, 검계 출신의 늙은 부동산 업자 표철주, 암행어사로 널리 알려진 영성군 박문수, 검계를 소탕하는 것으로 유명했던 포도대장 장붕익 등 인상적인 인물들이 명멸했던 조선 후기 뒷골목의 풍경을 살짝이나마 엿볼 수 있게 된다. 그래서 그런지 2019년에 방영된 드라마 〈해치〉에 등장한 달문('광문'의 다른 이름)은 달문파를 이끄는 암흑계의 실력자로, 연잉군이 영조가 되는 데 혁혁한 공을 세운 사람으로 묘사된다.

여기에 덧붙여 수업을 마무리할 무렵에는 학생들의 흥미를 좀 더 끌기 위해 '오늘날의 광문은 과연 어떤 사람일까?'라는 질문도 던져보았다. 학생들은 영화나 드라마 속 인물 중에서 떠오르는 사람이나, 심지어 당황스럽게도 실존 인물들까지 언급했다. 지하 금융계의 큰손, 엔터테인먼트 업계 사장(기생 운심을 관리하고 있으니), 착한 조폭(?) 등등. 이렇게 생각할 거리를 남기며 수업을 훈훈하게 마무리했다.

그런데 만약 마지막 질문도 없고 〈서광문전후〉와 같은 자료도 없이 〈광문자전〉만을 놓고 이야기를 나누었다면, 당시의 구체적인 맥락을 파악하지 못한 채, 착하게 살아서 복을 받는 순박한 광문의 이미지만을 떠올릴 수밖에 없지 않았을까? 다시 말해서, 고전소설 작품을 읽을 때 관련된 다른 자료들까지 조금은 폭넓게 살펴볼 필요가 있다는 불편한 진실을 여기서 발견하게 된다.

이와 비슷한 사례로 《삼국유사》의 〈김현감호〉를 또한 제시할 수 있다. 일반적으로 김현과 호랑이 처녀의 비극적인 사랑 이야기라고만 문학 수업 시간에 다루는데, 일연 스님은 이와 비슷한 설정을 가진 '신도징 이야기'를 〈김현감호〉 뒤에 바로 덧붙여 두었다. 그런데 보통은 이 작품을 함께 다루지 않는 것 같다.

'신도징 이야기'는 중국의 설화집 《태평광기(太平廣記)》에 실린 설화다. 신도징이라는 사내가 관직을 받고 부임하던 길에 우연히 한 여인을 만나 사랑에 빠졌는데 알고 보니 그 여인이 호랑이였다. 그래도 신도징은 사람의 형상을 한 아내와 결혼도 하고 아이들까지 낳고 잘 살았다. 하지만 그 아내는 결국 호랑이의 삶을 그리워하여 모두 다 버리고 남편을 위협하며 산림으로 떠나버린다.

자연스럽게 이어진 이 두 이야기는 오늘날의 관점에서 두 처녀의 선택을 비교하는 수업 자료로 흥미롭게 활용할 수 있다. 물론 일연 스님은 살생을 금하는 불교의 관점에서 사람을 해치지 않은 〈김현감호〉의 호랑이 처녀를 높이 평가했지만, 요즘 학생들의 평가는 조금 달랐다. 호랑이와 인간의 사랑이라는 설정을 이질적인 두 존재 사이의 사랑을 비유한 것으로 해석한 학생들은 호랑이 처녀의 희생을 긍정적으로 받아들이지 않았고, 오히려 김현을 매정한 인간으로 판단했다. 그래서 학생들은 차라리 '신도징 이야기'의 결말이 더 마음에 든다고 말한 경우가 많았다.

　　이처럼 작은 질문으로 시작한 탐구 활동은 꼬리에 꼬리를 물어 수업의 다양한 방향을 제시해 주기도 한다. 그렇다면 이제는 시대를 조금 당겨 1920년대 일제강점기 소설을 살펴보기로 하자.

3. '공동묘지'에 묻히는 게 어때서? – 현진건, 〈고향〉

[1단계] 얇게 읽기 – 핍박받던 민중의 삶

현진건의 〈고향〉은 짧은 분량에도 불구하고 1920년대 식민 지배하에 고통받던 민중의 삶을 압축적으로 드러낸 중요한 작품으로 평가받고 있다. 특히 일제의 토지 정책으로 삶의 터전을 잃고 동양 3국을 떠돌아다닐 수밖에 없었던 한 인물을 내세워 당시 민중들의 신산스러운 삶을 상징적으로 표현한 점이 인상적이다. 먼저 작품 속 인물의 상황을 이해하기 위해 다음과 같은 두 가지 질문을 던졌다.

1. 주인공의 외양이 묘사된 부분을 찾아보자. 주인공이 그렇게 묘사된 이유는 무엇일까?
2. 서술자인 '나'와 주인공인 '그' 사이의 심리적 거리감은 어떻게 변화할까? 변화했다면 그 이유를 적어보자.

이 작품은 일제강점기의 시대적 상황이 전면에 제시되어 있다. 그렇기에 아무리 얇게 읽는다고 하더라도 주인공 '그'의 신산스러운 삶을 못 본 체하기는 어렵다. 따라서 첫 번째 질문에서 동양 3국의 옷을 모두 걸치고, 동양 3국 언어를 어설프게 구사하는 주인공의 외양 묘사를 통해, 고향을 떠나 중국, 일본 등지의 막노동판을 떠돌아다닐 수밖에 없었던 인물의 비참한 처지를 파악하는 데 활동의 초점을 맞췄다.

그리고 두 번째 질문은 주인공과 관찰자 사이의 심리적 거리감이 점점 줄어드는 소설적 구성을 파악하기 위해 설정했다. 관찰자인 '나'는 처음에는 국적 불명의 행색에 거부감을 가졌지만, 눈물 없이 들을 수 없는 '그'의 이야기에 동정심을 느끼게 되었고, 나중에는 결국 둘 다 일제의 핍박을 받는 처지임을 깨닫고 동정이 아닌 공감의 정서를 느끼게 된다.

삶의 터전을 잃고 고생고생하며 타향을 돌아다니다 돌아온 고향에서 만난 정혼자의 비참한 몰골을 보며 고통스러워하는 '그'를 지켜보는 '나'가 차츰차츰 정서적 거리감을 줄여가는 소설의 전개 과정이 짧지만 강력한 호소력을 가지고 있다. 사실 현진건의 〈고향〉은 이 정도의 해석만으로도 1920년대 당시 상황을 충분히 이해할 수 있을 만한 작품이라고 개인적으로 생각한다.

[2단계] 약간 두껍게 읽기 – 멋도 모르고 불렀던 민요의 의미

작품을 좀 더 두껍게 읽기 위해 제시한 세 번째 질문은 '마지막에 나온 민요의 의미는 무엇일까?'였다. 이 질문은 일제 강점 이후 민중들이 겪었던 복합적인 고난을 압축적으로 표현한 민요 노랫말을 분석하기 위해 제시했다. 민요를 인용하면 다음과 같다.

벗섬이나 나는 전토는 신작로가 되고요
말마디나 하는 친구는 감옥소로 가고요

담뱃대나 떠는 노인은 공동묘지 가고요

인물이나 좋은 계집은 유곽으로 가고요

민요 가사는 각각의 행마다 의미심장한 내용을 함축하고 있다. 당시 우리나라 사람들이 겪었던 민족적 고통을 분야별로 표현하고 있기 때문이다. 첫 번째 행은 동양척식회사를 중심으로 추진되었던 무차별적인 토지조사사업의 경제적 폐해를, 두 번째 행은 정치적 탄압으로 의사 표현의 자유를 상실한 민중의 고통을, 세 번째 행은 일본의 수탈이 가속화되면서 상대적 약자인 노인들이 죽음에 이를 수밖에 없는 열악한 상황을, 네 번째 행은 열악한 상황에서 생계를 위해 성매매까지 해야 했던 여성들의 비참한 처지를 압축적으로 보여주고 있다. 그런 의미에서 이 민요는 주인공 '그'와 '정혼녀'가 겪은 참상을 우리 민족 전체의 경험으로 확대하는 효과를 발휘한다.

그런데 이 민요를 부르는 장면을 조금 꼼꼼히 살펴보면 흥미로운 지점 하나를 발견할 수 있다.

그는 취흥에 겨워서 우리가 어릴 때 멋모르고 부르던 노래를 읊조렸다.

일단 여기에서 관찰자인 '나'는 '그'와 함께 '우리'가 된다는 점을 알 수 있다. 앞선 두 번째 질문에서 '그'에 대한 동정을 넘어 '나'가 '공감'의 영역으로 들어간다는 근거를 여기서 발견할 수 있다.

그리고 또 한 가지 주목할 점은 두 사람 모두 '어릴 때부터 멋모르고' 이 민요를 불렀다는 것이다. 이것은 적어도 작품의 시대적 배경(이 작품은 1926년에 발표됨)보다 최소 10여 년 전부터 민족적 핍박을 느끼고 있었다는 말이 된다. 그렇지 않다면 이 노래가 이렇게 널리 구전될 리가 없다. 그렇다면 관찰자인 '나'는 '그'가 흥얼거리는 이 노래를 들으며, 어렸을 때는 이걸 몰랐다가 나이가 들어 가사를 체감하게 되었고, 이러한 민족적 고통이 자신들이 어렸을 때, 즉 일제 강점 초기부터 지속되어 왔다는 사실에 더욱 큰 슬픔을 느끼게 되었다고 해석할 수 있게 된다.

이런 식으로 작품을 해석할 때, 학생들은 당시 민중들이 경험하고 있던 민족적 아픔을 좀 더 구체적으로 체감할 수 있게 된다.

[3단계] 아주 두껍게 읽기 – 공동묘지에 묻히는 게 왜 문제일까?

여기에서 좀 더 두껍게 읽기 위한 사소하지만 사소하지 않은 질문 하나를 제시했다. 그 질문은 민요의 세 번째 줄에 대한 것이다. '왜 하필 그냥 '무덤'이 아니라 '공동묘지'일까? 얼핏 보면 별것 아닌 것 같지만 이것은 생각보다 사소한 문제가 아니다. 이 작품과 비슷한 시기인 1924년에 발표된 염상섭의 〈만세전〉에서 이 문제가 좀 더 뚜렷하게 드러난다. 일제 강점 초기인 1910~20년대에 이 '공동묘지'는 생각보다 복잡하고 미묘한 문제를 불러일으키는 단어였다.

다음은 〈만세전〉의 일부다.

"정말 내지에도 공동묘지가 있에요? 하지만 행세하는 사람야 좀 다르겠죠?"

"그야 좀 다르겠지마는, 어떻든지 일본에서는 주로 화장을 지내기 때문에 타고 남은…… 아마 목구멍 뼈라든가를 갖다가 묻고 목패든지 비석을 세운다우. 그러지 않아도 살아 있는 사람도 터전이 좁아서 땅 조각이 금 조각 같은데, 죽는 사람마다 넓은 터전을 차지하다가는 이 세상에는 무덤만 남고 말지 않겠소, 허허허."(중략)

"그리구서니 자기의 부모나 처자를 죽었다구 금세루 살라야 버릴 수가 있습니까? 더구나 대대로 내려오는 제집 산소까지를."

인용한 부분은 경부선 기차를 타고 가던 승객들 사이에 벌어진 대화의 한 장면이다. 이 장면에서 사람들은 일제 강점이 시작된 이후 본격화된 화장(火葬)과 공동묘지 매장 제도에 대해 설왕설래하고 있다. 그런데 이 사람들이 이 문제에 이렇게 민감하게 반응하는 이유가 있다. 안온한 내생을 위해 사자(死者)의 거처를 선산에 마련해 주는 전통적 장례 풍습과 달리, 화장이라는 신체 훼손을 포함한 공동묘지 매장 제도는 당시 사람들에게 쉽게 받아들여질 수 없는 문화적 터부였기 때문이다. 이런 점에서 보면 〈고향〉에 등장한 노래의 세 번째 행에서 '공동묘지'가 등장한 이유를 이해할 수 있게 된다.

물론 병원에서 화장장으로 자연스럽게 이어지는 오늘날의 장례식 문화에 익숙한 학생들에게 이런 문화적 터부가 쉽게 이해되기는 어렵다. 하지만 2024년 2월에 개봉한 영화 〈파묘〉 같은 매체 자료들은 한국인들이 가지고 있던 장례에 대한 인식을 극적으로 보여줄 수 있다고 생각한다.

276

[4단계] 넓게 읽기 – 역병과의 싸움

그런데 일제는 왜 우리의 전통적 풍습과 배치되는 이런 정책을 적극적으로 추진한 것일까? 이것은 조선 말기부터 일제강점기까지 이어지는 우리의 위생 및 보건 실태를 이해해야 그 맥락을 짐작할 수 있다. 조선시대 후기부터 콜레라, 장티푸스, 홍역 등의 급성 감염병들이 주기적으로 조선 전체를 뒤흔드는 재앙으로 찾아왔다는 것은 널리 알려진 사실이다. 그러한 질병의 속칭들이 현재까지도 비속어로 남아 있는 것은 조선시대 말기에 백성들이 겪었던 비참한 역사의 상흔이라 할 만하다.

이른바 역병 환자, 즉 급성 감염병 환자들이 급속도로 증가하게 되었던 것은 당시 조선의 환경 위생과 개인 위생 상태가 처참한 수준이었기 때문이다. 상수도와 하수도의 구분도 명확하지 않았고, '감염 원인으로서의 세균'이라는 개념도 익숙하지 않았다. 또 효과적인 방역 정책도 없어서 질병을 전파하는 세균들이 빠르게 퍼져나갔다. 이는 평균 수명 감소의 주요 원인 중 하나가 되었다. 특히 사람이 죽으면 다수의 문상객이 몰려들어 전염병의 진원지인 시체 곁에서 음식을 나눠 먹는 전통적인 풍습은 질병 전파를 더욱 부채질했다.

일제는 우리나라를 강제로 합병한 이후 근대 의료의 기반이 되는 '세균설'을 바탕으로 강력한 보건 정책을 추진하게 된다. 이 과정에서 일제는 급성 감염병을 예방하기 위해서 상하수도의 분리 같은 위생 인프라 정비와 함께 질병 감염자와 비감염자들을 엄격하게 분리하는 정책을 적극적으로 시행한다. 특히 이런 정책을 효과적으로 진행하기 위해 '경찰'이라는 강력한 권력 기구를 동원하는 '위생경찰' 개념까지 도입했다.

세균설을 바탕으로 근엄한 제복을 입고 칼을 찬 경찰과 헌병이 집집마다 돌아다니며, 환자를 색출하고, 색출된 사람을 동의 없이 강제로 끌고 가는 그 모습에 본능적으로 저항했다. 그것은 불쌍한 가족을 지키려는 가족애였으며, 사자(死者)를 곱게 묻어야 한다는 천년의 관습이었으며, 이전 시대에 전혀 겪어보지 못한 '범죄 같지 않은 범죄'에 대한 부정이었으며, 그 무엇보다도 과학과 위생을 내세워 자신의 몸에 들이댄 과도한 권력에 대한 저항이었다.

— 신동원, 《호열자, 조선을 습격하다》, 역사비평사.

물론 일본 본토에서도 근대적 위생행정이 입안되고 추진되었지만, 우리나라에서 진행되는 과정은 폭압적이고 무자비했다. 이런 일제의 폭압적인 위생 정책에 대한 민족적 반감이 압축된 구절이 바로 민요의 세 번째 소절이다.

그리고 이를 바탕으로 공부의 범위를 좀 더 넓혀보면, 위생을 매개로 차별적 식민 통치를 경험한 사례가 폭넓게 나타난다는 것을 알게 된다. 마치 뿌리 하나를 뽑았다가 다른 뿌리들까지 줄줄이 딸려 나오는 땅속줄기처럼, 하나의 질문에서 시작된 탐구로 인해 당시 시대상이 전반적으로 그 실체를 드러낸 형국이라고 볼 수 있다. 소설의 역사적 맥락을 읽어낸다는 것은, 이처럼 시작은 미약했으나 그 끝은 창대한 경우가 많다.

4. 빌린 땅에서 나온 금도 내 것인가? - 김유정, 〈금 따는 콩밭〉

[1단계] 얇게 읽기 - 영식이는 어떻게 망가졌는가?

1930년대의 주요 작가 중 한 명인 김유정의 소설 〈금 따는 콩밭〉은 좀 이상한 작품이다. 소작농으로 나름대로 성실하게 살아가던 '영식'이라는 주인공이 친구인 '수재'의 꼬드김으로 엉뚱한 일을 벌이게 된다. 그 엉뚱한 일이란 자기가 멀쩡하게 농사짓고 있던 콩밭을 파헤쳐 금을 찾는 일이었다. 물론 수재가 근처에 금광이 있다는 소문을 전해주기는 했지만, 그것만으로 이런 말도 안 되는 일을 벌인다는 것이 쉽게 이해하기 어렵다.

먼저 영식이 왜 갑자기 눈이 회까닥 뒤집혀 금광을 파게 되었는지를 이해하기 위해 인물의 주변 상황부터 파악하기로 했다. 그래서 첫 번째로 '영식이가 콩밭을 파헤치는 데 영향을 준 사람은 누구인가?'라는 질문을 던졌다.

이 질문에 대한 답으로 가장 먼저 떠오르는 인물은 당연히 앞서 말한 수재였다. 금광 주변에서 일하면서 금광 사업과 관련된 어쭙잖은 지식을 주워듣고 친구인 영식을 꼬드겨 사업을 시작하게 만든 인물이기 때문이다. 영식이 금광을 파기 시작하면 그냥 땅만 판다고 되는 것이 아니라, 인허가나 장비 대여와 같은 절차나 사업에 꽤 많은 공사 자금이 들어가게 된다. 금광을 굳이 발견하지 않더라도 거기에서 떨어지는 떡고물을 챙기겠다는 것이 수재의 계략이었다.

그런데 이런 얄팍한 계략에 속아 넘어간 데에는 영식의 아내도 한 몫했다. 아내 또한 금이 나오게 되면 매일 끼니를 걱정하는 구질구질한 삶에서 벗어나 코다리(명태)도 매일 먹고, 옥당목(수입산 면직물)도 해 입고, 지까다비신(일본식 신발)도 해 신을 수 있다는 욕망에 사로잡혀 남편을 부추겼던 것이다.

그렇지만 흥미롭게도 학생들이 지적한 가장 중요한 인물은 '영식' 그 자신이었다. 영식 스스로도 '섣부르게 농사만 짓고 있다가는 결국 비렁뱅이밖에는 더 못된다.'라는 생각을 가지고 있었기 때문에 팔자를 한번 고쳐보겠다는 일확천금의 욕망을 품게 된 것이다. 자작농도 아니고 소작농인 데다가, 벼도 아니고 콩이나 겨우 심어 먹던 삶에 대해 영식 또한 요즘 말로 '답이 없다'고 느꼈다.

그렇게 본격적으로 금광을 파기 시작하면서 영식의 태도가 조금씩 변화하는 것이 소설의 주된 전개 양상이다. 특히 주변 사람들에 대한 영식의 태도 변화를 추적하기 위해서 두 번째로 '금을 찾기 위해 콩밭을 파기 시작하면서 영식이는 어떻게 변화했는가? 주변 사람들과의 관계를 중심으로 정리해 보자.'라는 질문을 던졌다. 여기서 '주변 사람들'은 '수재, 아내, 마을 사람들' 정도로 정리해 주었다.

일단 금이 나올 거라는 기대에 차 있던 초반에 영식은 다른 사람들을 무시하는 듯한 거만한 태도를 보이기도 한다. 하지만 시간이 지나면서 금광을 발견할 수 없을 것 같다는 비관적 생각에 빠지게 되자, 부끄러운 마음에 마을 사람들이나 마름 영감을 슬슬 피하게 된다. 그리고 아내나 수재와 같이 가까운 사람들에게는 절망적인 마음에 폭력적인 행위까지 서슴지 않고 저지르게 된다. 처음에 콩밭을 팔 때 콩 줄기가 상할까 봐 조심스러워하던 소박한 영식이 욕망에 사로잡혀 노골적인 폭력성을 점점 드러내는 과정에서 한 인물의 인격적 몰락을 목격하게 되는 것이다.

그런데 놀랍게도 소설의 마지막 장면에서 수재는 콩밭에서 금이 나왔다는 말을 영식에게 전한다. 그러면서 소설의 분위기는 급변한다. 정말 콩밭에서 금이 나온 것일까?

수재가 마지막에 금이 나왔다고 이야기했지만, 그것 또한 극단적인 상황을 면피하기 위한 임시방편 거짓말일 가능성이 크다. 그러면 영식은 어떻게 될까? 그래서 세 번째로 '실제로 콩밭에서 금이 나온 것일까? 그렇지 않다면 영식의 삶은 어떻게 되는 것일까?'라는 질문을 던졌다. 거짓말을 한 수재는 아무래도 몰래 도망칠 게 분명하다. 그리고 영식은 이미 남의 땅을 그렇게 망쳐놓았으니 소작을 다시 주지 않을 게 뻔하므로 소작도 뺏기고 마을 사람들에게 미친 사람 취급을 받으면서 동네를 떠날 수밖에 없을 것이다.

이 질문에 대해 학생들은 '〈고향〉이나 〈탈출기〉의 주인공처럼 간도로 도망갔을 것이다.', '경성으로 들어가 도시 빈민이 되었을 것이다.', '수재처럼 금광 주변을 맴돌면서 일확천금의 꿈을 버리지 못했을 것이다.' 등의 인상적인 답을 내놓았다.

상식적으로 보아도 콩밭에서 금이 나온다는 것은 쉽게 이해할 수 없는 말이다. 한반도의 금 매장량이 중동의 석유 매장량만큼 되는 것도 아닐 텐데, 영식은 왜 이런 무모한 일에 뛰어들었을까? 수재와 같은 주변 사람들의 부추김도 부추김이지만, 금광을 통해 인생 역전을 이룬 사람들이 있다는 풍문을 영식 스스로도 자주 들어왔기 때문에 비교적 쉽게 결정을 내릴 수 있었다. 여기서 이 소설을 약간 두껍게 읽을 수 있는 당시 사회적 분위기를 발견하게 된다.

[2단계] 약간 두껍게 읽기 – 금광, 일확천금의 기회

그래서 네 번째로 '이 시기에 하필이면 왜 금광일까?'라는 질문을 던지면서 관련된 자료들을 제시해 주었다. 1930년대 중반에 금광을 파기 위한 열풍이 불었다는 것은 근대사에 관심이 있는 사람들은 어느 정도 알고 있는 사실일 것이다. 채만식의 《금의 정열》, 이태준의 〈영월 영감〉 같은 작품은 아예 금광에 미친 사람들의 이야기를 다루고 있으며, 박태원의 〈소설가 구보씨의 일일〉에서도 황금을 발견하기 위해 서울역에서 길을 떠나는 인물들의 모습이 잘 묘사되어 있다.

> 황금광시대(黃金狂時代)
>
> 저도 모를 사이에 구보의 입술은 무거운 한숨이 새어 나왔다. 황금을 찾아, 황금을 찾아, 그것도 역시 숨김없는 인생의, 분명히, 일면이다. 그것은 적어도, 한 손에 단장과 또 한 손에 공책을 들고, 목적 없이 거리로 나온 자기보다는 좀 더 진실한 인생이었을지도 모른다. 시내에 산재한 무수한 광무소(鑛務所). 인지대 백 원. 열람비 오 원. 수수료 십 원. 지도대(地圖代) 십팔 전…… 출원 등록된 광구, 조선 전토(全土)의 칠 할. 시시각각으로 사람들은 졸부가 되고, 또 몰락하여 갔다. 황금광시대. 그들 중에는 평론가와 시인, 이러한 문인들조차 끼여 있었다. 구보는 일찍이 창

작을 위하여 그의 벗의 광산에 가보고 싶다 생각하였다. 사람들의 사행심, 황금의 매력, 그러한 것들을 구보는 보고, 느끼고, 하고 싶었다. 그러나, 고도의 금광열은, 오히려, 총독부 청사, 동측 최고층, 광무과(鑛務課) 열람실에서 볼 수 있었다.

– 전국국어교사모임,《소설가 구보씨의 일일》, 휴머니스트.

금광과 관련된 광무과가 있었던 조선총독부 청사 최고층은 욕망으로 가득 찬 이들로 언제나 북적거렸으며, 그 결과 우리나라 전체의 70%가 금광으로 파헤쳐진 시기가 바로 1930년대였다. 이 열풍의 한가운데에는 최창식과 방응모 같은 인물들이 있었는데, 이들은 금광 하나로 당대 최고의 갑부가 되어 롤스로이스를 두세 대씩 끌고 다니고, 신문사를 통째로 인수하여 신문사 사장이 되는 등의 인생 역전 드라마를 전국적으로 널리 알렸던 인물들이다. 당시 금광으로 부자가 된 사람들의 일화를 학생들에게 하나씩 소개해 주자마자, 당시 사람들이 왜 그렇게 금광에 미쳐 있었는지 학생들은 금방 이해할 수 있었다. "금광이 곧 비트코인"이라는 한 학생의 말에 다들 고개를 끄덕거렸던 기억도 난다.

이런 사회적 분위기 속에서 놀랍게도 작가 김유정 또한 금광 사업에 뛰어들었다고 한다. 김유정은 소설가로 데뷔하기 이전에 충청도 예산 일대의 금점판을 전전하며 금을 찾기 위해 혈안이 되었었다. 사실 문인 중에서 금광 개발로 가장 유명했던 사람 중 하나는 소설가 채만식이었는데, 채만식은 금광에서 오래 일했던 형제들의 경험을 바탕으로 금광 개발권을 얻어 금광업에 본격적으로 뛰어들었다고 한다.

채만식은 낮에는 금광을 파고 밤에는 소설을 쓰는 고단한 일과를 이어갔지만, 그 결과는 돈은 돈대로 쓰고 금광은 찾지도 못하는 비극적 결말을 맞이했다. 아마 결과가 좋았더라면 채만식의 작품을 더는 만나지 못했을 수 있으니 한국 문학사에는 행운이지만, 작가 개인적으로는 경제적으로 큰 불행이 덮친다. 심지어 그는 당시 돈으로 5천 원, 지금으로 따지면 5억 원에 가까운 동료 문인의 돈을 투자금으로 받았다가 몽땅 날려 먹기도 했다.

사회 지도층 인사에 속하는 당시 문인들 또한 이런 처지에 있었으니, 그렇다면 영식이 수재의 꼬드김에 넘어가는 것은 오히려 당연한 일이라고 볼 수 있지 않을까? 이렇게 사회적 맥락을 되짚어가다 보면 비정상적으로 보이는 등장인물의 행위에서 합리적 이유를 발견할 수 있게 된다.

[3단계] 아주 두껍게 읽기 – 빌린 땅에서 금이 나와도 자기 것인가?

그런데 여기서 소설의 근본적인 설정 하나를 따져 물어볼 필요가 있다. 주인공 영식의 처지가 어떤지 다시 한번 따져보자. 영식은 소작농이다. 다시 말해서 빌린 땅에서 농사를 짓고 있는 상황인데, 그 땅을 지금 난도질하고 있다. 여기서 이해가 되지 않는 점은, 거기서 금이 나왔다 해도 그 땅은 자기 땅이 아닌데 그 금이 자기 소유의 금이 될 수 있느냐는 것이다. 그래서 '빌린 땅에서 금이 나와도 자기 것인가?'라는 질문을 학생들에게 던졌다.

상식적으로 빌린 땅에서 취득한 물건이 자기 것이 되기는 어려울 것 같다. 예를 들어, '자연인'들이 나오는 방송 프로그램을 보면 그 산에 실제로 거주하는 자연인조차 그 산의 주인에게 허락을 맡은 뒤에 땔감을 줍고 산나물을 채취하고 있음을 자막으로 표시한다. 그렇다고 금광을 파는 것은 몰래 할 수 있는 성질의 작업도 아니다. 하루이틀 사이에 할 수 있는 것도 아니고, 마을 사람 전체가 다 알 수밖에 없는, 훤히 드러난 땅을 다 파헤치는 작업이기 때문이다.

그런데 놀랍게도 1930년대에 신고만 먼저 하면 자기 땅이 아니더라도 금광을 채굴한 사람이 나온 금을 챙길 수 있는 정책이 시행되고 있었다. 정말 황당하게도 누구든 먼저 출원을 하면 금광을 팔 수 있게 해주었고, 먼저 발견한 자를 우대해 주었으며, 심지어 국고보조도 해주었다고 한다.

좀 더 자세하게 설명하면, 광무과에 가서 출원만 하면 광업권을 획득할 수 있었고, 획득한 광업권은 돈을 받고 마음대로 거래할 수 있었다. 그리고 금을 가장 먼저 발견한 자에게는 발견 지점 양쪽 150미터씩의 구역을 독점적으로 채굴할 수 있게 해주었다. 또한 '금탐광 장려금'이라는 명목으로 광업권을 가진 자나 잡석에서 금을 분리하는 제련업자에게 보조금을 주기도 했다. 이러니 영식은 수재의 말을 듣고 과감하게 콩밭을 파헤칠 수 있었던 것이다. 어떤 학생은 '수재가 어수룩한 영식 몰래 보조금을 챙겼을 수도 있다'는 의견을 제시해서 학생들의 호응을 받기도 했다.

따라서 '빌린 땅에서 금이 나와도 자기 것인가?'라는 질문은 이런 시대적 맥락을 길어 올릴 수 있는 사소하지 않은 질문이라고 볼 수 있다. 또한 이런 기본적인 사실조차도 파악하지 않고 소설을 읽었다면, 영

식과 수재 같은 등장인물들을 어쩌면 비합리적인 욕망에 사로잡힌 사
람으로 잘못 평가할 수 있었을 것이다.

[4단계] 넓게 읽기 – 왜 이렇게 일제는 조급했는가?

그러면 여기서 또 하나의 질문이 자연스럽게 생겨난다. 이 질문은 사실
문학의 범위를 넘어서는 질문이다. 일제가 왜 하필이면 이 '산금(産金)'
에 있어서는 관대한 정책을 시행했을까?

그 이유는 1930년대 전반에 걸친 만성적인 금 부족 현상으로 인해
금값이 지속적으로 폭등했기 때문이다. 오른 금값을 잡기 위해 일제는
공급을 최대한으로 늘려야 했고, 그 결과 금 생산과 관련된 규제들을
최대한으로 풀고 생산을 장려하기 위한 정책을 적극적으로 추진했다.

그러면 여기서 질문이 또 하나 생긴다. 1930년대의 금 부족 현상
은 왜 발생했을까? 이를 이해하기 위해서는 '금본위제도(Gold Standard
System)'라는 개념을 알 필요가 있다. 지금은 그렇지 않지만, 과거 중앙
은행들은 자신들이 보유하고 있는 금만큼 화폐를 발행했으며, 화폐를
중앙은행에 가져가면 같은 가치의 금과 교환해 주는 제도를 운영하고
있었다.

당시 일본 중앙은행도 이 금본위제도를 운영하고 있었는데,
1930년대 이전까지는 다른 선진국에 비해 일본 경제의 기반이 탄탄하
지 않다고 생각했기 때문에 금이 해외로 유출될 가능성을 막는 정책을
시행하고 있었다. 즉 외국인들이 은행에서 화폐를 금으로 환전하는 일

을 금지했던 것이다. 엔화를 금으로 바꾼 외국인들이 외국으로 금을 유출하면 국내에 금이 부족해지고, 그에 따라 화폐 발행도 줄어들어 디플레이션이 발생할 가능성이 있었다.

그런데 1930년대 초반 일본 중앙은행은 일종의 경제적 문제로 인해 갑자기 이 정책을 풀어버리게 된다. 그 과정에서 국내의 금이 대량으로 외국으로 유출되었고, 세계적 금융위기로 인해 세계 각국 또한 자국의 금을 해외로 반출하는 것을 금지하게 되자 일본 경제가 삽시간에 얼어붙게 된 것이다. 이렇게 금보유고가 줄어드는 상황에서 해외에서도 금을 구할 수 없게 되자 일제가 고육지책으로 선택한 방법이 바로 앞서 말한 '산금 장려 정책'이었다.

사실 이 부분을 학생들에게 설명하는 것은 쉬운 일이 아니었다. 그래서 EBS에서 만든 '자본주의' 다큐멘터리 일부를 수업 시간에 보여주고, 기본적인 경제학적 지식을 이해할 수 있게 했다. 그리고 관련된 비문학 제시문을 함께 풀어보기도 했다. 물론 학생들이 좀 더 잘 이해할수 있도록 충분한 설명을 덧붙이기도 했다. 소설의 시대적 맥락을 정확하게 파악하기 위해서는 이처럼 여러 가지 매체 자료를 최대한 활용하는 노력이 필요하다.

그렇다고 해도 이것만으로 학생들이 당시 복잡한 경제 상황을 정확하게 이해했다고 보기는 어려웠다. 학생들은 왜 문학 수업 시간에 경제학이 등장하냐고 볼멘소리를 하는 경우도 있었다. 그렇기에 인물들의 행동을 합리적으로 이해할 수 있을 정도의 설명이면 소설 읽기에 충분할 듯했다. 그래서 더 깊이 들어가지는 않았다. 그럼에도 경제나 경영 방면으로 더 많은 관심을 가진 학생들에게 이 소설은 심층 학습을 할

수 있는 좋은 기회가 되기도 했다. 다시 말해서, 생활기록부를 충실하게
작성할 수 있는 좋은 계기가 되었다는 말이다.

5. 두껍게 소설 읽기의 즐거움

지금까지 세 편의 작품을 통해 이른바 '두껍게 읽기'라는 방식의 소설 읽기를 제안해 보았다. 물론 이 방법은 학술적으로 증명된 방법이 아니라 개인적 경험을 통해 얻은 직관적 소설 읽기 방법이기 때문에, 읽고 난 뒤에 '이걸 어떻게 소설 전반에 적용할 수 있냐?' 혹은 '그거야 네 사정이고, 난 잘 안 될 것 같은데?'라는 느낌을 받을 수도 있다.

사실 내가 근무하는 학교는 문과 학생들 가운데 꽤 공부를 잘한다고 알려진 서울 지역 외고 중 하나다. 그래서 글을 읽는 능력이 상대적으로 뛰어난 학생들이 많은 편이다. 그렇다 보니 학생들을 글 읽기까지 끌어가는 과정을 그렇게 꼼꼼하게 기획할 필요가 없다. 물론 요즘은 과거에 비해 확연히 학생들의 독해력이 떨어졌다는 느낌을 받기는 하지만, 그럼에도 불구하고 학생들의 읽기 능력이나 심층 학습에 대한 열망은 상대적으로 크다고 생각한다.

그리고 대부분의 학생이 '학생부 종합 전형'이라는 전형을 통해 진학을 꿈꾸고 있으며, 이를 위해서 수업 시간에 다양한 심층 활동이 진행되기를 바라는 학생들 또한 많은 편이다. 그러다 보니 소설 하나를 읽어도 좀 더 깊이, 좀 더 폭넓게, 좀 더 다각적으로 읽어보자는 교사의 의도가 학생들에게 좀 더 수월하게 전달된 측면이 있다고 생각한다.

그렇다고 해도 이 제안들이 지나치게 개별적인 사례만을 다루고 있다고 생각하지는 않는다. 오히려 소설에 담긴 역사적 진실을 좀 더 깊이 읽게 읽겠다는 노력은 소설 읽기의 기본 중 하나라고 생각하기 때문이다. 특히 우리와 멀리 떨어진 시대에서 온 타자들을 이해하기 위해서는 꼭 필요한 접근 방식이 아닐까 싶다. 시간이 많이 지나버린 작품들에 대해 의식적·무의식적 거부감을 나름대로 극복할 수 있는 하나의 제안인 셈이다.

따라서 이 제안은 사실 '타자에 대한 제대로 된 이해'라는 한 가지 목적을 가지고 있을 뿐, 어떤 방법론을 강요하거나 소설 읽기의 비법을 제공하는 것이 아니다. 작품 속에 펼쳐진 세계에 제대로 발 들여놓지도 않은 채 그 세계에 살아 움직이는 사람들의 행동과 태도를 함부로 평가하지 말자는 이야기를 하고 싶었던 것이다.

그리고 한 가지 더 덧붙이자면, 타인이 속한 세계를 깊이 이해하는 일이 힘들고 고통스러운 것만은 아니다. 소설 속 인물들의 행동에 담긴 맥락을 발견하는 과정은 소설을 읽는 또 하나의 즐거움을 줄 수도 있다. 이미 다 알고 있는 소설이라고 생각했던 작품 속에서 새로운 의미를 발견할 때, 학생들은 놀라움을 표현하곤 했다. '기존에 알고 있던 작품인데, 선생님 수업을 통해……'로 시작하는 학생들의 감탄 섞인 감상문은 교사에게 큰 힘이 되었다.

아무튼 수많은 관점과 해석이 난무하는 상호 소통 과잉의 시대에, 진정으로 타인이 속한 세계의 맥락을 이해하기 위해서는 어떤 과정이 필요한지를 이 글을 통해 간접적으로 체험할 수 있었다면 이 글이 가진 목적을 충분히 달성할 수 있을 것 같다.

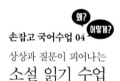

손잡고 국어수업 04

상상과 질문이 피어나는
소설 읽기 수업

1판 1쇄 발행일 2025년 3월 17일

지은이 김지운 안수정 윤애경 이정미 최인영

발행인 김학원
발행처 (주)휴머니스트출판그룹
출판등록 제313-2007-000007호(2007년 1월 5일)
주소 (03991) 서울시 마포구 동교로23길 76(연남동)
전화 02-335-4422 **팩스** 02-334-3427
저자·독자 서비스 humanist@humanistbooks.com
홈페이지 www.humanistbooks.com
유튜브 youtube.com/user/humanistma **포스트** post.naver.com/hmcv
페이스북 facebook.com/hmcv2001 **인스타그램** @humanist_insta

편집책임 문성환 **편집** 윤무재 **디자인** 장혜미
용지 화인페이퍼 **인쇄** 청아디앤피 **제본** 민성사

ISBN 979-11-7087-307-5 04370
     979-11-6080-987-9 (세트)